Hans Jürgen Schultz (Hrsg.)
Mein Judentum

Mein Judentum

Es erzählen: Jurek Becker
Yehuda Amichai
Jeanne Hersch
Alfred Grosser
Günther Anders
Jean Améry
Ernst Simon
Hilde Domin
Samuel Bak
Michael Landmann
Lily Pincus
Alfons Rosenberg
Manès Sperber
Schalom Ben-Chorin
Max Fürst
Isca Salzberger-Wittenberg
György Ligeti
Hans Mayer
Wolfgang Hildesheimer
Robert Jungk

Herausgegeben von
Hans Jürgen Schultz

Kreuz Verlag

Überarbeitete und neugestaltete Ausgabe des erstmals 1978 erschienenen gleichnamigen Buches

CIP-Titelaufnahme der Deutschen Bibliothek

Mein Judentum: [diesem Buch liegt eine Sendereihe des Süddeutschen Rundfunks zugrunde] / hrsg. von Hans Jürgen Schultz. – Überarb. und neugestaltete Ausg., 4. Aufl. – Stuttgart: Kreuz-Verl., 1991
ISBN 3-7831-1055-6
NE: Schultz, Hans Jürgen [Hrsg.]

Diesem Buch liegt eine Sendereihe
des Süddeutschen Rundfunks zugrunde

4., überarbeitete Auflage (15.–22. Tausend)

Umschlaggestaltung: Jürgen Reichert
Fotos der Porträts im Buch: Moskito; Lester; dpa; Schanowski; Ricarda Schwerin; Susanne Kern; Gilbert Blondel; Thomas Höpker; J. H. Darchinger; F. Peyer; Leonore Mau; Dr. O. E. Manasse; Peter Forster; K. I. R. God Frey
Fotos auf dem Umschlag: dpa
Gesamtherstellung: W. Röck, Weinsberg
ISBN 3 7831 1055 6

Was ist das eigentlich: ein Jude, das Judentum, der Judaismus? Sigmund Freud, der mit dieser Frage immer umging, hat sie für sich einmal so zu beantworten versucht: »Was mich ans Judentum band, war – ich bin schuldig, es zu bekennen – nicht der *Glaube*, auch nicht der *nationale Stolz*; denn ich war immer ein Ungläubiger, bin ohne Religion erzogen worden, wenn auch nicht ohne Respekt vor den ›ethisch‹ genannten Forderungen der menschlichen Kultur. Ein nationales Hochgefühl habe ich, wenn ich dazu neigte, mich zu unterdrücken bemüht, als unheilvoll und ungerecht, erschreckt durch die warnenden Beispiele der Völker, unter denen wir Juden leben. Aber es blieb genug anderes übrig, was die Anziehung des Judentums und der Juden unwiderstehlich machte, viele dunkle Gefühlsmächte, um so gewaltiger, je weniger sie sich in Worte fassen ließen, ebenso wie die klare Bewußtheit der inneren Identität, die Heimlichkeit der gleichen seelischen Konstruktion. Und dazu kam bald die Einsicht, daß ich nur meiner jüdischen Natur die Eigenschaften verdankte, die mir auf meinem schwierigen Lebensweg unerläßlich geworden waren: Weil ich Jude war, fand ich mich frei von vielen Vorurteilen, die andere im Gebrauch ihres Intellektes beschränkten; als Jude war ich darauf vorbereitet, in die Opposition zu gehen und auf das Einvernehmen mit der ›kompakten Majorität‹ zu verzichten.«

Es herrscht kein Mangel an Informationen über das Judentum. Aber der umfangreichen Sach- und Fachliteratur dürften gerade solche Merkmale des Jüdischen, denen Freud nachspürt, entgehen. Zum Judentum gehört weit mehr als das, was diesen Namen beansprucht. Es gibt keine normative Verwirklichung jüdischer Existenz. Es treibt auch da noch Früchte, wo es vergessen, verdrängt oder verachtet wird. Ein deutschnationaler Professor der dreißiger Jahre bekannte seinem Auditorium freimütig, er sei aus dem Judentum ausgetreten – woraufhin Max Brod sich den Zwischenruf leistete: »Aber das Judentum nicht aus Ihnen!« Jude zu werden, wenn man es nicht ist, mag schwer sein. Aber aufzuhören mit dem Judesein ist unmöglich. Oder?

Neben einem begrifflichen und begreifbaren und fürchterlicherweise auch »ergreifbaren« Judentum kennen wir das Phänomen des anonymen, des säkularen und des säkularisierten Judentums. Wie kommt man dieser Wirklichkeit näher? Wie kann man zu Aussagen gelangen, mit denen man sich »kein

Bildnis machen« will, die nicht fixieren, nicht denunzieren, sondern die etwas beschreiben möchten, das *lebt,* also instabil ist, wachsen wie verfallen, sich verändern, aufbauen, aber auch entziehen und sogar sterben kann? Die Sprache der zuständigen Gelehrten – korrekt zwar, doch oft nicht konkret – wird dieser Aufgabe selten genügen.

Weil nicht allein wichtig ist, was einer denkt und sagt, sondern wie er fühlt, wie er spricht, wie er sich bewegt, ja »wie er seine Schnürsenkel bindet«, habe ich jüdische Autoren verschiedenster Standorte und Ausprägungen eingeladen, in Selbstzeugnissen, in autobiographischen Notizen, in einer Verbindung von *Erzählung und Erwägung* einiges über ihre Erfahrungen mit dem, in dem Judentum aufzuschreiben. Sie berichten, wie und wo sie aufwuchsen, was es für ihre Entwicklung bedeutete, daß sie Juden sind, und wie sie sich und ihresgleichen in unserer Zeit, in unserer Welt verstehen. Was für Bindungen, was für Impulse, was für Erwartungen, was für Leiden ergaben und ergeben sich aus ihrer Herkunft? Nicht Lehrsätze wollte ich provozieren, sondern Lebensbekundungen, Lebenszeichen. Ausdrücklich habe ich die Autoren um Subjektivität gebeten. Nicht *das,* sondern *ihr* Judentum ist das Thema.

In einem Unterschied zum Christentum, das den Menschen abzuverlangen scheint, daß sie *anders* werden, hat, wie ich glaube, das Judentum immer darauf hingewirkt, daß der Mensch er *selbst* wird. Rabbi Sussja von Hanipol hat kurz vor seinem Tode auf die Frage, wie er sich verhalten werde, wenn man in der kommenden Welt von ihm hören wolle, warum er nicht wie Mose gewesen sei, erklärt: Nicht wird man mich fragen, warum ich nicht wie Mose, sondern warum ich nicht Sussja gewesen bin. Leo Baeck hat in seinem »Wesen des Judentums« dem Abschnitt über den »Glauben an Gott« ein magistrales Kapitel über den »Glauben an den Menschen« folgen lassen. Er spricht von der Ehrfurcht vor uns selber und erläutert die Gründe für einen »jüdischen Optimismus«. Geist von diesem Geist ist – und dafür sei den Autoren gedankt – in und zwischen die Zeilen dieses Buches geraten.

Damit zur Geltung kommt, wie vielfältig und weitläufig und hintergründig das Thema »Mein Judentum« sein kann, wurden die Mitarbeiter unter dem Gesichtspunkt möglichster Verschiedenartigkeit ausgesucht. Zahlreiche Spielarten und Facetten des Judentums sollten zugegen sein: der Glaubende und der Ungläubige, der Orthodoxe und der Liberale, der Atheist und der Konvertit, Weltbürger und Israelis, Maler, Musiker, Wissenschaftler, Schriftsteller. Daß die gefragten Politiker in Washington, Wien, Jerusalem und Paris abgesagt haben, ist schade, aber nicht schlimm.

Ein paar Autorennamen werden die Leser frappieren. In einem Briefwechsel mit Ernst Simon während der Vorbereitung dieser Sammlung von Originalbeiträgen habe ich ihm einige der vorgesehenen Mitarbeiter aufgezählt. Zu einem schrieb er: »Aber ist denn der auch Jude?« Und fügte hinzu, daß Hermann Cohen bei einer ähnlichen Überraschung einmal bemerkt habe: »Man glaubt gar nicht, wie wenig Gojim es gibt.« Gojim: das sind Nichtjuden.

Dieser Ausspruch von Cohen liegt lange zurück. Heute träfe er nicht mehr zu. Deswegen dieses Buch. Es bietet keine harmlose, keine gefällige Lektüre. Es wird nicht nur Freunde finden. Sonst wäre es entbehrlich. In die Antwort auf die Frage, was das eigentlich sei: ein Jude, das Judentum, der Judaismus – mengt sich eine Erinnerung, die wir aushalten müssen. In Isaac B. Singers viel zu unbekanntem Roman »Feinde, die Geschichte einer Liebe« erzählt Tamara, wie sie es hat mitansehen müssen, daß man ihrem Vater den Bart ausgerissen hat und ein Stück Backe dazu. „Jeder, der meinen Vater in diesem Augenblick nicht gesehen hat, weiß nicht, was es heißt, ein Jude zu sein.«

Hans Jürgen Schultz

Jurek Becker

Schriftsteller, lebt in Berlin (Ost und West).
Geboren 1937 in Lodz/Polen;
verbrachte einen beträchtlichen Teil
seiner Kindheit im Ghetto und im KZ;
nach dem Krieg Studium der Philosophie.
Schrieb die folgenden Bücher:
Jakob der Lügner; Irreführung der Behörden;
Der Boxer; Schlaflose Tage; Nach der ersten Zukunft;
Bronsteins Kinder.
Drehbuchautor der Fernsehserie »Liebling–Kreuzberg«.

Sooft ich in der Vergangenheit nach Herkunft und Abstammung gefragt worden bin, habe ich geantwortet: »Meine Eltern waren Juden.« Ich benutzte diesen Satz wie eine feststehende Formel, die in nicht zu überbietender Klarheit Auskunft gibt. Wenn der Frager mitunter dann konstatierte: »Sie sind also Jude«, berichtigte ich ihn jedesmal, indem ich noch einmal meine Formel sagte: »Meine Eltern waren Juden.« Der Unterschied schien mir irgendwie wichtig zu sein, ohne daß ich ihn jemals zum Gegenstand von Gesprächen gemacht hätte; ja nicht einmal zum Gegenstand von Überlegungen, die gründlich genannt zu werden verdienten.

Dabei hat der Umstand, daß ich in eine jüdische Familie hineingeboren wurde, für meinen bisherigen Lebenslauf nicht eben kleine Folgen gehabt. Als ich zwei Jahre alt war, wurden die Eltern und ich Bewohner des Ghettos von Lodz, meiner Geburtsstadt, die kurz zuvor auf den Namen Litzmannstadt getauft worden war. Es folgten Aufenthalte in den Konzentrationslagern Ravensbrück und Sachsenhausen. Als der Krieg zu Ende war, hatte sich meine Familie, eine ehedem fast unübersehbare Personenschar, wie ich höre, auf drei Überlebende reduziert: auf meinen Vater, auf eine Tante, an die ich mich nicht erinnern kann, denn ihr gelang unmittelbar nach dem deutschen Einmarsch in Polen die Flucht, vielleicht nach Amerika, und auf mich.

Mein Vater, der sich bei Kriegsende in einem anderen KZ als ich aufhielt, suchte und fand mich mit Hilfe einer amerikanischen Hilfsorganisation. Im Grunde existieren für mich erst seit dieser Zeit deutliche und abrufbare Erinnerungen. Immerhin war ich da schon sieben Jahre alt, fast acht.

Von anderen Leuten weiß ich, daß deren Kindheitserinnerungen sehr viel weiter zurückreichen als meine. Und weil ich mich nicht damit abfinden wollte, daß es bei den anderen eben so und bei mir anders ist, und schon gar nicht, daß in meinem Kopf irgend etwas nicht richtig funktioniert, habe ich viel Zeit dafür verbraucht, den Grund für diesen Unterschied zu finden. Mein Erfolg war bescheiden, doch muß ich das Resultat für zutreffend halten, solange mir niemand eine plausiblere Erklärung sagt. Ich habe mir errechnet:

Zum ersten muß der eigenartig späte Beginn meiner Erinnerungen natürlich etwas mit Verdrängung zu tun haben. Ein Schutzmechanismus, dessen Vorhandensein wohl ein Glück ist, könnte mich von einer schlimmen Zeit trennen und so in gewisser Weise vor ihr bewahren. Zum zweiten, denke ich mir, wird es auch kaum etwas zum Erinnern gegeben haben. Die Tage im Lager werden in grauer Ereignislosigkeit vergangen sein, begleitet von Begebenheiten, die nur für Erwachsene aufregend gewesen sein mögen – weil nur sie die Lebensbedrohung hinter allem erkannt haben –, für Kinder aber öde und ununterscheidbar. Zum dritten schließlich, so vermute ich, wird das, was ich damals geführt habe, kaum Leben genannt werden dürfen; gerade so verdiente es den Namen Existieren. Ein Zustand der Dumpfheit und Stumpfheit, in dem Lebensfunktionen auf ein Minimum reduziert waren, in dem jede Tätigkeit nur von ihrem Nutzen fürs Überleben bestimmt wurde, in dem kein Raum war für Beobachtungen und für Neugier und für intellektuelles Hin und Her. Vermutlich wird alles, was geschah, von einer Art gewesen sein, daß derjenige, der ich damals war, es nicht für wert hielt, daß es in der Erinnerung bewahrt werde. Und diese drei Umstände, so lautet endlich meine Schlußfolgerung, haben die Zeit bis zur Befreiung aus meinem Gedächtnis gelöscht. Sicher nicht ganz und gar, sicher nicht so vollständig, daß man sagen könnte, da sei absolut nichts mehr. Aber doch so gründlich, daß das bißchen, was übriggeblieben ist, kaum Erinnerung genannt werden darf.

Nach dem Krieg blieb mein Vater mit mir in Berlin, aus Gründen, hinter die ich wieder nur mit Vermutungen kommen kann. Denn er wollte nie mit mir darüber sprechen. Aber nicht etwa wie jemand, der ein Geheimnis nicht ausplaudern möchte, sondern eher wie jemand, der nur deswegen einer Frage ausweicht, weil er die Antwort selbst nicht weiß. Ich denke mir, daß er im Krieg insofern die Heimat verloren hatte, als Heimat in erster Linie ja aus Menschen besteht und nicht aus Landschaft; aus Verwandten, Freunden, Vertrauten. Die waren nicht mehr da, die waren tot, im glücklichsten Fall spurlos verschwunden. So hat mein Vater nach dem Grundsatz gehandelt, daß einer, der sich nirgendwo hingezogen fühlt, am bequemsten gleich da bleiben kann, wo er gerade ist.

Nur über ein einziges seiner Motive zum Hierbleiben hat er gelegentlich Andeutungen gemacht, wenn auch nicht klipp und klar; aber doch so, daß ich mir nach und nach einen Reim darauf machen konnte. Er hat gemeint, in seiner alten Umgebung, in Polen, sei der Antisemitismus ja nicht erst mit dem Auftauchen der Deutschen entstanden. Und je weniger Juden es dort gäbe, desto größer sei die Wahrscheinlichkeit, daß man ihnen das Leben sauer machte. Einmal hat er gesagt: »Schließlich sind es ja nicht die polnischen Antisemiten, die den Krieg verloren haben.« Er hat gehofft, daß die Diskriminierung von Juden gerade an dem Ort, an dem sie ihre schrecklichsten Formen angenommen hatte, am gründlichsten beseitigt werden würde. Und als er starb, im Jahr 1972, war er der guten Überzeugung, sich wenigstens in diesem Punkt nicht geirrt zu haben.

Einmal hat er gesagt: »Wenn es keinen Antisemitismus geben würde – denkst du, ich hätte mich auch nur eine Sekunde als Jude gefühlt?«

Jedenfalls hatte ich in Berlin zu bleiben, so gut wie ohne ein deutsches Wort. Der Umstand, daß ich erst mit acht Jahren Deutsch zu lernen anfing, könnte verantwortlich dafür sein, daß mein Verhältnis zu dieser Sprache ein ziemlich exaltiertes wurde. So wie andere Kinder meines Alters sich für Maikäfer oder Rennautos interessierten und sie von allen Seiten betrachteten, so drehte und wendete ich Wörter und Sätze. In einer extrem intensiven Beschäftigung mit der Sprache sah ich das einzige Mittel, dem Spott und den Nachteilen zu entkommen, die sich daraus ergaben, daß ich als einziger Achtjähriger weit und breit nicht *richtig* sprechen konnte. Und noch heute glaube ich, daß es tatsächlich kein anderes Mittel für mich gegeben hätte.

Mein Vater vermied es von Anfang an und sehr konsequent, das Gespräch mit mir auf die Vergangenheit zu bringen. Niemals habe ich erfahren, welche Absicht er mit dieser Verschwiegenheit verfolgte: ob er selbst Ruhe vor den vergangenen Jahren finden wollte, ob seine Gründe also persönliche waren, oder ob er diese Zeit von mir fernhalten wollte. Doch welches der beiden Ziele er sich auch gestellt haben mag – er hat es nicht erreicht.

In die Synagoge ist mein Vater nur selten gegangen, und immer nur, um dort ein paar Bekannte zu treffen. Bekannte, das waren zwar keine Bekannten von früher, aber solche Personen, die einen vergleichbaren Lageraufenthalt hinter sich hatten und mit denen daher ein gewissermaßen natürlicher Konsensus vorhanden war. Mich hat er nie mitgenommen, auch dann nicht, wenn ich ihn sehr darum bat. Als sei in die Synagoge zu gehen ausschließlich eine Sache der Erwachsenen. Dennoch weiß ich, daß er dort ungeduldig auf das Ende der Gebete gewartet hat, um sich ungestört mit den von ihm gesuchten Leuten unterhalten zu können.

Auf diese Weise hat es sich ergeben, daß ich nie in einer Synagoge gewesen bin. Das heißt, einmal nur war ich dort, viele Jahre später, zusammen mit einem Regisseur, mit dem ich einen Film vorbereitet habe, mit dem gemeinsam ich sehen wollte, wie es in einer Synagoge zugeht, um zumindest die groben Fehler bei der Darstellung ritueller jüdischer Handlungen zu vermeiden. Aber niemals davor und danach. Ich bin mir darüber im klaren, daß dieser Sachverhalt nicht eben von einer unverkrampften Beziehung zeugt, nicht von einem gelösten Verhältnis. Und da es sich bei den Vorgängen in einer Synagoge um ein Etwas handelt, bei mir aber um einen Jemand, sind die Gründe wohl bei mir zu suchen.

Die Gesellschaft oder Bekanntschaft von Juden habe ich nie gesucht und nie gemieden. Ob einer, mit dem ich es zu tun bekam, Jude war oder nicht, erfuhr ich, wenn überhaupt, nur zufällig. Wenn jemand mich ausdrücklich darauf aufmerksam machte, ging mir immer die Frage durch den Kopf: Wozu sagt der mir das? Vielleicht war ich sogar ein wenig befremdet. Weil mir schien, als erwarte der betreffende Mensch von mir, daß ich mich nach der Preisgabe seines Judentums anders zu ihm verhalte, als ich es normalerweise getan hätte.

Ich verstehe gut, daß so nur einer empfinden kann, für den die Zugehörigkeit zu einer Gruppe von Menschen, die »die Juden« heißt, eine freiwillige Angelegenheit bedeutet; eine Entscheidung, die man so oder so treffen kann, letztlich also einen intellektuellen Entschluß. Oft schon bin ich mit dieser Ansicht auf Widerspruch gestoßen, und manchmal habe ich Lust gespürt, sie so heftig wie möglich zu vertreten. Ohne daß ich damit mehr als den nächsten Satz sagen will, sage ich: Die Gegner solcher Ansicht kommen aus extrem unterschiedlichen Richtungen: aus der Gegend der Gläubigen wie der Zionisten, aber auch von den erbittertsten Antisemiten her, von den Autoren der Rassengesetzgebung zum Beispiel, die während des Dritten Reichs ja auch nicht der einzelnen Person die Wahl lassen wollten, ob sie jüdisch sei oder nicht.

Bis heute weiß ich nicht, welches die Merkmale sind, die einen Menschen jüdisch sein lassen. Ich weiß, daß andere meinen, solche Merkmale zu kennen. Ich höre, Jude ist, wer eine jüdische Mutter hat. Die so glauben, mögen dabei bleiben, doch ich kann mich daran nicht beteiligen. Ein Mensch ist, wer Menschen als Eltern hat, nicht mehr und nicht weniger.

Dieser mein Unglaube ist nicht dasselbe, als akzeptierte ich nicht die Gesetze, nach denen der Mond sich um die Erde bewegt oder das Elektron um den Atomkern. Denn die Merkmale, die einen Menschen der Gruppe der Juden zuordnen, scheinen mir ganz und gar willkürlich zu sein, bis auf eine Ausnahme: dieser Mensch *will* zu ihr gehören. Sie haben mit Überzeugungen zu tun, mit überlieferten oder neugewonnenen, auch mit Riten, auch mit Glaubensbekenntnissen; doch in keinem Fall sind sie so beschaffen, daß ein Außenstehender, der von der ganzen Problematik nichts weiß, sie auch erkennen könnte. Wie zum Beispiel ein Geologe, der einen bestimmten Stein noch nie gesehen hat, über ihn sagen könnte: Dieser Stein gehört zur Gruppe der Halbedelsteine.

Ich kann Christ sein, und ich kann wieder aufhören, es zu sein. Ich kann auch, wenn ich es hartnäckig und lange genug betreibe, aufhören, Italiener oder Russe oder Amerikaner zu sein. Beim Verlassen des Judentums aber sollten dem Flüchtenden Schranken gesetzt sein, die wie Naturgewalt sind? Das kann ich nicht nur nicht glauben, sondern ich empfände solche Schranken als bedrohlich und ungeheuerlich. Wie eine Macht, die so gewaltig über mir wäre, daß jedes Aufbegehren sinnlos ist.

Ich gebe diesem Problem deswegen so viel Raum und werde aufgeregt und polemisch und am Ende gar ausfallend, weil schon so lästig oft über meinen Kopf hinweg entschieden wurde, was und wie ich bin: unter anderem eben Jude. Es kommt mir wie eine Okkupation vor oder wie die Mahnung, eine Schuld zu begleichen, die ich nie auf mich genommen habe. Und selbst wenn ich bereit wäre zu zahlen, wüßte ich nicht womit. Wie verhält man sich, wenn man Jude ist? Wenn man mir sagt: »Mach dir darum nur keine Sorgen, tu nichts anderes als das, was du für richtig hältst«, dann bin ich zwar beruhigt, aber nur fürs erste. Denn dann will mir scheinen, der zu den Juden einfach Dazugezählte soll vor allem dazu dienen, eine Summe, die ihm nichts bedeutet, zu vergrößern. Oder er soll ein Gewichtlein mehr auf einer Wiegeschale sein. Und das wäre mir auch wieder nicht recht.

Doch das ist nur die eine Sache. Ich weiß wohl, daß man nicht nur der ist, der zu sein einem vorschwebt, sondern daß man wohl oder übel auch der zu sein hat, für den die anderen einen halten. Das ist ja das Unglück. Und so gesehen bin ich in drei Teufels Namen der, der ich nach dem Urteil vieler gefälligst zu sein habe: Jude. Ich spüre weder Lust, mich bis an den

Rand meiner Kräfte dagegen aufzulehnen, noch sehe ich einen großen Sinn darin. Ich weiß nur jetzt schon, daß ich, wenn ich mich also zähneknirschend in mein Schicksal füge, die Hoffnungen der einen enttäuschen, die Befürchtungen der anderen bestätigen werde. Doch das wäre schließlich auch bei jeder anderen Zuordnung gegen meinen Willen geschehen.

Was demnach mein Judentum mir *nicht* bedeutet, könnte schon ein wenig deutlich geworden sein. Auf keinen Fall das Zugehörigkeitsgefühl zu einer Religionsgemeinschaft. Mir, der ich ein Atheist bin, kommt die jüdische Religion nicht einsichtiger vor als jede andere, und die Beschäftigung mit ihr – eine zugegeben nur oberflächliche – hat mich der Erleuchtung um keinen Schritt nähergebracht. Allerdings scheint sie mir von einem Standpunkt, den man einen literarischen nennen könnte, gelungener und überzeugender zu sein als zum Beispiel die christliche. (Für solches Lob werden sich die Betroffenen aber schön bedanken.)

Mein Judentum hat auch kein Glücksgefühl darüber zur Folge, daß ich, gewollt oder ungewollt, zu einer weitverzweigten Gruppe von Menschen gehöre, die, wie andere Gruppen vergleichbarer Größe auch, Leistungen vollbringt, bewundernswerte und miserable. Ich empfinde keinen Stolz darüber, daß Kafka Jude war, obgleich ich vermute, daß seine Literatur für mich von bestimmender Bedeutung gewesen ist. Ich ärgere mich nicht darüber, daß Max Frisch kein Jude ist, obgleich seine Bedeutung für mich eine ähnliche ist. Ich empfinde keine Scham darüber, daß es Juden sind, die sich im Nahen Osten als Herrenmenschen etablieren und Politik betreiben, für die mir kein originelleres Attribut einfällt als: räuberisch. Ich empfinde nur Zorn darüber, daß Menschen so mit Menschen umgehen.

Ich kann keine Auskunft darüber geben, wie viele Einflüsse und wie viele Anstöße Personen auf mich ausgeübt und mir gegeben haben, für die ihr Judentum eine greifbare Größe oder gar Zentrum ihres Lebens gewesen ist. Daß solche Einflüsse und Anstöße stattgefunden haben und weiterhin stattfinden, steht für mich außer Zweifel. Doch ich halte es für fruchtlos, sie messen und in ein Verhältnis zu anderen Einflüssen und Anstößen setzen zu wollen. Vielleicht wäre es sogar schlimmer als fruchtlos, vielleicht wäre es auf bestimmte Weise kriegerisch.

Einmal, erinnere ich mich, bekamen wir Besuch aus dem Ausland. Ich muß etwa elf Jahre alt gewesen sein. Mein Vater stellte mich einem bärtigen, glatzköpfigen alten Mann vor, der ein Käppchen auf dem Kopf trug, wie ich es bis dahin nicht gesehen hatte. Mein Vater nannte meinen Namen, und ich hielt dem Mann die Hand hin. Aber der rührte sich nicht, er sah mich lange an und schüttelte dabei kaum merklich den Kopf, als könne er etwas nicht verstehen. Dann griff er mich – eine kleine Sekunde nur spürte ich Angst und sträubte mich – und schloß mich in seine Arme. Ich drehte den Kopf zu meinem Vater, weil ich ratlos war und wissen wollte, wie ich mich zu verhalten hatte. Der Vater beruhigte mich, indem er beschwichtigend die Hand hob und mir zu verstehen gab, ich sollte nur mit mir geschehen lassen, es sei alles in Ordnung. Also hielt ich still und wartete darauf, wieder losgelassen zu werden. Dann merkte ich, daß der fremde Mann, während er mich immer fester an sich drückte, weinte. Ich sah nach oben, weil sein Körper so zitterte. Er hielt die Augen geschlossen, und Tränen verschwanden in seinem Bart. Ich mußte mir große Mühe geben, um nicht selbst zu weinen. Ich erinnere mich, daß ich den starken Wunsch hatte, den Mann zu trösten, wenn ich nur gewußt hätte, wofür. Wir standen eine Zeit, die mir endlos vorkam. Ich drehte mich nicht mehr um zu meinem Vater, ich hätte jetzt auch zwei Stunden stillgehalten. Dann ließ der fremde Mann mich los, murmelte irgend etwas und ging aus dem Zimmer. Mein Vater und ich schwiegen, bis er aus dem Badezimmer zurückkam. Er verabschiedete sich wie jemand, der es plötzlich sehr eilig hat, mich sah er nicht mehr an.

Als er draußen war, fragte ich meinen Vater, warum der Mann so geweint hatte. Mein Vater antwortete mir, ich würde das noch nicht verstehen. Ich glaubte, daß das eine Ausrede war, daß er es mir nur deshalb nicht erklärte, weil er es selbst nicht verstand. Aber das glaube ich heute nicht mehr.

Ich habe den Mann niemals wieder gesehen. Ich habe nie ein Wort mit ihm gesprochen und kann ihn nicht vergessen. Sooft das Wort »Jude« fällt, nicht um eine bestimmte Person zu kennzeichnen, sondern als ein Begriff der Unterscheidung schlechthin, denke ich an diesen Mann. Er ist für mich eine Art Sinnbild geworden, wie albern oder unverständlich das auch für alle die klingen mag, die nie von ihm umarmt worden sind und die ihn nie haben weinen sehen. Irgendwie habe ich gespürt, daß seine Erschütterung nichts mit mir persönlich zu tun hatte, auch nichts mit ihm persönlich, daß sie von einer Beziehung herkam, die nichts Privates hat. Ich bekam eine Ahnung von der Verbundenheit dieses Mannes zu etwas, das weit außer ihm lag und das ihm wichtiger als alles andere gewesen sein muß. Und auch wenn ich nicht in der Lage bin, ihm auf dem Weg dorthin ein Stückchen zu folgen, habe ich durch ihn doch so etwas wie eine Nachricht erhalten, daß es diesen Weg gibt und wieviel er manchen bedeutet.

Sicher ist richtig, daß das Zusammengehörigkeitsgefühl in einer Gruppe von Menschen sich dort besonders ausprägt, wo diese Gruppe Angriffen ausgesetzt ist. Jemand, der unter solchen Umständen erklärt, dieser Gruppe nicht mehr angehören zu wollen, gerät leicht in den Ruf eines Deserteurs oder eines Feiglings, oder eines Egoisten. Wenn dagegen ringsum Ruhe herrscht, wenn die Existenz der Gruppe von niemandem angegriffen wird und also nicht gefährdet scheint, kann es schon geschehen, daß sie sich unmerklich und lautlos verkleinert. Die Dialektik arbeitet.

In der Umgebung, in der ich aufgewachsen bin, hat es keine Angriffe auf die Gruppe der Juden gegeben. Zumindest nicht solche, die ich bemerkt hätte. Und zumindest nicht solche, die das Jüdisch-Sein von Personen zum Ziel hatten, die natürlich auch noch etwas anderes waren als Juden. Man kennt diesen Mann, der jede Nennung seines Fehlverhaltens als antisemitisch zurückweist. Wie man diese Regierung kennt, die jede Nennung ihres Fehlverhaltens als antisozialistisch zurückweist. Man muß sich da wirklich hüten.

Ich will nur sagen: Es kann durchaus sein, daß ich, wären die Juden meiner Kindheit zum Zusammenrücken und zum Sich-Wehren gezwungen worden, auf eine ganz selbstverständliche Weise in ihre Gemeinschaft hineingewachsen wäre. Oder es kann sein, daß ich mich von ihnen losgemacht hätte. Das ist die andere Variante der Hypothese. Aber da war, wie gesagt, nichts, wovon ich mich hätte losmachen müssen. Da waren keine Bindungen zu durchtrennen und keine Sitten abzustreifen, und es waren keine Traditionen da, die mich vor die Wahl gestellt hätten, sie zu akzeptieren oder abzulehnen. Ich hätte mich also, um Jude zu werden, schon selbst bemühen müssen. Es gab niemanden, der mich auf einen solchen Weg geschickt hätte, und aus mir selbst heraus habe ich es nicht getan. Ob gut oder schlecht, ich habe es einfach nicht getan.

Überhaupt, vermute ich, bedeuten mir Traditionen wenig. Meistens, wenn ich bei der Pflege von Traditionen zugesehen habe, war da etwas, was mich störte. Auch dann, wenn ich sehr wohl etwas erkannte, das meines Erachtens bewahrt zu werden verdiente. Zu oft, will mir scheinen, gewinnt das Störende in der Traditionspflege die Überhand.

Als ganz junger Mann hatte ich eine Zeitlang Lust zu kegeln. Ich wurde in einen Kegelverein mitgenommen, und es machte mir großen Spaß. Bis sich nach dem Kegeln die Kegler ins Keglerheim setzten und Bier tranken und sangen, als gehöre diese Prozedur untrennbar mit zum Kegeln, und ich konnte mich, wollte ich als Kegler akzeptiert werden, nicht ausschließen. Manchem sah ich deutlich an, daß er nur um des Bieres und um des Singens willen Kegler geworden war.

Sich einer Tradition verpflichtet zu fühlen, ist natürlich nicht dasselbe, wie Einflüssen ausgesetzt zu sein, und nicht dasselbe, wie eine bestimmte Schule hinter sich zu haben. Über die Einflüsse, die mir bewußt sind, kann ich sprechen, über die, die ich nicht weiß, nicht. Es mag sie geben.

Als mein Buch »Jakob der Lügner« erschienen war, schrieben einige Rezensenten, ich befände mich damit in der Erzählertradition Scholem Alejchems und Isaac Baschevi Singers. Tatsache ist, daß ich zum erstenmal Scholem Alejchem las, nachdem ich das Musical »Der Fiedler auf dem Dach« gesehen hatte, eine Weile nach dem Buch. Und von Singer kenne ich bis heute keine Zeile. Nun kann ich mir vorstellen, daß irgendwer nach dieser Mitteilung ausruft: »Siehst du, da haben wir's! Das eben ist das Jüdische in dir, was die Kritiker zu Recht erkannt haben. Und ob du dir der Verwandtschaft bewußt bist oder nicht, ob du sie zugibst oder leugnest – sie ist da. Du kommst nicht gegen sie an, wie du nicht dagegen ankommst, daß unten unten ist und blau blau.«

Ich stelle mir vor, ich irrte mich in einer so wichtigen Frage, es wäre nicht das erstemal. Ich stelle mir vor, ich verkennte Einflüsse, die ganz gravierend sind, ich sähe Beziehungen nicht, die unübersehbar sein müßten, ich fühlte mich nicht als Jude, bin aber in hunderterlei Beziehungen einer. Na und? Wozu, frage ich mich, muß ich einem solchen Rätsel unbedingt auf den Grund kommen wollen? Wäre ich hinterher klüger? Ich fürchte: nein. Ich fürchte: ich würde nur vergeblich versuchen, ein Geheimnis aufzuklären, ohne das mein Leben ärmer wäre.

Yehuda Amichai

Lehrer und Schriftsteller, lebt in Jerusalem.
Geboren 1924 in Würzburg;
1935 Auswanderung nach Palästina.
Sein schriftstellerisches Schaffen umfaßt Gedichte,
Romane, Erzählungen und Hörspiele.
In den USA wurde sein dritter
übersetzter Gedichtband »Amen« 1977
ein großer Erfolg.
In Deutschland erschien:
»Wie schön sind deine Zelte, Jakob« (Gedichte).

Ich bin einmal nach einer Dichterlesung gefragt worden, was wohl der beste Weg wäre, ein Kind zu einem Dichter zu erziehen. Meine erste Reaktion war selbstverständlich: Aber um Gottes willen, wer möchte denn sein Kind so erziehen wollen. Wie viele Eltern – und Dichter am wenigsten – wollen ihre Kinder als Künstler, als Dichter sehen? Wir wollen doch, daß sie einen »richtigen« Beruf erlernen, daß sie »reale« Menschen werden. Dichten bringt doch so viel Herzeleid, Überempfindlichkeit und Not aller Art mit sich, soviel »Unordnung und frühes Leid« – wie es Thomas Mann formulierte.

Doch könnte man diese Frage anders stellen: Welche Art von Kindheit und Elternhaus, welche Atmosphäre die beste sei für einen Dichter; kurzum: Was ist die ideale Biographie für einen Dichter? Nun kann ich allerdings nur von mir selbst und von meinem Lebenslauf sprechen. Ich glaube, daß eine Kindheit in einer religiösen und sogar streng orthodoxen Familie es in sich hat, einen zum Dichter zu machen. Es gibt allerdings viele Gebote und Verbote, die die Kindheit sehr belasten mit Pflichten und mit Ängsten, mit Begeisterung und mit Schuldkomplexen. Da gibt es Gebetszeiten und Feste und Fasttage mit wenig Zeit fürs ziellose Spielen. Doch sind all diese Riten und Bräuche und Taten »poetisch«, es sind Spielregeln einer höheren Ordnung, die ganz dem Kinderherzen entsprechen. Da gibt es Übernatürliches und symbolischen Zauber, die alle ernst und schicksalbeladen sind. Und all dies ist so poetisch, weil es nicht »poetisch« sein will, also richtiges, wahres Künstlertum. Ich kann nur vom Judentum erzählen, doch ich weiß, daß fast alle Religionen diesen Reichtum an Riten und realen Symbolen besitzen. Mir scheint allerdings, daß im Judentum die praktische und reale Erfüllung das tagtägliche Leben mehr als in allen anderen Religionen in Besitz nimmt. Und hiermit meine ich nicht das Leben von Menschen, die ganz der Religion gewidmet sind, wie Würdenträger, Mönche und Priester, sondern das Leben jedes Einzelnen.

Ich stamme aus einer tief religiös orthodoxen Familie, deren Wurzeln viele Jahrhunderte lang in Süddeutschland waren. Meine Großeltern, von väterlicher sowie von mütterlicher Seite, lebten als Landjuden in zwei kleinen Gemeinden: in Giebelstadt in Unterfranken und in Gersfeld im Hessischen. Ich erinnere mich noch sehr gut an sie. Sie hatten Höfe, fast Güter, mit Vieh und Feldern, mit Obst- und Gemüsegärten, mit Pferden und sogar einer Kutsche, mit Knechten und Mägden.

Sie waren strenggläubig und hielten alle Gebote ohne Nachgedanken oder Zweifel. Sie kannten Hebräisch nur als heilige Sprache der Gebete und des jüdischen Gesetzes. Sie lebten selbstverständlich und offen und stolz als Juden in ihrer christlichen Dorf-Umwelt, die ihrerseits die Landjuden schätzte und achtete. Da gibt es viele Anekdoten von Gesprächen und Freundschaften zwischen jüdischen und christlichen Familien. Das Judentum meiner Vorfahren in Süddeutschland war naiv, fast kindlich einfach. Es war nicht das gelehrte Judentum der Jeschiwot (Talmud-Hochschulen), wie es in Osteuropa vorkam. Es gab keinerlei dialektische Auseinandersetzung mit Vergangenheit und keinerlei logische Hochrechnung in die Zukunft. Andererseits war es unbewußtes, praktisches, tagtägliches Judentum, ohne Philosophie und Wissenschaft, ohne Geiger und Buber und Rosenzweig und dergleichen mehr, wie es in West- und Mitteleuropa aufkam. All dies liegt lebendig in meiner Kindheit. Ich möchte an dieser Stelle ein Gedicht von mir sagen. Ich habe es selbst aus dem Hebräischen, so gut wie möglich, übersetzt.

Luxus

Mein Onkel ist in Sheikh Bader in Jerusalem begraben.
Mein anderer Onkel, der im ersten Weltkrieg fiel,
Ist in den karpatischen Bergen verstreut,
Mein Vater in Synhedria, in Jerusalem,
Meine Großmutter auf dem Ölberg,
Und die Eltern all dieser liegen
Begraben in halbzerstörten jüdischen Friedhöfen
In Unterfranken zwischen Wäldern und
An Bächen, die nicht Jerusalem sind.

Großvater, Großvater!, der Du
Jüdische, schweräugige Kühe hattest,
Im Stall unter der Küche,
Der Du um vier jeden Morgen aufstandest,
Ich habe von Dir dieses Frühaufstehen
Geerbt. Mit meinem Munde, noch bitter
Von nächtlichen Ängsten, hege und
Pflege ich meine bösen Träume.

Großvater, Großvater!, Oberrabbiner
Meines Lebens,
Verkauf' meine Schmerzen,
So wie Du das gesäuerte Brot
Am Vorabend des Pessachfestes verkauft hast;
So daß die Schmerzen bei mir bleiben und
Sogar weiter schmerzen, aber nicht mehr
Mir gehören, nicht mehr mein Besitz sind.

So viele Grabsteine sind in der
Vergangenheit meines Lebens verstreut,
Namen, eingemeißelt, wie die Namen
von verlassenen Bahnstationen.
Wie kann ich denn all diese Entfernungen
Mit meinen Wegen überspannen?
Wie kann ich sie alle miteinander
Verbinden? Ich hab' die Mittel nicht,
Um dieses kostspielige Bahnnetz
Zu erhalten: Es ist ein Luxus.

Aber, wie gesagt, vieles blieb bis zum heutigen Tag in meiner Erinnerung. Da gab es den Sabbat, den Ruhetag, das Zentrum allen jüdischen Lebens. Schon am Freitagnachmittag wurden langsam alle Arbeiten eingestellt. Es war ein großes Erwarten in diesem allmählichen Ruhig- und Langsamwerden. Wie ein Ritardando in der Musik, das das Großartige vorbereitet. Der Tisch wurde festlich gedeckt. Die Frauen zündeten die heiligen Kerzen an mit wunderbarem, fast zaubergleichem Gehabe: Die Hände bedecken die Kerzen und dann die Augen, ein tiefes Versteckspielen mit der Heiligkeit der Königin Sabbat. In der Synagoge gab es ein Singspielgebet, in dessen Refrain es heißt: »Komm, Sabbat, Braut und Königin.« Vielleicht ist dieses Gebet das erste Gefühl der Liebe, jenseits der Eltern, für ein jüdisches Kind. Dies Gebet endet höchst dramatisch. Die Gemeinde dreht sich nach der Türe um, um die Braut-Königin zu begrüßen. Man verbeugt sich leicht, und dann kam sie immer, weiß und unsichtbar.

Also Judentum war für mich ein Königreich und eine große Liebschaft. Da gab es viele Gesten mit Verbeugungen und mit Knicks, mit Bedecken der Augen und mit dem einmal im Jahr Sich-auf-die-Erde-Werfen, um mit dem Gesicht den Boden zu berühren. Da gab es Schofarblasen auf einem hohlen Widderhorn, ganz urtiefe Klänge aus der Kindheit der Menschheit. Da gab es traurige, geheimnisvolle Totengedenkfeiern, bei denen nur Erwachsene in der Synagoge bleiben durften.

Da gab es die Gesetzrollen aus Pergament, die aus dem Schrein gehoben, dann umarmt und geküßt durch die Synagoge getragen wurden. Diese Rollen trugen bestickte Samtkleider, waren mit Seidenwickeln eingewickelt und hatten goldene Kronen mit Glöckchen. Sie wurden ausgezogen und nach Lesung des Abschnitts wieder zusammengerollt und angezogen wie liebe Kinder.

Da gab es Kerzen des Chanukka-Festes, die das Ölwunder und den Sieg der Makkabäer über die Griechen feierten. Da bauten wir, alle zusammen, die Laubhütten in Erinnerung an die vierzigjährige Fahrt durch die Wüste ins Heilige Land. Ja, all dies war Erinnerung an den Tempel und an das Königreich Israel. Palmzweige wurden geschwungen im deutschen kalten Herbst, Früchte aus dem Orient, Datteln, Feigen, Orangen, Johannisbrot wurden feierlich am Baumfest gegessen. Inbrünstige Bittgebete für Regen wurden gesungen im Schneegestöber. Der Kreuzberg in der Rhön war für meine kindliche Phantasie der Berg Sinai, auf dem Moses die Gesetzestafeln in Donner und Blitz erhalten hatte. Daß ich seitdem den richtigen Sinaiberg bestiegen habe, ändert nichts an der verinnerlichten Wahrheit des Erlebens. Unweit von Würzburg in einer Talmulde zwischen zwei bewaldeten Hügeln war für mich das Tal Eilah, in dem der junge Hirte, David, den Riesen Goliath besiegte. Daß ich später bei Schulausflügen das richtige Tal im Lande Israel sah, stört mein tiefes Bild nicht. Mit typisch historischer Ironie geschah es sogar einmal, daß ich bei einem israelischen Armeemanöver meine Reservekompanie im Tale Eilah zur Nachtruhe biwakieren hieß, während in der Talmulde bei Würzburg der Zweikampf endlos zwischen David und Goliath weiterging. Ich könnte, endlos, Beispiele dieser Art bringen. Judentum und jüdische Geschichte geschahen für mich auf deutschem Boden. Die ganze Welt war jüdisch, ohne es zu wissen. Ich wußte es.

Dasselbe erlebten andere jüdische Kinder, die in Osteuropa groß wurden, mit russischen und polnischen Landschaften. Ist es nicht geradezu grotesk, daß die extremsten orthodoxen Juden im israelischen Mittelmeerklima mit Kosakenpelzmützen und langen, osteuropäischen Kaftanen umhergehen?

Judentum ist dauerndes Erinnern in Wort und Tat, in Symbolen und in Riten. Das ist doch eigentlich, was Dichtung ist: persönliche Dokumentierung, lebendiges Museum, in dem der Dichter Dinge aus seinem Leben festhält. In einem Liebesgedicht zum Beispiel kommen Worte, Satzbrocken, Dinge, Kleider, Möbel, Hügel undsoweiter vor, die dem Dichter helfen, sein Leben zu konservieren und transzendent zu erhalten.

Judentum ist für mich Sehnsucht nach irdisch-himmlischer Vergangenheit und Sehnsucht nach Zukunft. Prophetie im Judentum ist nicht Wahrsagerei, sondern Sehnsucht nach Zukunft, die aus der Vergangenheit kommt und von ihr dauernd genährt wird.

Da gibt es zwei Gebete, die mich als Kind tief berührten und meine Phantasie beschäftigten. »Führ uns zurück zu Dir, und wir wollen zurückkehren; erneuere unsre Tage wie ehedem.« Und das andere Gebet, ein Zitat aus dem Buch des Propheten Jeremia: »Ich gedenke der Liebe deiner Jugend und deiner Brautzeit, da du mir nachgingst in die Wüste, in ein unbesätes Land.« Denn selbst ein Kind hat schon Wünsche, zurückzukehren in ein besseres, liebevolleres Sein. Dies muß durchaus nicht als Freudsches Prinzip gelten.

Die Kraft des Erinnerns und die Macht der Sehnsucht führt das Judentum vom Israel unserer Zeit in eine zwar furchtbare Vergangenheit im europäischen Exil zurück, die aber wiederum das Furchtbare vergessen will und nur das idyllisch-intime Judentum aufrechterhalten möchte. Dieselbe Macht hat während der vielen Jahrhunderte von Verfolgungen und Vernichtungen in Europa die alte Heimat im Lande Israel bewahrt und sogar richtig aufbewahrt, wie man Früchte konserviert, so daß das alte heilige Land ganz unberührt seinen Duft und seine physische Realität nicht verloren hat. Und wenn ich schon das Beispiel von konservierten Früchten benutzt habe, so möchte ich hinzufügen, daß solche Früchte ja meist viel konzentrierter und süßer sind als die frischen. Da gab es den Tempel und Jerusalem, da gab es Milch und Honig und goldene Ernten. Doch dieselbe Macht der Sehnsucht war auch im blühenden fruchtbaren Land Israel aktiv und führte von dort in die Wüste zurück, in die »Brautzeit«, in die große Liebe, die ganz in den öden Wüsten ringsum geschehen war, als das Volk ganz unbelastet von materiellem Luxus Gott folgte, die Gesetze hielt und sich wiederum nach der Zukunft im gelobten Lande sehnte, nach Feldern, nach Milch und Honig und Vieh und goldener Ernte und Tempel. Also eine endlose Sehnsucht.

All dies war lebendig für mich als Kind, Wüste und Fruchtbarkeit, armselige Zelte und prachtvolle Tempel, einsame Wüstengebete und herrlichste Chöre der Priester und Leviten. Es war lebendig für mich im Tagtäglichen und Realen der Dinge um mich und der Bräuche in meinem Elternhaus und der Gebete und Zeremonien in der Synagoge. Da gab es in fast allen jüdischen Häusern ein kleines umrahmtes Bild, auf dem das Wort »Misrach« (Osten) stand. Dieses »Misrach« hatte eine ganz praktische Funktion. Es deutete die Wand an, nach der man sich beim Beten zu wenden hatte. Hinter dieser Wand begann der Osten. Die riesigen Flächen von Europa und Mittelmeer wurden ignoriert; es war da gleich das Land Israel, Jerusalem, Wüste, Milch und Honig und Gott.

Dieses Gedicht, das ich vor ungefähr zehn Jahren geschrieben habe, wurde von Aliza Stadler übersetzt:

Juden im Land Israel

Wir vergessen, woher wir gekommen sind. Unsere
Jüdischen Namen aus dem Exil verraten uns,
Erinnern an eine Blume oder Frucht,
Mittelalterliche Städte, Metalle,
Zu Stein gewordene Ritter, viel Rosen,
Wohlgerüche, deren Duft vergangen, viel Rot,
Handwerke, die aus der Welt geschwunden.
Auch die Hände sind verschwunden.

Die Beschneidung hat's uns angetan,
Wie in der biblischen Geschichte
Von Sichem und Jakobs Söhnen,
Unser Leben lang mit Schmerzen.

Was tun wir nach unsrer Rückkehr,
Hier, mit unserm Schmerz?
Die Sehnsucht ist mit den Sümpfen getrocknet,
Die Wüste blüht für uns, unsere Kinder sind schön.
Sogar die Wracks unterwegs versenkter Schiffe
Gelangten zu dieser Küste,
Auch die Winde kamen an. Nicht alle Segel.

Was tun wir in diesem dunkeln Land,
Das die gelben, blendenden Schatten wirft.
Manchmal sagt einer nach vierzig
Jahren oder fünfzig: »Die Sonne bringt mich um.«

Was tun wir mit Seelen aus Nebel,
Mit den Namen, mit Waldaugen,
Mit unseren schönen Kindern,
Mit unserem schnellen Blut?

Vergossenes Blut ist keine Baumwurzel,
Doch ist es das stärkste Band,
Das Menschen haben.

Nach dem Ersten Weltkrieg, in dem mein Vater aktiv Infanteriesoldat war, mit Eisernem Kreuz und so weiter, heirateten meine Eltern und zogen nach Würzburg. Ich wurde 1924 geboren. In Würzburg gab es einen jüdischen Kindergarten, eine jüdische Volksschule, ein jüdisches Lehrerseminar sowie ein jüdisches Krankenhaus und Altersheim. Meine jüdische Welt war also gänzlich geborgen und vollkommen. So daß, als 1933 das Nazi-Regime begann, es für mich keinerlei Schock gab über das Anderssein und Fremdsein. Ich war mir der nichtjüdischen Umwelt wohl bewußt; ich hatte ihre Feindseligkeit schon vor Hitler gespürt. Da gab es fast tagtäglich Steine und Rufe wie »Saujuden« usw. Es war mehr eine historische, christliche Feindlichkeit, auf die später der politische Antisemitismus der Nazis aufbaute. Einmal als Fünfjähriger erhielt ich sogar eine Ohrfeige, weil ich beim neugierigen Betrachten einer Fronleichnamsprozession die Mütze nicht abgetan hatte. Einer der gehässigsten Rufe war: »Isaak, geh' nach Palästina!« (Was mein Vater dann auch tat, doch ironischerweise heißt man uns ja jetzt wieder, dieses Palästina zu verlassen . . .) Doch gerade die Fremd- und Feindlichkeit der Umwelt verstärkte meine tiefe Zugehörigkeit zum Judenvolk. Mein Vater trug immer mit Stolz Gebetbücher und Gebetsmantel sowie am Laubhüttenfest Palmzweige durch die Straßen. Da gab es allerdings jüdische Mitbürger, die dies alles diskret in Papier einwickelten: Es sollte keinen »Risches« machen. »Risches« ist ein altjüdisches Wort für Antisemitismus.

Für mich als Kind war also aktives Judentum fast immer mit feindlicher Umwelt verbunden. Ich lebte also ganz natürlich in zwei Welten, die beide absolut real waren. Und mit allem Gefühl des Fremd- und Andersseins fühlte ich mich sehr wohl in der schönen Stadt Würzburg. Ich liebte die Gassen und alten Häuser. Ich machte viele Wanderungen in die Landschaften ringsum. Wälder und Bäche, Fluß und Brücken, Weinberge und Glockenklänge waren Teil meiner schönsten Erlebnisse in frühester Kindheit.

Jüdische Schule und Synagoge waren der innere Kreis. Doch das Zentrum war meiner Eltern Haus. Meine Mutter war die Haushälterin Gottes, mein Vater sein Stellvertreter. Es gibt ein Gebet in den Hohen Feiertagen: »Avinu Malkeinu« (»unser Vater, unser König«). Dies war für mich mehr als gebetspoetische Metaphorik. Wenn Gott mit Vater verglichen werden kann, so kam ich also zum naiven Schluß, daß dann mein Vater auch mein Gott sein kann. Also wiederum, um auf meine Idee über Religion und Dichtung zu kommen, so kann man ja auch zum Beispiel in einem Liebesgedicht sagen, daß – wenn die Geliebte wie eine Rose ist – die Rose eine Geliebte ist.

Es geschah also, daß mein Erinnern an meinen Vater, der seit fast drei Jahrzehnten hier in Jerusalem begraben liegt, eins ist mit dem Erinnern an Gott und seine jüdische Welt.

Im Jahre 1935 verließen wir Würzburg und wanderten nach dem damaligen englischen Mandatsgebiet Palästina. Das erste Jahr verbrachten wir in Petach Tikwa, der ersten jüdischen landwirtschaftlichen Siedlung. Petach Tikwa war damals ein idyllisches Großdorf. Kleine Häuser, meist halbversteckt zwischen Zitrusplantagen, Sandwege und Gärten gab es da und Palmen und Eukalyptusbäume und wilde Kinder, die meist barfuß spielten. Das war in den ersten Wochen eine manchmal grobe Überraschung. Da kamen also wieder wohlbehütete jüdische Kinder aus Europa in Konflikt mit einer, so absurd es klingen mag, fast unjüdischen Umwelt. Eine Umwelt, die sehr aufs Körperliche eingestellt war, ganz unbelastet von bleicher Ghetto-Tradition, eine Welt von Kindern und Tieren und Pflanzen, von Sonne und Braungebrannten im Freien, unbeschwert von Vergangenheit.

Mein Vater war einer der Begründer einer Synagogengemeinde, die in einem alten Koloniehause weiter im deutschjüdischen Ritus betete. Die Predigten des Rabbiners, Dr. Wolf aus Köln, wurden in Deutsch gehalten. So daß also wiederum eine jüdische Insel in der Umwelt entstand, obwohl die Umwelt ganz aus Juden bestand. Doch diese Umwelt war für uns fast eine Umwelt von Gojim, also von Nichtjuden, in der Kinder Fußball spielten, auf die Bäume kletterten, auf Eseln ritten, während ich ganz wie in Deutschland neben meinem Vater in der Synagoge stand, meine Gebete wie zuvor in Hebräisch betete, während durch die Fenster das Spielgeschrei der Kinder im selben Hebräisch in die Synagoge drang.

Mein Hebräisch, das ich schon in Kindergarten und Schule erlernt hatte, war gut, so daß ich keinerlei Schwierigkeiten und Komplexe zu überwinden hatte, wie sie typisch für Emigrantenkinder sind.

Und wiederum geschah das fast Unglaubliche mit dem Erinnerungszauber des Judentums: Die deutsche Sprache, dieselbe Sprache, in der damals Hitler seine ersten Reden hielt, wurde für mich die Sprache des Judentums, während die heilige Sprache selbst eine profane Umweltssprache der Straße, der Spiel- und Sportplätze, der Arbeit und der Landwirtschaft war. Viele Jahre später schrieb ich in einem Gedicht:

Jetzt sprechen wir diese so müde Sprache,
Aus ihrem Schlaf in der Bibel gerissen –
Geblendet torkelt sie von Mund zu Mund –
Die Sprache, die einst Gott und Wunder beschrieb,
Sagt jetzt:
Auto, Bombe, Gott.
Die viereckigen Buchstaben wären lieber
geschlossen geblieben.
Jeder Buchstabe ein geschlossenes Haus
Und so bleiben und für immer schlafen.

Es dauerte nicht lange, dann war ich ganz ein Teil dieses nichtjüdischen Judentums Palästinas. Mein Vater hat es nie verstehen können, warum es gerade im jüdischen Land einen so geringen Prozentsatz von orthodoxen und strenggläubigen Juden gab. Es sei doch so einfach, alle Gebote zu halten in einem Land, in dem der Sabbat offizieller Ruhetag sei, in dem es keinen Antisemitismus gäbe. Ich glaube, daß er es wirklich nicht verstehen konnte, daß gerade Schwierigkeiten, Feindseligkeit und Verfolgungen mehr zur Erhaltung des frommen Judentums im europäischen Exil beigetragen haben als das freie jüdische Palästina, das spätere Israel. Ich selbst gehe kaum zur Synagoge in Israel, aber wenn ich mich im Ausland befinde, so tue ich das öfters. Das Hauptziel der jüdischen Revolution, also des

Zionismus, war ja, »wieder ein Volk wie alle Völker zu sein«, dieser alte Ruf, der schon in der biblischen Geschichte von Zeit zu Zeit dominant wurde. Es ging also um Normalisierung der Juden. Diesem kann man natürlich entgegenwenden, daß es kein »normales« Volk gebe. Jede Nation und jedes Volk haben ihre eigene Neurose, die manchmal als Kollektivwahnsinn ausbricht. Für mich ist Zionismus und jüdischer Staat eine natürliche Entwicklung des Judentums.

1937 zogen wir nach Jerusalem. Ich glaube, mein Vater machte diesen Schritt, um für uns Kinder eine mehr »jüdische« Welt im alten europäischen Sinne zu schaffen. In Jerusalem gab es nun wirklich genug religiöse Schulen, Synagogen, die Altstadt mit den heiligen Stätten und vor allem eine orthodoxe Mittelschule. Dort begann meine Pubertät, Fragen nach Sinn und Ziel des Lebens, Fragen nach göttlicher Gerechtigkeit. Es begannen die mörderischen arabischen Unruhen, vom Mufti geführt und von Italien und Deutschland unterstützt. Dann kam der Weltkrieg mit den ersten Nachrichten über Judenvertreibung und -vernichtung. Ich wurde Soldat in einer palästinensischen Truppe der englischen Armee und später in den israelischen Befreiungskriegen als Kommandosoldat. Da gab es also endlose Auseinandersetzungen mit meinem Vater, also mit dem Judentum, also mit Gott. Mein Vater meinte, daß es gerade die Einhaltung der Gesetze war, die das jüdische Volk physisch erhalten hat. Daß alle Völker der alten Welt vom Weltbild verschwunden seien. Meine zornige Antwort war, daß das jüdische Volk erhalten ist, um mehr Leid und Schmerz zu erleben. Es ging für mich um die alte Frage: »Wieso geht es den Gerechten und Guten schlecht, während es den Bösen gut geht?« So entstand dieses Gedicht, dessen erste Zeile der erste Satz des Begräbnisgebetes »Eil malei Rachamim« (Gott voller Erbarmen) ist:

Gott voller Erbarmen
Wär' nicht Gott voller Erbarmen,
Wär' Erbarmen in der Welt
Und nicht nur in ihm.

Ich, der ich Blumen pflückte am Berg
Und geschaut in alle Täler,
Ich, der ich Leichen von den Hügeln brachte,
Kann erzählen, daß die Welt
Leer ist von Erbarmen.

Ich, der ich König des Salzes war am Meer,
Der entschlußlos an seinem Fenster stand,
Der die Schritte von Engeln zählte,
Dessen Herz Gewichte des Leidens hob,
In den furchtbaren Wettspielen,
Ich, der neu ich nur einen kleinen Teil
Der Worte aus dem Wörterbuch benutze,
Ich, der ich, gegen meinen Willen, Rätsel lösen muß,
Weiß, daß, wenn Gott nicht
So voll Erbarmen wär',
Dann wär Erbarmen in der Welt
Und nicht nur in ihm.

Das Diskutieren oder sogenannte Hadern mit Gott ist eine uralte jüdische Tradition. Es ist eine persönliche Angelegenheit. Das Judentum schließt den Widerspruch in sich ein. Da gibt es ein altes Wort: »Wenn du den Schuft (Satan) triffst, zieh' ihn mit dir ins Lehrhaus«. Man kann also nicht aus dem Judentum heraus; es ist dialektisch für alles gesorgt. Ganz wie in der westlichen Demokratie, zum Beispiel der englischen, in der die Opposition im Parlament ein integraler Teil der Regierung ist und sogar »Ihrer Majestät Opposition« genannt wird.

Ich befinde mich persönlich in einer Art Waffenstillstand mit der Religion. Ich meine ausdrücklich Waffenstillstand und nicht Frieden. Das Judentum hatte immer die vitale Kraft, sich zu entwickeln, ohne seinen Kern zu verlieren. Es kann also unbesorgt alles in sich einschließen.

Ich, als typischer Mensch des zwanzigsten Jahrhunderts, fühle, daß meine geistige Welt aus allerlei Überbleibseln und Resten aus Geschichte und Geist zusammengesetzt ist. Da gibt es viele Restchen in vielen Töpfen, aus denen ich mir mein persönliches und überpersönliches Judentum zusammenkoche, während mein Gehirn, überfüttert wie ein Computer, versucht, Ordnung zu schaffen und Regeln und Gebrauchsanweisungen für mein Leben zu finden. Da gibt es biblisches, idyllisches Judentum, da gibt es spätere universale Gottentwicklungen, Mystik und Renaissance, primitive Orthodoxie, Humanismus, Marxismus, Psychoanalyse, Zionismus zusammen mit Lebenserfahrungen wie Eltern, Krieg, Liebe, Tod und Elend und Not.

Aus all diesem bereite ich mir ein Mahl, das ich »mein Judentum« nenne, ganz gewiß ein Armen-Mahl, das oft meinen geistigen Magen grob in Anspruch nimmt. Meine Kinder wiederum werden wahrscheinlich den größten Teil ihres erwachsenen Lebens im dritten Jahrtausend verbringen. Ich habe das Gefühl, daß sie wie Langstreckenraketen sind, die ich in die Zukunft geschossen habe, ohne ihnen genug Proviant und Brennstoff mitgeben zu können. Ich verlasse mich auf Kräfte der Geschichte, so wie man Gott eben jetzt nennt, daß sie irgendwie ankommen werden. Ich kann ihnen nicht mitgeben, was mein Vater mir mitgegeben hat. Um auf meine Anfangsfrage zurückzukommen, ich kann ihnen keine Biographie ermöglichen, die sie eventuell zu Dichtern machen könnte.

Judentum – ich wiederhole – ist das jüdische Volk. Es ist eine eigentümliche Mischung von Religion und Volkstum, die in Zeiten von Not und Vernichtungsgefahr ganz als übernationale Idee überleben kann, um dann wieder ganz als Volkstum zu erscheinen und zu leben. So ist also die Staatwerdung der Juden eine natürliche Entwicklung. Ich sagte einmal einem jungen jüdischen Amerikaner, der sich überaus ernsthaft mit Problemen seiner Identität abquälte: Was bin ich? Jüdisch, amerikanisch, israelisch, israelitisch . . .? Ich sagte ihm, daß vielleicht der beste Grund, in Israel zu leben, der sei, daß hier all diese Identitätsprobleme verschwinden. Daß es andere Probleme hier gibt wie Kriege, feindliche Umwelt und das arabische Problem, erscheint mir geradezu normal. Ich lebe in Israel, ohne mir dauernd bewußt zu sein, daß es so ist und daß ich ein Jude bin. Ich möchte gern noch ein Gedicht bringen (»Schlaf in Jerusalem«), das auch von Aliza Stadler ins Deutsche übersetzt wurde:

Schlaf in Jerusalem

Während ein auserwähltes Volk
Ein Volk wie alle Völker wird,
Seine Häuser und Straßen baut,
Seine Erde für Röhren und Wasser öffnet,
Liegen wir drinnen im niedrigen Haus,
Späte Sprößlinge dieser alten Landschaft.
Die Decke wölbt sich über uns in Liebe,
Und der Atem in unserm Mund
Ist wie er uns gegeben wurde
Und wie wir ihn dereinst zurückgeben.

Schlaf ist dort, wo Steine sind.
In Jerusalem ist Schlaf. Das Radio bringt
Tagklänge aus einem Land, in dem es Tag ist.
Worte, die bei uns bitter sind
Wie vergessene Mandeln auf einem Baum,
Sind süß gesungen in einem fernen Land.
Wie nächtliches Feuer im hohlen Stamm
Eines Olivenbaumes
Brennt rot ein ewiges Herz
Nicht weit von den zwei Schlafenden.

Zum Abschluß möchte ich noch etwas über den Begriff des Judentums als »Gottes auserwähltes Volk« sagen. Ich glaube, offen gestanden, nicht daran. Doch es scheint mir manchmal, daß das jüdische Volk eine Art Übungsfeld, ein Testgebiet, eine Versuchsstation Gottes oder der Geschichte ist, wo neue Ideen und Erfindungen des menschlichen Geistes und Ungeistes ausprobiert werden. Ich sage das ganz ohne Sentimentalität und Überheblichkeit einerseits und ohne Bitterkeit und Minderwertigkeitsgefühl andererseits. Ich verstehe heute besser, was mein Vater meinte, als er über das Erhalten und Überleben des jüdischen Volkes als Zweck und fast als Endziel sprach. Rilke sagte in einem Gedicht: »Wer spricht von Siegen; Überstehn ist alles.« Und dies gilt für Judentum und Menschheit zugleich.

Ich möchte nun mit einem Gedicht schließen, das ich selbst ins Deutsche übersetzt habe:

Empfehlungsbrief

In Sommernächten schlaf ich nackt in Jerusalem
In meinem Bett, das am Rand eines
Tiefen Tales steht, ohne herunter zu rollen.
Tagsüber geh' ich so umher
Mit den Zehn Geboten in meinem Mund,
Wie eine alte Melodie, die man vor sich hersummt.

Rühr' mich an, rühr' mich an, liebe Frau!
Das ist keine Narbe, die du unter meinem Hemd spürst,
Es ist ein Empfehlungsbrief, ganz zusammengefaltet,
von meinem Vater geschrieben:
»Er ist, trotz allem, ein guter Junge und voll Liebe.«

Ich erinnere mich an meinen Vater, als er mich
zu ganz frühen Gebeten aufweckte.
Er tat es mit Streicheln meiner Stirne
Und nicht mit dem Decke-von-mir-Reißen.

Seitdem lieb' ich ihn noch mehr,
Und dank diesem
Möge er aufgeweckt werden
Sanft und voll Liebe
Beim Auferstehen der Toten.

Jeanne Hersch

Professorin, lehrte von 1956–1977 Philosophie
an der Universität Genf.
Geboren 1912 in Genf.
Leitete zweieinhalb Jahre
die Abteilung für Philosophie der UNESCO in Paris.
Veröffentlichte u. a.:
Die Unfähigkeit, Freiheit zu ertragen;
Die Hoffnung, Mensch zu sein; Begegnung (Roman);
Das philosophische Staunen; Quer zur Zeit.

Als meine junge Großmutter väterlicherseits (sie war dreißig Jahre alt) in Litau nahe am Sterben war, nachdem sie sechs Söhne geboren hatte, ließ sie ihren ältesten (meinen Vater) zu sich kommen und sagte dem Elfjährigen: »Sei ein ehrlicher Mann und ein treuer Jude.« Mein Vater gehorchte – wenn auch nicht auf die Art, die sie sich vorgestellt hatte.

Meine Eltern waren »Bundisten«. Der »Bund« war damals die Arbeiterpartei der Juden in Osteuropa. Das bedeutete folgendes: Sie waren Juden – Sozialisten – Demokraten – Laien – Internationalisten – und Anhänger der jiddischen Sprache (obgleich sie miteinander polnisch sprachen). Weil sie Demokraten waren, bekämpften sie den Kommunismus leidenschaftlich. Weil sie Internationalisten waren, lehnten sie den Zionismus ab. Weil sie die jiddische Muttersprache der armen jüdischen Bevölkerung unter schweren Bedingungen verteidigen wollten, waren sie gegen die Anstrengungen, die hebräische wieder zu beleben (obgleich mein Vater dieses letztere besonders gut und genau beherrschte).

Viel später, aber vor dem Zweiten Weltkrieg, machte ich als junges Mädchen eine Reise nach Polen und konnte mir ein Bild von der Tätigkeit des Bundes machen. Ich empfand für seine Anhänger eine grenzenlose Bewunderung. Sie haben Wunder gewirkt. Unter den elendesten Verhältnissen, in der größten Armut, haben sie es fertiggebracht, unzählige kulturelle Möglichkeiten zu schaffen. Sie haben ein ganzes Netz von Musterschulen entwickelt, die von berühmten nichtjüdischen Pädagogen der Schweiz besichtigt und mit Begeisterung beschrieben worden sind. Sie haben mehrere Tages-, Wochen- und Monats-Zeitungen durch Jahre hindurch veröffentlicht (ich höre noch, wie mein Vater seinem Staunen Ausdruck gab, daß die französische sozialistische Partei, die eine Anzahl Abgeordneter und Minister zählte, unfähig war, finanziell den dünnen »Populaire« in Paris zu halten, während dort, in Polen . . .). Sie haben Erwachsenenbildung betrieben, Theater und Schauspieltruppen geschaffen, die berühmt wurden, und noch vieles andere. Das alles gelang, weil diese Menschen, von denen viele herrliche Begabungen und Bildung besaßen, von einer unwahrscheinlichen Selbstlosigkeit waren: Die Lehrer erhielten nicht mehr, als was zum Leben unentbehrlich war; die Autoren, welche für die Zeitungen schrieben, waren meistens gar nicht bezahlt; die Schauspieler schienen von der Begeisterung zu leben. Unter den wenigen, die den Nazismus und den Krieg überlebten, hätten einige, später, in den Vereinigten Staaten, irgendeine Karriere machen können. Sie blieben aber, nun die Sache des Bundes verloren war, mitten in New York ihren Toten treu.

Manche sind noch da, in New York, in Paris, vielleicht sonstwo. Aber der Bund Osteuropas ist wie ein Ameisenhaufen auf einmal zerstört worden. Und ein zweites Mal ist er durch die Geschichte aus der Erinnerung vertrieben worden. Die Erschaffung des Staates Israel hat ihn ins Vergessen gestoßen. Kaum jemand weiß noch von seiner armen und heroischen Vergangenheit, von seiner unermüdlichen, tätigen, geduldigen, leidenschaftlichen Treue. Und auch von seinen Opfern, die entweder von den Nazis oder von den Bolschewisten erschlagen worden sind. – Deswegen schreibe ich diese Zeilen.

Viel später, nach dem Krieg, besuchte mich in Genf eine Bundistin aus New York. Sie sammelte Geld, um den unzähligen Toten der bundistischen Massen ein Denkmal zu errichten. Es ging aber nicht um ein Denkmal aus Stein oder Bronze, sondern um die Herausgabe einer großen jiddischen Enzyklopädie, die den Wortschatz und die Ausdrücke der (wie sie sagte) so lebendig gewesenen und doch zum schnellen oder langsamen Tode verurteilten Sprache für die Nachwelt erhalten sollte. Die Sache sei eilig, fügte sie hinzu, denn die wahren Kenner der jiddischen Sprache seien schon sehr alt, und einem nach dem anderen falle die Feder aus der Hand. – Ich bekam später einen Band, dann einen zweiten, dann nichts mehr. Es ist bei dem Buchstaben »A« geblieben.

Meine Eltern waren Studenten an der Genfer Universität, als der Erste Weltkrieg ausbrach. Sie blieben da. Ich verbrachte also eine geschützte Kindheit und Jugend in der Schweiz, und mit zwanzig Jahren wurde ich Schweizerin. Ich liebe die Schweiz als ein Land der Freiheit und der Zuflucht und ganz besonders wegen einer bestimmten nüchternen Einfachheit, die hier üblich ist. Als ich gebeten wurde, eine der Reden zur Hundertjahrfeier der eidgenössischen Verfassung zu halten, gab ich meiner Dankbarkeit Ausdruck für diejenigen, welche dieses Land über Jahrhunderte hindurch so geschaffen haben, wie es ist. Meine Ahnen waren nicht mit dabei.

Daß ich Jüdin bin, war für mich von jeher eine selbstverständliche Gegebenheit, die doch zugleich eine ziemlich unbestimmte Pflicht der Treue mit sich brachte. Hätte man mich gefragt, woher ich das wußte, hätte ich wohl wie Kierkegaard geantwortet: »Mein Vater hat es mir gesagt.« Ich bin ohne Religion erzogen worden, mitten in den aufgeregtesten Auseinandersetzungen über alle Schattierungen politisch-ökonomischer Stellungnahmen und Auffassungen. Doch zogen mich schon als Kind philosophische und religiöse Probleme und Schriften an. Ziemlich früh las ich christliche Denker, Kierkegaard, Karl Barth, Meister Eckhart, die Exerzitien von Ignaz von Loyola, später Thomas von Aquin und Simone Weil. Das Denken Spinozas war mir nah, hauptsächlich wegen der Übereinstimmung von Freiheit und Notwendigkeit und wegen der unendlich vielen Attribute Gottes, von denen wir nichts wissen. Fremd empfand ich die wenigen jüdischen Theologen der Gegenwart, denen ich begegnete; mich ärgerten ihre – oft gerechtfertigten, aber in meinen Augen gleichgültigen – Ansprüche auf zeitliche Priorität den christlichen Geboten gegenüber, ihre Selbstbehauptung als auserwähltes Volk, die sie, wie mir schien, hinderte, sich einer echten, fruchtbaren Auseinandersetzung mit den anderen zu öffnen. Nach meinem Gefühl konnte man auf einfachere Weise Jude sein.

Jaspers' Denken – mit seinem »philosophischen Glauben«, den er der »biblischen Tradition« zuschreibt, ohne jedoch den biblischen Anspruch auf Ausschließlichkeit zu erheben – entsprach mir sofort, als ich ihm begegnete, als wäre ich von selbst und schon im voraus darin zu Hause.

Dann kamen die Nazi-Zeit und der Krieg. Aus der großen, zahlreichen Familie meiner Mutter in Warschau verschwanden fast alle. Ich verstehe heute eigentlich kaum, wie ich diese Jahre erlebt habe, geschützt in meinem neutralen Land. Ich leistete Hilfe bei der Aufnahme und Verpflegung von Flüchtlingen, ich habe beruflich weiter gearbeitet – sonst nichts. Diese Verabredung mit dem faktischen Geschehen habe ich als Jüdin, aber auch als Mensch, vollkommen verpaßt.

Nach dem Krieg empfand mein Vater sozusagen physisch den Substanzverlust des jüdischen Volkes. Israel wurde für ihn kostbar, einfach schon, weil es dort lebendige Juden gab. Er wurde dorthin eingeladen, fuhr hin, unterschrieb das Goldene Buch. Als er zurückkam, sagte er: »Ein Wunder auf einem Vulkan.«

Seitdem war ich selbst zweimal in Israel. Ich bewundere grenzenlos, was dort in allen Gebieten zugleich und trotz ständiger Kriegsdrohung, dank unwahrscheinlicher Anstrengungen, verwirklicht wurde. Ich habe auch gehört, wie die arabischen Nachbarn Israels am Tage vor dem Sechstagekrieg Drohungen ausgestoßen haben. Und ich war Mitglied des Exekutivrates der UNESCO in den Jahren, in denen Israel wegen seiner Schulbücher, seiner Ausgrabungen und seiner besetzten Gebiete verurteilt wurde, ohne daß manche Berichte und faktischen Auskünfte überhaupt in Betracht gezogen wurden. (Da, und nur da, hätte ich gewünscht, als Nicht-Jüdin gegen die allgemeine Ungerechtigkeit eingreifen zu können.) Sicher empfinde ich – wie wohl jeder Jude – eine besondere Solidarität mit Israel. Das bedeutet, daß, wenn in diesem Staat Schlechtes getan wird, wir uns mitschuldig fühlen, und wenn ihm eine Gefahr droht, dann droht sie auch uns. Aber Israel ist keineswegs mein Vaterland.

Sicher spricht mich in Fackenheims Büchlein »Gottes Gegenwart in der Geschichte« das erste Kapitel über »Die Struktur der jüdischen Erfahrung« direkt und heftig an. Ich erkenne vieles wieder in diesem Kommentar der Midrash. Um so entschiedener aber lehne ich gleichzeitig dieses privilegierte und einzigartige Verhältnis des jüdischen Volkes mit Gott ab. Das ist nicht mein Glaube. Es ist nicht mein Glaube, und zwar nicht, *obgleich* ich Jüdin bin, sondern *weil* ich Jüdin bin. Christen dürfen von Juden sprechen als von einem auserwählten Volk. Ich nicht. (Jedenfalls nicht in diesem Sinne. Vielleicht nur im Sinne meines Vaters, nach dem dieses Auserwähltsein nur eine besondere Pflicht dieses Volkes bezeichnet, sich um mehr Freiheit und Gerechtigkeit zu bemühen.)

Es ist nicht mein *Land.* Es ist nicht mein *Glaube.* Und was ich bin, gehört keiner *Rasse* an. Nun stelle ich die Frage: *Wer ist Jude? Wer weiß es? Und was nun?*

Diese Frage ist unendlich schwierig. Kein Wissen, wie mir scheint, keine besonderen Kompetenzen helfen sie beantworten. Man muß sich anstrengen, um zu klären, was man über das Judesein denkt – ob man wirklich darüber das denkt, was man zu denken glaubt; ob man wirklich glaubt, was man zu glauben glaubt oder zu glauben vorgibt; und ob man bereit ist, die Implikationen und Folgen dessen zu tragen, was man zu glauben glaubt. Man muß versuchen, klar zu Ende zu denken, was nicht bedeutet, daß man zu einer Antwort kommt.

Was diese Frage noch schwieriger macht, sind die verschiedenen Arten von Treue, die im Spiele sind und die oft eine unerbittliche Prüfung verhindern möchten. Gleichzeitig dürfen aber diese Arten der Treue nicht abgeschafft oder geleugnet werden; denn dadurch wäre die Frage nach dem Sinn des Judeseins selbst grundsätzlich entstellt. Wenn eine solche Frage im Ernst behandelt wird, dann geschieht es immer in der Gegenwart von Verstorbenen.

Dazu kommt noch die Scheu, über etwas lange zu sprechen, das eigentlich einfach und auch ganz selbstverständlich sein sollte.

Die verschiedenen Antworten, die auf unsere Frage gegeben werden können, werden, wie mir scheint, auf folgende Elemente bezogen: *Religion – Staat – Rasse – Kulturgeschichte – »die Anderen«.* Das heißt: Man ist Jude, wenn man eine bestimmte Religion hat – oder: wenn man Bürger eines bestimmten Staates ist – oder: wenn man einer bestimmten Rasse angehört – oder: wenn man in einer bestimmten kulturgeschichtlichen Tradition lebt – oder: wenn »die Anderen« von einem sagen, er sei Jude, und ihn als solchen auf eine besondere Weise behandeln. (Diese letzte Antwort ist die, welche Sartre gegeben hat.) Natürlich können mehrere dieser Elemente gleichzeitig zutreffen. Anstatt »oder« kann man dann »und« sagen, und die Antwort ist dann weniger einfach – sie wird massiver und komplizierter.

Im letzteren Falle muß man aber die Verbindung zwischen den Elementen sorgfältig klären. Sonst läuft man Gefahr, einfach von einem Element zum anderen überzuspringen, sobald die Implikationen oder Folgen des ersten irgendwie unbequem werden.

Religion. Man wird als Jude von einer großartigen Tradition angezogen, die des einen, transzendenten Gottes, dessen Namen nicht umsonst ausgesprochen werden darf. Man gehorcht der strengen, leidenschaftlichen Forderung, jeden Anthropomorphismus zu vermeiden. Eine solche Zugehörigkeit scheint klare Kriterien zu liefern: Genaue Vorschriften werden von »frommen Juden» sorgfältig beachtet. Sogleich aber entstehen *Vieldeutigkeiten:*

Die Religion ist in sich widerspruchsvoll, wenn die objektiven, sachlichen Vorschriften so eindeutig werden, daß sie durch die Eindeutigkeit allein schon die Transzendenz leugnen. »Fromme Juden« können in den Augen anderer Juden als

Anti-Juden erscheinen, nicht nur in den Augen nichtreligiöser, etwa sozialistischer oder positivistischer Juden, sondern in den Augen gläubiger Juden, im Namen der jüdischen Religion selbst. Es ist tatsächlich ein Zug des jüdischen Glaubens, daß das Religiöse trotz biblischer Genauigkeit »in der Schwebe« (nach Jaspers' Worten) ist und bleibt. Dieses »Schwebende«, das jeden Besitz, jedes Festnageln des Transzendenten verweigert, findet man zum Beispiel im Roman von Schwarz-Bart wieder (»Der letzte der Gerechten«), in dem man zuletzt nicht mehr weiß, *wer* der Gerechte ist, so daß die transzendente Eigenschaft wie ein leuchtendes Fragezeichen »in der Schwebe« bleibt. *Die jüdische Religion verliert ihre Einmaligkeit, wenn ihre Kriterien objektiv eindeutig werden.*

Wird ein zur jüdischen Religion Konvertierter dadurch ein Jude? Und umgekehrt: Wenn ein Jude zu einer anderen Religion übertritt, hört er dadurch auf, Jude zu *sein?* Die Empörung, die Vorwürfe, die ihn meistens seitens der jüdischen Gemeinde treffen, wenden sich ganz offensichtlich an ihn *als Juden,* sie wenden sich an den in ihm unwiderruflich gegenwärtigen jüdischen Menschen. So wie ein katholischer Priester, was er auch tut oder wünscht, wie er sich auch benimmt, nicht aufhören kann, Priester zu sein, so ein Jude, ob konvertiert oder nicht. Kann das als religiöse Zugehörigkeit verstanden werden?

Diejenigen Juden, für die die jüdische Religion das Entscheidende ist, behaupten trotzdem ohne den leisesten Zweifel, daß die Millionen Opfer der Nazis in Polen Juden waren und dem jüdischen Volk angehörten. Sehr viele jedoch unter diesen Ermordeten gehörten zu jenem »Bund«, von dem ich eben erzählte. Sie waren also entschieden gegen alle religiösen Vorschriften, oft glaubten sie nicht einmal an Gott. Niemand bezweifelt jedoch, daß sie Juden waren.

Wenn die Religion das Entscheidende sein soll, um ein Jude zu sein, soll man sie für eine Erbeigenschaft halten? Gehört sie also zur Biologie, statt eine freie Zusage der Seele zu sein?

Der Staat Israel. Wenn der Staat Israel für das Judesein entscheidend wird, bekommt das Wort Jude die objektive Bedeutung einer Staatszugehörigkeit. Aber: Es ist unmöglich, alle Juden an Israel zu binden. Man kann sich sogar – und das ist mein Gefühl – fragen, ob das Leben in der Diaspora nicht *wesentlicher* mit dem Judesein verbunden ist als die Zugehörigkeit zu einem besonderen Staat.

Weiter muß man fragen: Wenn man erst dadurch Jude wird, daß man diesem Staat angehört, wer war denn Jude, als es diesen Staat nicht gab? Es scheint hier ein seltsamer, unbegreiflicher geschichtlicher Bruch zu entstehen zwischen dem Judesein *vor* und *nach* der Entstehung des Staates Israel. Auch seitdem es diesen Staat gibt, kann man sich fragen, ob es nicht entscheidend zum Judesein gehört, gerade nie *wesentlich* einem Staat anzugehören. »*My country, right or wrong*« ist sicher nicht ein Ausdruck vom Judesein.

Es stellt sich eine seltsame Frage: Besteht nicht eine bestimmte Gefahr, daß, unter der wohl von fast allen Juden ersehnten Voraussetzung eines gesicherten Friedens und Fortbestandes ihres Staates, die Israelis in einem noch unbestimmten Sinn gerade aufhören würden, Juden zu sein?

Rasse. Man müßte sich zunächst fragen, was das Wort wohl bedeutet, welche Kriterien dazu gehören. Wie dem auch sei: Man gehört einer Rasse an durch die Geburt selbst. Diese Zugehörigkeit ist eine Tatsache, ein Zwang ohne Wahl. Wenn man also die Rasse als entscheidend für das Judesein betrachtet, kann man wohl die Frage nicht vermeiden: Sind wir Juden Rassisten? Denn zum Rassismus gehört nicht in erster Linie die Feindschaft und Verachtung den anderen Rassen gegenüber, sondern ganz grundsätzlich *die Auffassung, daß die Seele durch die Rasse – also biologisch – bestimmt ist.* Rassismus setzt voraus, daß man sich dem Biologischen unterwirft, daß man vor ihm abdankt. Eine solche Haltung ist bestimmt anti-jüdisch, sie ist auch ganz einfach anti-menschlich. Will man die Auffassung des auserwählten Volkes unbedingt beibehalten, so doch nicht in einer biologischen Fassung, sondern mit einer theologischen und ethischen Tragweite: Auserwählt wäre das jüdische Volk, um näher bei Gott sein Leid zu erleiden.

Diejenigen, die die Auffassung hegen, Judesein bedeute, biologisch einer Rasse zuzugehören, denken nicht wirklich oder überhaupt nicht. Denn die Folgen einer solchen rassistischen Auffassung wären, daß ein Jude nie aufhören kann, Jude zu sein. Judesein ist bloß ein Faktum; da ist keine Zustimmung, keine Wahl, keine Entscheidung, keine Treue und kein Verrat möglich. Es handelt sich um eine bedeutungslose Gegebenheit.

Kulturgeschichte. Für den »Bund« war dies die entscheidende Zugehörigkeit. Es gab die jiddische Sprache als Muttersprache der Diaspora, das große Erbe der vielen Verfolgungen, die jüdischen Werke: Literatur, Philosophie, Ethik, Politik usw. Die Juden Osteuropas lebten in ihrer überwältigenden Mehrheit in großer Armut und unter Bedrohung; sie waren durch das eigene Schicksal zum Denken und zum Kampf für die Demokratie und die soziale Gerechtigkeit sozusagen verurteilt, denn jede Gewalt, jede Ungerechtigkeit traf potentiell zunächst immer sie.

Hier ist die kulturgebundene Entscheidung das konstitutive Element des Jude-Seins. Es ist das Gegenteil von der massiv deterministischen Auffassung der Zugehörigkeit zur Rasse. Judesein bedeutet auf dieser Ebene: durch die heroische Anstrengung für Freiheit und Gerechtigkeit dazu beitragen, daß »das jüdische Volk« sich verwirkliche.

Diese Auffassung ist aber hier auch nicht ohne Widerspruch. Trotz allem bezieht man sich weiter auf eine faktische Gegebenheit: Man *ist* Jude.

»Die Anderen«. Sartre hat die Theorie entwickelt, daß die Juden erst von den Nicht-Juden zu Juden »gemacht« werden. Es gibt eigentlich Juden nur, weil die Anderen antisemitische Diskriminierung gegen sie ausüben. Dieser Widersinn hat durch einen Anschein soziologischer Wahrheit manche Menschen überzeugt. Tiefer geprüft erweist sich die Theorie als falsch. Wenn ich sage: »Ich bin Jüdin«, erhebe ich meinen eigenen Anspruch darauf, Jüdin zu sein. Ich stelle keineswegs das faktische Ergebnis einer äußeren Wirkung fest.

Nun, zu welchem Ergebnis sind wir gelangt? Es besteht etwas Wahres, etwas, was das Judesein trifft, in jeder Antwort – unter der Bedingung aber, daß dieses »etwas Wahre« in der Schwebe bleibt, daß man es nicht festnagelt als objektive Gegebenheit. Es gibt kein eindeutiges Kriterium für das Judesein, und vielleicht ist gerade diese Unmöglichkeit die Quelle eines Sinnes. Wahrscheinlich ist es immer ein unzutreffender Ausdruck, wenn man einem Anderen sagt: »*Du* bist Jude« (außer wenn man auf diese Weise eine Brüderlichkeit bestätigen will). Die Aussage aber »*Ich* bin Jude« ist kräftig, einfach – und nicht ganz eindeutig.

Seltsam. Es fällt mir etwas Unklares ein, etwas Geheimnisvolles: als gäbe es da, abgesehen von der Besonderheit »Jude«, so etwas wie eine Potenzierung und Konkretisierung des

Menschseins überhaupt. Die »Religion« als solche ist ihrer Natur nach in der Schwebe zwischen Transzendenz und den faktischen Riten und Autoritäten. Der Mensch als solcher hat eine ihm eigene Art, einem Staat zu gehören und ihm nicht zu gehören, als wäre er gleichzeitig ein Bürger hier und ein Verbannter von anderswoher. Der Mensch als solcher ist eng in den Kausalketten der Biologie und der Vererbung gebunden, und gleichzeitig dienen diese Ketten der Verwirklichung seiner Freiheit. Ohne Nahrung der vorhandenen Kultur bleibt er leer, und doch ist das Wesentliche für ihn eine Möglichkeit jenseits dieser Kultur. Der Jude sagt: »Ich bin Jude«, und es ist nicht eindeutig. Aber auch wenn der Mensch als solcher sagt: »Ich bin ein Mensch«, ist dieser Ausdruck nicht eindeutig und enthält eine nicht zu überwindende Zerbrechlichkeit. Heute, wo die festen, objektiven Modelle zerbrechen, ist es, als wäre der Mensch als solcher mehr und mehr, wie der arme verfolgte Jude, zur Suche nach dem Denken und nach Gerechtigkeit gezwungen. Als würde jetzt mehr und mehr das jüdische Schicksal zum menschlichen Schicksal überhaupt.

Alexander Zinoviev schreibt aus der UdSSR: »Der Mensch ist verschwunden.« Viele im Westen sind es müde, Menschen zu sein. Manche Juden sagen auch: Die Juden sind verschwunden; in Israel gibt es nur noch Staatsbürger und sonst nur Weltbürger in den vielen Staaten. Viele wollen gar nicht mehr Juden sein.

Und trotzdem gibt es jene zerbrechliche und vielleicht doch unzerstörbare Kette derer, die nicht feststellen, sondern bestätigen und entscheiden, aus einer eigentümlich unbestimmten, entschlossenen Treue heraus: »Ich bin ein Mensch. Mein Vater hat es mir gesagt.« – »Mein Vater hat es mir gesagt: Ich bin ein Jude.«

Was heißt das? Der Mensch ist hier nicht einfach eine Tiergattung, der Jude auch keine Rasse, kein kulturelles Faktum. »Mein Vater, meine Mutter haben es mir gesagt.« Ein Befehl aus der Vergangenheit, zu einer Zukunft hin, die in der Zeit nicht erreicht wird, und der die Freiheit wach hält. Eine Art und Weise, dem Irdischen leidenschaftlich zu gehören, und doch nie ganz. Ein »Auf-der-Schwelle-Leben«.

Alfred Grosser

Professor, Politikwissenschaftler, lebt in Paris.
Geboren 1925 in Frankfurt/M.;
1933 Emigration nach Frankreich.
Seit 1956 Forschungs- und Studiendirektor
der »Fondation Nationale des Sciences Politiques« in Paris.
Verfaßte u. a. die folgenden Bücher:
Deutschlandbilanz – Geschichte Deutschlands seit 1945;
Politik erklären; Gegen den Strom;
Das Deutschland im Westen;
Frankreich und seine Außenpolitik 1944 bis heute.

Man kann sich fragen, ob das Thema mich betrifft; denn in meinem täglichen Leben, in all dem, was ich tue und denke, in meiner Weltanschauung spielt eigentlich mein Judentum nur eine kleine Rolle. Aber so hat es nicht angefangen, und ich glaube, es lohnt sich, ein bißchen zurückzugreifen und den Lebenslauf zu schildern, der doch dadurch markiert worden ist, daß meine Eltern jüdisch waren, daß meine Großeltern alle jüdisch waren und daß ich im Frankfurter Westend am 1. Februar 1925 geboren bin als Sohn eines jüdischen Kinderarztes, der dann Chefarzt des Clementinenhospitals geworden ist, das heißt einer Rothschild-Institution. Im Westend in Frankfurt geboren zu sein, das bedeutete, mit vielen anderen jüdischen Kindern zusammenzukommen, aber nicht nur mit ihnen, und von Anfang an habe ich ein Kinderleben gehabt in Frankfurt, das keineswegs – ich möchte nicht sagen, ghetto-artig war, aber jedenfalls zusammengepfercht auf eine Art jüdische besondere Gesellschaft. In Wirklicheit waren für mich die erste große Entdeckung des Judentums, oder meines Judentums, die Schläge, die ich in der Schule bekommen habe. Es wird wohl April 1933 gewesen sein in der Wöhler-Schule in Frankfurt, weil ich Jude war.

Dazu möchte ich zwei Bemerkungen machen. Die erste ist, daß ich vielleicht dagegen von Anfang an reagiert habe, als achtjähriges Kind und dann in den nächsten zwanzig, dreißig, vierzig Jahren, jüdisch zu sein, vor allen Dingen, weil es der Antisemitismus so wollte. Und vielleicht würde ich mich jüdischer identifizieren, wenn ich nicht von Anfang an unter dem Zwang des Verfolgers gestanden hätte, der ja nur wollte, daß ich das sei, was er wollte, was ich sei.

Und eine zweite Bemerkung: Schulkameraden haben mich geprügelt – ich war dann nachher im Krankenhaus als achtjähriger Knabe, weil ich Jude war. Es hat bei mir keine Spuren hinterlassen. Ich glaube, das sagen zu können, denn ich habe oft überlegt: »Haben diese Prügel Spuren hinterlassen oder nicht?« Ich habe die Spuren nie finden können. Wenn Spuren dagewesen wären, wenn ich verbittert geworden wäre oder gesagt hätte, das waren deutsche Jungen, und damit antideutsch geworden wäre, dann hätte man das leicht erklären können wegen der Schläge. So ist wirklich nichts geblieben. Es ist, weil mir meine Mutter später davon erzählt hat, daß ich mir das habe wieder vergegenwärtigen können.

Dann sind wir aus Frankfurt fort, am 16. Dezember 1933,

wir, mein Vater, meine Mutter, meine drei Jahre ältere Schwester und ich. Warum ist mein Vater weg? Ich habe die Gründe später aufstellen können. Nicht so sehr, weil man ihm das Krankenhaus weggenommen hatte, nicht so sehr, weil Hitler an der Macht noch antisemitischer war als zuvor, sondern ich glaube, noch viel mehr, weil er ausgewiesen wurde aus einem Verein, der doch in seinem Leben keine große Rolle gespielt hatte. Aber die Ausstoßung hat eine große Rolle gespielt, nämlich aus dem Verein der EK 1-, Eisernes Kreuz Erster Klasse-Träger. Er hatte den Krieg 14/18 mitgemacht als Stabsarzt an der Front. Vier Jahre lang. Und plötzlich sollte er nun kein Deutscher mehr sein, sondern nur noch – wenn ich so sagen darf – Jude. Das gab den Ausschlag zur Emigration.

In Frankreich ist er dann nach sechs Wochen Anfang Februar 1934 gestorben, und meine Mutter hat ein Kinderheim aufgemacht. In diesem Kinderheim kamen am Anfang viele jüdische Emigrantenkinder unter, aber dann waren es normale französische Kinder. Ich bin sofort in Frankreich, ohne ein Wort französisch zu können, in die Schule gegangen und wurde dort aufgenommen als kleiner vertriebener Deutscher, der ja bald Franzose werden würde. Und das ist, glaube ich, eine wichtige Feststellung, die man machen sollte: Die Aufnahme, die Assimilation in Frankreich ist so schnell gegangen, ist so gut gegangen, daß ich mich sehr schnell vollständig als Franzose gefühlt habe, und das Jüdische hat dabei so gut wie keine Rolle gespielt. Ich glaube, ich hätte mich auf das Jüdische mehr bezogen, wenn die Assimilierung nicht so schnell vor sich gegangen wäre.

Um zu zeigen, wie sie vor sich gegangen ist, nur zwei Beispiele. Erstes Beispiel: Es ist 1934 nach dem Tod meines Vaters, er wollte ein Kindersanatorium einrichten, dann ist er gestorben. Es gab eine große Rechnung für die Elektrizitätsinstallation. Der Elektriker kommt und sagt meiner Mutter, der Witwe: »Ja, es ist eine große Rechnung, aber Ihr Mann war Frontkämpfer, ich war auch Frontkämpfer, zwar nicht auf derselben Seite, aber Frontkämpfer ist Frontkämpfer, also Sie bezahlen, wann Sie können, in Monaten, in einem Jahr, wie Sie wollen.«

Zweite Erfahrung: Ich komme zu den Pfadfindern, und zwar zu den evangelischen Pfadfindern in Saint-Germain-en-Laye, und sehr schnell gewinnt meine Untergruppe einen Wettbewerb, und der Führer der kleinen Untergruppe soll dann die Art Fahne der Gruppe am 11. November tragen beim Defilee vor dem Totendenkmal. Ich sagte dem jungen Mädchen, das die Jugendgruppe führte: »Ja, das ist doch nicht ganz normal, ich bin doch kein Franzose, ich bin doch Deutscher, ich werde Franzose werden, aber ich bin noch Deutscher.« Sie antwortete: »Was ist nicht normal dabei? Gerade das ist normal, daß du das ›Totem‹ trägst, wir feiern doch den Frieden, wir feiern nicht den Sieg.« Das hat auch zur Integration beigetragen. Wenn ich zurückdenke, so hat diese Integration in die französische Gesellschaft, in den französischen Unterricht, in diesen sehr national bestimmten Unterricht, wirklich dazu beigetragen, mich mit Frankreich, so schnell es ging, zu identifizieren. Dieser Unterricht, der ja auch macht, daß Aberhunderttausende von Emigranten in Frankreich (vor dem Krieg 1940 waren es vor allen Dingen Italiener und Polen, und dann Anfang der dreißiger Jahre Deutsche, aber viel weniger als Italiener und Polen), daß sich die Emigrantenkinder sehr schnell als Franzosen fühlen.

Jahre später habe ich mich dabei ertappt, bei einer Vorlesung zu sagen: »1914 haben *wir* . . .« – das war natürlich Frankreich, das waren natürlich die Franzosen. Und doch war ich da noch nicht geboren, und mein Vater war deutscher Offizier, aber das hatte die französische Schule getan. In diesem Sinne war auch meine ganze Lage anders, als wenn meine Eltern nach New York emigriert wären oder nach London in den Vorort Golders Green, wohin so viele deutsche Juden emigriert sind.

Dann kam auch noch hinzu, daß mein Vater so früh gestorben ist. Das klingt natürlich sehr furchtbar, aber die Tatsache, daß er uns so früh verlassen hat, hat zu meiner französischen Assimilierung eine Menge beigetragen dadurch, daß eine gewisse Entwurzelung erfolgte.

Antisemitismus gab es wohl in Frankreich damals auch. Um 1936/37, zur Zeit der Volksfront, erlebte ich einmal, wie drei Kameraden im Gymnasium mir sagten: »Wir sind Antisemiten. Du bist doch wahrscheinlich Jude.« Ich sagte: »Ja.« »Aber du bist ein guter.« Und da entdeckte ich, daß die Antisemiten ihre guten Juden haben. Das war alles an Entdeckungen. Vom Judentum hatte ich wenig, denn – und das muß sofort hier gesagt werden – ich war bei den evangelischen Pfadfindern, und ich begann meine ersten großen Lektüren auf dem Gebiet des Christentums. Darüber etwas mehr weiter unten. Zuerst muß ja auch die Kriegsperiode geschildert werden.

Denn als 1940 der deutsche Sieg kam, als 1940 die deutschen Truppen vorstießen in Frankreich, da wurde klar, daß wir fliehen mußten, denn als ehemalige jüdische Emigranten waren wir bedroht. Wir waren – meine Mutter, meine Schwester und ich – am 1. Oktober 1937 französische Staatsbürger geworden, aber wir dachten schon, daß das den Nazis egal sein würde. Da meine Großmutter am Sterben war, blieb meine Mutter bei ihr, und meine Schwester und ich flohen per Rad nach Südfrankreich, und meine Schwester ist dann im nächsten Jahr an den Folgen dieser Radflucht an einer Krankheit gestorben.

Während der Besatzungszeit waren wir in Südfrankreich, zuerst ohne deutsche Besatzung, und dann unterirdisch unter deutscher Besatzung. Als was waren wir gesucht? Als damals im September 1943 die Gestapo kam und wir gerade nicht mehr da waren, das war im Namen des Widerstands oder vielmehr gegen den Widerstand, nicht als Juden. Und die Tatsache, daß ich jüdisch war, spielte für mich vor allen Dingen eine doppelte Rolle, eine verbindende Rolle und eine selbstkritische Rolle. Die verbindende Rolle war ein Gefühl der Solidarität mit den anderen Verfolgten, die als Juden verfolgt waren, und das andere war die Selbstkritik: Ich bin auf der guten Seite, das heißt auf der Seite des Widerstands, auf der Seite der Ablehnung des Nationalsozialismus, keineswegs aus freier Wahl, sondern weil ich ja überhaupt nicht anders kann und weil es überhaupt nicht denkbar ist, daß ein Jude nicht auf der antinazistischen Seite stehe. Sagen wir es ungefähr so: Mein Judentum war damals Quelle einer gewissen Nachsicht jenen Franzosen gegenüber, die zögerten und die nicht bestimmt gegen den besetzenden Nazismus waren.

Dann kamen die schlimmen Monate, erstens, wo die Besatzung immer härter wurde, und zweitens, wo man erfuhr, was man eigentlich zuerst nicht erfahren hatte, was mit Juden in Deutschland oder vielmehr in Polen, wohin man sie transportiert hatte, wirklich geschah. Es kam jene Nacht oder jener Abend 1944, wo ich über die BBC erfuhr, daß die Internierten von Theresienstadt nach Auschwitz gebracht worden waren, um dort umzukommen, darunter der Rest meiner Familie in Deutschland, das heißt die Schwester meines Vaters und ihr Mann, Dr. Landsberg aus Berlin, und in dieser Nacht war für mich klar, nach langer Überlegung, daß daraus nur der Schluß gezogen werden sollte, wie das ja auch überhaupt der Ideologie des damaligen Widerstands entsprach, daß man den Prinzipien treu bleiben mußte, für die man gegen Hitler kämpfte, also auf menschlicher Ebene das Verbrechen ablehnte, nicht weil man Jude war, und auch nicht, weil die anderen Deutsche waren, das heißt keine Kollektivschuld, keine kollektive Anklage und auch keine – ich möchte sagen – rassische, rassistische Begründung der Bekämpfung des Gegners. Die Juden waren die Opfer, die am meisten gemetzelt wurden, die geschlachtet wurden, aber deswegen gab es doch eine Solidarität mit allen anderen Opfern, unter anderem den Polen, die beinahe genauso grausam behandelt wurden.

Als der Krieg zu Ende war, war ich zwanzig, als der Krieg begann, war ich vierzehn und zur Zeit der Invasion fünfzehn. Und damals hatte ich schon unzählige Kontakte mit vielen Katholiken. Ich war während des Krieges sehr schlecht, sehr unfair getauft worden – das ist eine schlimme Episode in meinen Beziehungen zum Katholizismus –, nämlich von einem extrem konservativen Priester ungefähr in der Form: »Taufe und Hilfe gegen die Gestapo, oder keine Taufe und keine Hilfe«, so daß diese Taufe wirklich nichts getan hat, um mich dem Christentum näher zu bringen. Aber ab 1945 war die Lage in Frankreich für einen Zwanzigjährigen, der versuchen wollte, bei dem Wiederaufbau etwas Positives zu tun, ziemlich einfach. Es gab in Wirklichkeit nur zwei aufbauende Kräfte: auf der einen Seite die Kommunisten und auf der anderen Seite die Katholiken, die jungen Katholiken, die Frankreichs Katholizismus verjüngten, ausdehnten, ich möchte sagen, verbesserten, und die versuchten, sich auf christliche Werte zu berufen, die von der offiziellen Kirche lange Jahrhunderte etwas vernachlässigt worden waren. Und für mich war es damals ganz klar, die Zusammenarbeit geschah mit diesen Katholiken, unter denen ich dann meine besten Freunde gefunden habe. Man kann sagen, daß ich seit 1945 viele Verbindungen in jüdischem und evangelischem Milieu habe, doch meine Hauptarbeit außerhalb der Universität, sagen wir, meine Aufklärungsarbeit in Frankreich, in einem katholischen Milieu von Priestern, von Laienbewegungen vollbringe. Es ist mir ziemlich leicht gefallen, weil der Katholizismus sich da verändert hat, erstens dadurch, daß er seinen Antisemitismus abgeschafft hat, und zweitens dadurch, daß er den Ungläubigen respektiert, jedenfalls in Frankreich viel, viel mehr als in der Bundesrepublik.

Es trifft sich nämlich, daß ich von Anfang an, soweit ich mich zurückerinnern kann, nicht gläubig gewesen bin, an keinen Gott geglaubt habe und nicht glaube, mich aber definiere, um es französisch zu sagen, weil ich es hier so ausgedrückt habe, als *»athée spiritualiste«,* als Atheist, der aber auf eine geistige Verbindung mit anderen bedacht ist. Oder sagen wir es anders: als nichtmaterialistischen Atheisten. Die »Gefahr«, verführt oder bekehrt zu werden, ist außerordentlich gering. Ich arbeite ständig auf den gleichen ethischen Prinzipien wie meine christlichen, vor allen Dingen katholischen Freunde. Sie wissen von meinem Unglauben. Ich glaube, freier zu sein als sie, denen noch ein letzter Schritt zu tun bleibt, bis sie sich auch von ihrem Glauben, der meiner Ansicht nach etwas magisch ist, befreien; aber wir arbeiten zusammen ohne Probleme.

Frage: Was hat das mit dem Judentum zu tun? Antwort: Viel, denn warum im katholischen Milieu und nicht im jüdischen? Vielleicht wegen der Größe des Wirkungsfeldes. Das könnte eine der Antworten sein. Aber nun kommt etwas, was viele meiner deutschen jüdischen Freunde schockieren mag, denn es hat schon viele hier in Frankreich schockiert: die Tatsache, daß ich mich in der jüdischen Religion weniger zu Hause fühle, weil sie nicht, für mich jedenfalls, genügend universalistisch ist. Was mich beim Christentum – nicht im Glauben oder in der grundethischen Einstellung – so mitgenommen hat, war die Öffnung allen gegenüber in der gesamten Welt. Natürlich hat es das Christentum nicht immer so in der Praxis gemacht; die katholischen Bischöfe in Deutschland haben die Juden opfern lassen, weil sie glaubten, der Nächste, das seien zuerst andere Katholiken und dann in weiter, weiter Entfernung die Juden. In der Grundeinstellung der Nachkriegsjahre – nicht nur mit dem Begriff der Rache, wie er allzusehr alttestamentarisch dasteht, und der Begriff der Rache ist mir völlig fremd, sondern auch im Begriff der Auswahl, der Besonderheit eines Volkes, einer Gattung – da ist etwas, was ich nur schwer akzeptieren kann, so daß mein Judentum seit dreißig oder mehr Jahren darin besteht, mich solidarisch zu fühlen, wenn verfolgt wird. Nicht zu sagen, ich trenne mich von jenen, die verfolgt werden. Es gibt ein gewisses Zugehörigkeitsgefühl zu einer familiären Vergangenheit, aber die anderen Zugehörigkeitsgefühle, die, die mein Leben eigentlich aktiv machen, die sind weit allgemein humanistischer Art, teilweise nationaler, Solidarität in Frankreich, mit aller Kritik an Frankreich, was es mit sich bringt; aber nicht eine Art Zugehörigkeitsgefühl auf jüdischer Ebene.

Natürlich kann das auch gedeutet werden. Ich denke an das

hervorragende Buch von Jean-Paul Sartre über die Judenfrage, wo er ungefähr sagt, es sei doch ganz normal, daß, wenn man einer geächteten, verachteten Gattung angehöre, man sehr universalistisch eingestellt sein wird, an die Menschheit schlechthin denke, eben um aus der Verfolgung, aus der Abstoßung, aus der Aussonderung von der Gemeinschaft rauszukommen. Das mag stimmen, und vielleicht bin ich so sehr auf Vernunft, auf Universalismus versessen, weil ich jüdischen Ursprungs bin.

Ich glaube, daß das nicht der Fall ist, daß das nicht der Ursprung meiner Grundeinstellung ist, aber ich muß akzeptieren, daß es so gedeutet werden mag. Jedenfalls ist hier etwas, was für mich eine große Rolle gespielt hat, nämlich ein Zugehörigkeitsgefühl zu einer christlichen Grundeinstellung.

Nun kam die Frage, wie das in der Praxis aussieht, unter anderem in der Tätigkeit, und dann im Familienleben. In der Tätigkeit habe ich immer versucht, keine Unterschiede zu machen, und es gab in den fünfziger Jahren einen guten Witz, der als Scherz gemacht worden war von einem befreundeten Jesuit, der mir unter falschem Namen an drei Adressen drei Briefe geschrieben hat: an »Pfarrer Grosser bei der Evangelischen Wochenzeitung Réforme«, »an Pater Grosser bei der Katholischen Tageszeitung La Croix«, deren ständiger politischer Mitarbeiter ich war, und »an den Rabbiner Grosser bei L'Arche«, einer jüdischen Zeitschrift, bei der ich auch mitarbeitete. Der Scherz war für mich etwas sehr Angenehmes, denn es gefällt mir, bei allen in derselben Richtung mitzuwirken. Familiär sah es anders aus: Ich war bereit, jede zu heiraten, oder sagen wir es anders – nicht jede, aber wenn ich sie lieben würde, dann wäre es mir ganz egal, welche Konfession. Und ich war auch bereit, mich trauen zu lassen, wenn sie es wollte, in jeder Religion. Es trifft sich, daß sie – spät gekommen, eine meiner Doktorantinnen – katholisch war, nicht gläubig katholisch, sondern soziologisch-katholisch, und der Jesuitenfreund, dem ich sagte: »Willst du uns trauen, aber es muß in aller Ehrlichkeit geschehen«, antwortete zu Recht: »Einer ungläubig, das kann man noch, zwei ungläubig, das kann man nicht.« Und wir sind nicht kirchlich getraut. Aber unsere vier Söhne haben eine katholische Erziehung gehabt, was mir von jüdischen Bekannten manchmal übel genommen wird. Die vier Söhne sollen gegen uns frei sein, das heißt, daß die Chancen, das Christentum, den Glauben zu verlassen, größer sind für jemand, der christlich erzogen worden ist, als daß man zum Christentum stößt, wenn man ungläubig erzogen worden ist. Aber die Frage nach der jüdischen Erziehung ist eigentlich nie gestellt worden, weder von meiner Frau noch von mir. Vielleicht ist das ein Verrat an einer Vergangenheit – ich kann es jedenfalls nicht so empfinden.

Bleibt die Fragestellung zu Israel. Und hier – das sage ich auch meinen israelischen Bekannten – ist für mich die Lage einfach, wenn sie auch manchmal nicht glaubwürdig ist, nämlich ich fühle mich mit Israel verbunden als mit einem kleinen Land, als mit einem bekämpften und bedrohten Land. Ich fühle mich mit ihm relativ wenig verbunden als Mensch jüdischen Ursprungs. Vielleicht kommt das daher, daß ich, weil ich während des Algerienkrieges sehr auf der Seite der Algerier war, als Frankreich furchtbare Kriegsmethoden anwandte, und weil ich so sehr das Elend der Flüchtlinge auf palästinensischer Seite verstehen kann. Ich versuche, beide zu verstehen, beide zu erklären, greife mit Artikeln oder mit der Stimme nur ein, wenn einer wirklich bedroht ist, was heute für Israel gewiß der Fall ist. Wie eben schon gesagt, es ist keine tiefe sentimentale Verbindung, da ist eine gewisse Entwurzelung geschehen vor langen Jahren. Ich wiederhole, ich weiß, daß man sie mir vorwerfen kann, sie ist aber da.

Schlußbilanz: Ich glaube, mein Judentum ist etwas, das in meiner Biographie steht, wenn ich mir die selbst vergegenwärtige, was vieles in meinem Leben anfänglich bedingt hat, was auch vieles in meinem geistigen Sein gewiß bedingt hat, das Rationelle, das Logische und vieles andere noch, bei dem ich sehr gut sehe, wo das einer Gemeinsamkeit der Vergangenheit angehört, aber auf der anderen Seite ist die Verwurzelung meiner Freiheit nicht in einem Zugehörigkeitsgefühl zu einem jüdischen Volke; sie ist in einer menschlichen Öffnung über die Grenzen hinweg, wobei zu bemerken ist, daß meine geographische Einwurzelung, kulturelle Einwurzelung in Frankreich, natürlich die Franzosen schlechthin als mein Wirkungsfeld bedeuten muß. Vielleicht wirkt das sehr unbefriedigend, aber ich habe versucht, die Frage so gut zu beantworten, wie ich's in aller Ehrlichkeit konnte.

Günther Anders

Schriftsteller, lebt in Wien.
Geboren 1902 in Breslau;
1933 Emigration nach Frankreich, 1936 in die USA.
Zahlreiche Veröffentlichungen, u. a.:
Die Antiquiertheit des Menschen;
Wir Eichmannsöhne;
Die atomare Drohung;
Hiroshima ist überall;
Tagebücher und Gedichte.

Bevor ich beginne, möchte ich ein mögliches Mißverständnis richtigstellen. Manche von Ihnen, die mich vielleicht von meinem Kampf gegen den Faschismus, gegen die Atomdrohung und gegen den Vietnamkrieg kennen, könnten erstaunt gewesen sein, zu erfahren, daß ich Jude bin. Denn mein Name klingt skandinavisch. Aber dieser Name ist nur ein Pseudonym, das ich vor vielen Jahrzehnten, und wahrhaftig nicht zwecks Aufnordung meiner Person, erfunden habe. Geboren wurde ich mit dem guten jüdischen Namen *Stern.* Und als solcher, also mit offenem Visier, wünsche ich vor Ihnen zu stehen.

Nun, bevor ich über das Judesein dieses Günther Stern schreibe, eine Bemerkung über den geschichtlichen Augenblick, in dem ich dies tue. Was ich meine, ist, daß wir uns heute in einer Situation befinden, in der sich einerseits die Distanzierung von der Hitlerzeit, die mehr oder minder ehrlich (eher minder als mehr) nach 1945 eingesetzt hatte, in Nostalgie verwandelt hat; in der die Zeit der Massenmorde zu einer »guten alten Zeit« geworden ist; und in der sich andererseits der blinde Haß, dem vor 35 Jahren so viele Millionen zum Opfer gefallen sind, von neuem zu regen beginnt. Ich sage: »von neuem«. Denn dieser Haß regt sich nicht sosehr unter altgewordenen Ehemaligen, die *noch* Antisemiten wären – von denen gibt es ja nur noch wenige –, sondern unter jungen Leuten, von denen die meisten niemals einen Juden von Angesicht zu Angesicht gesehen haben. Darum ist dieser Haß noch erschreckender als der wahrhaftig blinde Haß ihrer Väter und Großväter. Wie bekannt ist – oder sollten Sie die Zeitungsmeldung überlesen haben? – sind vor kurzem in Hannover jüdische Gräber beschmiert und aufgerissen, kurz: geschändet worden. Dieser Vandalismus beweist, daß wir Juden selbst dann noch, wenn wir schon längst tot sind, von gewissen Zeitgenossen, die es lieben zu verabscheuen und es verabscheuen zu lieben, als Dorn im Auge empfunden werden. In gewissem Sinne, so fürchte ich, sind wir diesen Bemitleidenswerten sogar unentbehrlich. Da sie keinen lebenden Juden mehr finden, weil diese von ihren Vätern oder Großvätern vertrieben oder liquidiert worden sind, nehmen sie vorlieb mit den Tafeln über den Gräbern der vor 1933 gestorbenen Juden. Was wir, die letzten Juden, und Sie, die Enkel der Judenmörder, daraus zu lernen haben, ist, daß die Existenz von Juden für den Ausbruch von Antisemitismus gar nicht erforderlich ist; daß es einen *Antisemitismus ohne Juden* gibt. Vor diesem Antisemitismus ohne Juden möchte ich Sie warnen. Und zwar deshalb, weil dieser – glauben Sie mir das – ein Omen für eine allgemeine Gehässigkeit ist, für mögliche faschistische oder faschistoide Mentalität. Wer Juden schlagen möchte und keine mehr vorrätig findet, der wird sehr wahrscheinlich bald andere Gruppen zu »Juden« ernennen, heute Studenten, morgen Demonstranten gegen Kernreaktoren. Als zufällig aufgesparter Jude, der ebenfalls zufällig die Chance hat, anstelle der Millionen von Ermordeten zu Ihnen zu sprechen, empfinde ich es als meine Pflicht, Sie, die Söhne und Enkel der Schuldigen, anzurufen und Sie *vor der Ernennung von »Juden« zu warnen.* Ich appelliere daher an Sie, die heute lebenden Eichmannsöhne und -enkel, auch die winzigsten ersten Keime von Wiederholungen dessen, was vor 35 Jahren geschehen ist, zu ersticken. Diesen Appell erhebe ich zufällig noch Lebender nicht zu unserem Besten – auf uns, die paar Überbleibsel, kommt es schon nicht mehr an –, sondern zu *Ihrem* Besten: damit Ihnen das erspart bleibe, was einigen Ihrer Väter und Großväter zugestoßen ist: nämlich zu Angestellten von Vernichtungslagern zu werden und dann nach Absolvierung dieses Jobs den Rest des Lebens als ehemalige Massenmörder zu verbringen. Solch ein Leben wäre nicht nur schmachvoll, sondern auch höchst unglücklich – die deutsche Sprache faßt beides zusammen in dem einen Wort »unselig«.

So. Und nun zu meinem Judesein.

Wenn Sie mich fragen, wann ich mich zum ersten Male als Jude gefühlt habe, dann erzähle ich den folgenden Vorfall:

Als mir mein evangelischer Freund – wir waren wohl acht, also im Jahre 1910 – auf meine Frage: »Woran glaubst du eigentlich?« die (natürlich ganz kindische) Antwort gab: »Daran, daß wir erlöst sind« –

und als ich, der ich das Wort »erlöst« kaum je gehört hatte und mit ihm genausowenig anfangen konnte, wie ich es noch heute nach siebzig Jahren kann, weiterfragte: »Erlöst wovon? Vom Hunger oder so? Davon bin ich doch auch erlöst«; und er darauf hochmütig, als meinte er ein Monopol oder einen Orden, antwortete: »Wer hat schon Hunger! Sondern natürlich von der Sünde!« –

und als ich ihn weiterfragte: »Warum natürlich? Ich zum Beispiel habe keine. Und was ist das überhaupt?«; und er antwortete: »Blödsinn! Jeder ist sündig. Und das steht ja sogar schon in eurer Bibel! Aber *wir* sind eben erlöst von ihr, und *ihr* eben *nicht,* ätsch!« –

und als ich weiterfragte: »Und warum wir nicht?«; und er antwortete: »Weil ihr unseren Heiland ans Kreuz geschlagen habt!« –

und als ich ihm versicherte: »Ehrenwort! Das habe ich nicht getan. Und Vater und Großvater bestimmt auch nicht! Aber zur Sicherheit werde ich Vater noch mal fragen!«; und als er mich daraufhin besserwisserisch auslachte und mich stehen ließ und auch am nächsten Tage nicht mehr mit mir sprach –

und als ich ihn am dritten Tage fragte: »Warum schneidest du mich eigentlich so gemein?«; und er antwortete: »Als wenn du das nicht ganz allein wüßtest« –

da spürte ich zum ersten Male, daß irgend etwas mit mir nicht ganz in Ordnung war. Und dieses hieß: ein Jude sein.

Und wenn Sie mich fragen, wann ich zum ersten Male das jüdische Schicksal der Verfolgung erfahren habe, dann antworte ich: als Fünfzehnjähriger, im Jahre 1917, hinter der deutsch-französischen Front, in dem Dorf Rimogne, wo wir – »wir« sind zu einem paramilitärischen Verband zusammengeschlossene Hamburger Gymnasiasten – die Aufgabe hatten, die französischen Obstkulturen für Heeresverwendung abzuernten. Da also passierte das jüdische Schicksal: Ich freundete mich nämlich insgeheim mit einem Erzfeind an, mit dem ebenfalls fünfzehnjährigen Sohne eines franc tireurs, den die Deutschen erschossen hatten; und wir schworen einander in den Worten des Psalmisten, *»aus Schwertern Pflugscharen zu schmieden«,* und gründeten deshalb feierlich einen ersten Völkerbund – »unio populorum« nannten wir diesen auf lateinisch, denn das war, da ich nicht französisch und er nicht deutsch sprach, unsere gemeinsame Sprache. Als dieser hochverräterische Verkehr mit dem Erzfeind durchsickerte, da hatte ich das zu erleiden, was später Abertausende unseresgleichen haben erleiden müssen: Ich wurde gefoltert. Jede Nacht wurde ich mit eisigem Wasser übergossen und mit Schmutz eingerieben – das Wort »Folter« kannte ich damals freilich noch nicht. Gleichviel, so war ich mindestens in dem, was ich über mich ergehen lassen mußte, avantgardistisch. So avantgardistisch, daß mich 16 Jahre später die Untaten der Nazis nicht mehr allzusehr überraschen konnten.

Und wenn Sie mich fragen, wann ich mich zum ersten Male getragen gefühlt habe von der jüdischen Vergangenheit oder von dem, was man vielleicht – und ich meine das ohne jeden Hochmut – angesichts der Propheten und Jesu und Marxens eine »jüdische Mission« nennen könnte, dann antworte ich: Das war vierzig Jahre später, im Jahre 58, als ich auf dem Marktplatz von Kyoto einer Gruppe von vor mir auf dem Pflaster kauernden buddhistischen Priestern – es war am Vorabend des sich jährenden Hiroshima-Tages – predigte, daß das universelle Hiroshima nicht nur möglich sei, sondern wahrscheinlich; daß es an uns allen läge, dieses Ende abzuwenden; daß wir, die gleichermaßen Bedrohten, gleich, wo wir lebten, gleich, was wir glaubten oder nicht glaubten, daß wir alle »proximi«, »Nächste«, geworden seien; daß, was alle treffen könne, auch alle betreffen müsse. Als ich so, obwohl selbst ein Ungläubiger (aber die Leidenschaft gibt nicht acht, ob sie sich in der Seele eines Gläubigen einnistet oder in der eines Ungläubigen) – als ich also dort in der sengenden Augusthitze von Südjapan predigte, da spürte ich, daß ich nicht allein stand, sondern daß mir die Warnungsworte zugeflüstert wurden von den Unglückspropheten des Alten Testaments.

Und wenn Sie mich schließlich fragen, an welchem Tage ich mich am tiefsten geschämt habe – nein: nicht etwa Jude zu sein (denn niemals schäme ich mich tiefer, als wenn ich einem Juden begegne, der sich schämt, Jude zu sein), sondern an welchem Tage ich mich am tiefsten geschämt habe, *als Jude noch dazusein,* dann antworte ich: an jenem Sommertage, sieben Jahre nach Kyoto, als ich in Auschwitz vor den Gebirgen von Schuhen, Brillengestellen, ausgebrochenen Gebissen, abgeschnittenen Haarschöpfen und herrenlos gewordenen Handkoffern stand. Und unter diesen eigentlich auch *meine* Brille, *meine* Zähne, *meine* Schuhe, *meine* Handkoffer hätten sein müssen. Da fühlte ich mich, da ich kein Auschwitzhäftling gewesen war, da ich durch einen Zufall durchgekommen war, wie ein Deserteur. Und wagte es nicht, zu denken: »Gott sei Dank, daß ich noch da bin« – denn wie dürfte man angesichts der Millionen, die, um nichts schuldiger als man selbst, in Rauch aufgegangen sind, seinen Dank dafür aussprechen, daß ausgerechnet man selbst eine Chance gehabt hatte? Und *wem* hätte man denn danken sollen, da ja die Vernichtung der 6 Millionen von niemandem verhindert worden war?

Lassen Sie mich bei dieser Scham, als Jude heute noch dazusein, also nicht zu den in Auschwitz und Maidanek Vernichteten zu gehören, einen Augenblick verweilen. Denn diese Scham hat eine Vorgeschichte. Sie ist nämlich die äußerste Zuspitzung einer *Verwunderung,* die mein Judesein schon immer ganz wesentlich mit ausgemacht hat: der Verwunderung über die Tatsache, daß ich überhaupt noch als Jude zur Welt gekommen bin. Und diese Verwunderung hat mich wohl seit meiner ersten Begegnung mit der abnormen Geschichte des jüdischen Volkes keinen Tag verlassen. Natürlich betraf sie nicht nur mein eigenes Noch-Dasein, sondern auch die Tatsache, daß es *uns* noch gab: uns, deren Vorgeschichte und Geschichte ja aus einer niemals abreißenden »Kette von Rissen«, nämlich von Wanderungen, Verfolgungen, Fluchten und Massakern bestanden hat. Das Beste, was uns, wenn wir einmal ausnahmsweise nicht verfolgt wurden, vergönnt war, war ja, in andere Völker einzugehen – und das war ja, da wir in diesen Fällen *als* Juden verschwanden, in gewissem Sinne ebenfalls ein Untergang. Gewöhnlich macht man es sich nicht klar, daß Untergehen den meisten des Volkes Israel zugestoßen ist, zuerst in Ägypten, dann in Babylon, die weiteren Stationen brauche ich nicht aufzuzählen. Schon in Ägypten, im 13. Jahrhundert vor Christi Geburt, hätten ja meine Ururahnen, wie gewiß die meisten ihresgleichen, zu denen gehören können, die in der dortigen Bevölkerung aufgegangen sind (und deren Urururenkel gestern vielleicht als gute Ägypter im Kampf gegen die Israelis gefallen sind). Aber wir greifen vor: Noch sind wir bei dem Auszug aus Ägypten, an dem verwunderlicherweise auch meine Ururahnen teilgenommen haben, teilgenommen haben müssen, denn wären sie nicht unter den nach vieljährigem Umherirren durch die Wüste im »gelobten Lande« Angekommenen gewesen, dann wäre ich ja nicht *da* und nicht *ich.* Und die Kindeskinder dieser Minorität hätten sich wiederum, wie Abertausende ihresgleichen, wie wohl die meisten, in Babylon, wohin sie umgesiedelt worden waren, assimilieren können, um dort zu bleiben, denn dort haben sie gewiß schon babylonisch (vermutlich sogar »hochbabylonisch«) mit der gleichen Selbstverständlichkeit gesprochen, mit der ich zu Ihnen (nicht schon, sondern noch) deutsch spreche. Aber höchst verwunderlicherweise haben meine Ururahnen – sonst wäre ich ja nicht *da* und nicht *ich* – wiederum zu derjenigen Minorität gehört, die aus Babylon nach Palästina zurückgeführt wurde und die während der folgenden Wanderungen weder in Alexandria noch in Toledo noch weiß der Himmel wo endgültig hängengeblieben, sondern immer übriggeblieben ist. Und daß es noch heute diesen *Rest des Restes des Restes* gibt und daß zufällig auch ich zu diesem Rest des Restes des Restes gehöre, das ist die Tatsache, über die ich mich seit Jahrzehnten verwundere und die ich unter keinen Umständen auszulöschen wünsche. Denn der Gedanke, daß die vielen so blutig erkauften Rettungen vergeblich gewesen sein sollten, ist so schwer tragbar, daß ich das gerettete »Gut« (obwohl ich es kaum zu definieren wüßte) unter keinen Umständen aufgebe. Also nenne ich mich einen Juden und bin entschlossen, als ein solcher, wenn gewiß auch ohne Rabbi und an einem ganz zufälligen Platze, begraben zu werden.

Wir, die wir hier zu Ihnen sprechen, sind »Letzte«, nämlich letzte Juden, die sich einmal, und zwar mit Recht, *»deutsche Juden«* genannt haben, die in Symbiose – ein besseres als dieses fragwürdige Wort gibt es nicht – mit den Deutschen gelebt haben. Mit weltgeschichtlichen Maßstäben gemessen, hat diese Symbiose zwar nicht besonders lange gedauert, kaum hundert Jahre, viel kürzer als die mit anderen Völkern. Aber für unsere Eltern und Großeltern war diese Symbiose – was Sie sich, meine Leser, so wahrscheinlich nicht vorgestellt haben – ganz selbstverständlich gewesen, so selbstverständlich, als hätte sie seit Urzeiten bestanden. Es hat sogar einen deutschjüdischen Philosophen gegeben, den Kant-Erneuerer Hermann Cohen, der überzeugt davon war, daß eine gewissermaßen gottgegebene Affinität zwischen den zwei Kulturen bestehe. Und wenn mein Vater betonte – und das hat er immer getan, wenn die Rede auf jüdische Fragen kam –, daß er sich ungleich mehr deutsch als jüdisch fühle, dann hat er ganz gewiß die Wahrheit gesprochen. – Etwas anderes freilich ist es, ob er von den Nichtjuden in erster Linie als Mitdeutscher oder eben als Jude angesehen wurde. Aber darüber hat er sich – und nicht nur *er,* denn viele seiner hochintelligenten Freunde waren in dieser Hinsicht blind, nein dumm – nicht den Kopf zerbrochen. Furchtbar haben die Männer seiner Generation, also die vor hundert Jahren Geborenen, im Jahre 33 umlernen müssen, sofern ihnen überhaupt Zeit dafür vergönnt war, umzulernen. Sie, die naiv ihre Eisernen Kreuze, die sie als Freiwillige im Ersten Weltkriege erworben hatten, mit in die KZ's nahmen, weil sie nicht daran zweifelten, daß solche Beweisstücke ihre Gültigkeit niemals würden verlieren können. Nun, wir, die Söhne, wissen es besser (oder richtiger: schlechter), daß wir die Letzten in einer Reihe von deutschen Juden sind, die Deutschland als ihre Heimat, *die* Heimat, die deutsche Sprache als *die* Sprache, die deutsche Musik als *die* Musik angesehen haben. Als Letzte blicken wir zurück auf unsere Vorfahren: die Mendelssohns und Heines und Marxs und Einsteins, und wissen: Nach uns kommt keiner mehr, der sich als deutscher Jude bezeichnen und fühlen oder gar in die deutsche Geschichte eingehen wird.

Und trotzdem, ungeachtet dieses Abschiedes – deutsche Juden wird es noch eine Zeitlang, vielleicht sogar noch sehr lange, geben. Nämlich außerhalb Deutschlands. Wir werden das Erbe in der Fremde hegen und verwalten. Derartiges haben wir vertriebenen Juden immer getan. Die Kinder und Kindeskinder der in den Balkan verschlagenen spanischen Juden haben noch lange des »Spaniolische«, ein altertümliches, im Mutterlande selbst längst verlorenes Spanisch gesprochen. Ich, im 20. Jahrhundert, habe es noch sprechen hören. – Dasselbe gilt von den im Mittelalter aus dem Rheinland in den Osten verschlagenen Juden: Sie haben das damalige Deutsch noch Jahrhunderte lang gesprochen – Jiddisch ist ja ein aufbewahrtes Mittelhochdeutsch, und auch dieses wird noch heute von Tausenden in Israel, den USA und der UdSSR gesprochen. Und diese Rolle des Bewahrers werden nun auch wir, mindestens viele der 1933 Verjagten, spielen. Die Lehrstühle für Germanistik zwischen Kalifornien und Australien werden von uns verwaltet. Wer zum Beispiel über Novalis arbeiten will, der muß heute nach Melbourne gehen. Und wir sind es, die die klassische und zeitgenössische deutsche Literatur in die fremden Sprachen übersetzen. Immer sind wir – was schon Herder gesehen hat – die geheimen Boten und Botschafter derer gewesen, die uns nach dem Leben getrachtet haben. Und das sind wir auch heute wieder. Wir bitten nicht um Dank für diese Dienste. Aber darum, daß Sie von diesen Kenntnis nehmen.

Nun, es gibt aber noch einen weiteren Grund dafür, daß ich mich als »Letzten« bezeichne. Und dieser Grund ist sehr persönlich, sehr familiär. Ich bin nämlich überhaupt nicht mehr als Jude erzogen worden, habe niemals ein jüdisches Ritual kennengelernt, gehöre ja auch nicht national dem Judentum an, das heißt: ich bin kein Zionist oder Israeli. Daß ich es trotz dieser Tatsache stets strikt abgelehnt habe, mein Judesein abzuleugnen oder gar aufzugeben, ist gewiß, auch für mich selbst, nur schwer verständlich. Diese Situation ist um so merkwürdiger, als ich *nicht der Erste* bin, *der zu den Letzten gehört.* Auch mein Vater gehörte schon zu den »Letzten«, sogar schon dessen Vater, nein, sogar schon dessen Vater, also mein Urgroßvater. Denn dieser hat vor 125 Jahren gemeinsam mit Freunden in Berlin die sogenannte »Reformgemeinde« gegründet – eine Gründung, mit der er darauf abzielte, den Anschluß an die nicht-jüdische, die preußisch-evangelische Bevölkerung zu gewinnen; vielleicht freilich auch darauf, diejenigen Juden, die nach Aufgabe ihrer Orthodoxie in die Versuchung gerieten, ihr Judentum ganz und gar aufzugeben, doch noch irgendwie bei der Stange zu halten. Kurz: Mein Urgroßvater und seine Freunde erbauten sich einen Tempel, den sie am Sonntag statt am Freitagabend besuchten; bei dessen Betreten sie, den zweitausendjährigen Bräuchen zuwider, ihr Haupt entblößten; um dann, statt einem hebräischen Gottesdienst, einer deutschsprachigen Predigt zu lauschen; und wo sie, statt den Kantor seinen orientalisch-monodischen Gesang singen zu lassen, vierstimmige (übrigens von dem jungen Meyerbeer komponierte) Choräle anstimmten, die in jeder protestantischen Kirche hätten erklingen können. Nun, aus dieser *Tradition des Antitraditionalismus* stamme ich. Schon mein Urgroßvater wäre beinahe »auf der Strecke geblieben«, aber unbegreiflicherweise ist das weder ihm noch seinem Sohne, noch dessen Sohne, noch dessen Sohne (also mir) zugestoßen. Wie paradox es auch klingen mag – die einzigen Stücke, die meinen Vater noch mit dem Judentum verbanden und die er mir als Erbstücke vermachte, waren die ganz unjüdischen, der protestantischen Kirche entlehnten Melodien der Reformgemeinde, also Stücke, die eigentlich nicht Judentum bezeugten, sondern die Verwässerung des Judentums. Und wenn mein Vater stolz war auf einen jüdischen Ahnherrn, so allein und gerade auf denjenigen, der das Judentum zu entjuden begonnen hatte. Aber sein Stolz auf diesen, da der ein »Gründer« war, war doch so groß, daß er mir seinen Vornamen zum Weitertragen mitgab. Und wenn er im Jahre 1911 ein ehrendes Angebot ausschlug, Ordinarius an der Universität Berlin zu werden, sofern er sich nur zu einer (wie es hieß) »kleinen Formalität«, also zur Taufe, bequemen würde, so hat er diesen Verzicht aus Pietät gegen den Mann geleistet, der von orthodoxen Juden – die Grätzsche Geschichte der Juden beweist das – nicht mehr als richtiger Jude anerkannt wurde.

So lange also hat es schon »letzte deutsche Juden« gegeben. Aber *ich* bin nun freilich *der »letzte Letzte«* meiner Familie. Wenn mein Urgroßvater am Gründungstage seiner Reformgemeinde geahnt hätte, wie die Geschichte weitergehen würde, wie sie unterdessen weitergegangen ist! Denn – und damit kommen wir zur Krönung dieses absonderlichen Schicksalsganges – sein Ururenkel ist nun wieder ein *»erster Jude«* geworden, da er im Jahre 1947 in Jerusalem geboren wurde. Und da auch dessen Sohn, also der Urururenkel, drüben bereits existiert – ich kann mich mit dem Dreijährigen nicht mehr verständigen, da er ausschließlich hebräisch spricht –, sind alle reformfreudigen Kompromißbemühungen meines Urgroßvaters völlig gegenstandslos geworden.

Wenn wir Letzten, deren auch ich einer bin, auf das Leben, das wir und unsere Eltern und Großeltern seit der Schleifung der Ghettomauern und seit unserer Teilnahme am wirtschaftlichen und geistigen Leben unserer Wirtsvölker geführt haben, zurückblicken, dann stellen wir fest, daß eine unverhältnismäßig große Anzahl von uns zu den *»Ersten«* gehört hat: nämlich zur Avantgarde in allen Gebieten der Kultur, Wirtschaft und Politik. Damit soll um Gottes willen nicht gesagt sein, daß wir begabter oder gar genialer seien als andere Völker oder daß wir ein Anrecht darauf hätten, uns irgendwelcher Spezialmeriten zu rühmen. Was ich meine, ist vielmehr, daß wir, nachdem wir das jüdische Gesetz hinter uns gelassen, uns aber dagegen gesträubt hatten, uns aus Opportunitätsgründen einem anderen Sitten- oder Glaubensdogma anzuschließen, die Chance gehabt haben, *bindungslos,* das heißt: *frei von Vorurteilen* aufzuwachsen. In der Tat haben wir es leicht gehabt, zu unerwarteten Horizonten und neuen Wahrheiten vorzustoßen; die geistigen und Sittenwiderstände, die wir, um Neues zu entwerfen oder zu entdecken, zu überwinden hatten, waren, nachdem wir einmal die Mauern der jüdischen Orthodoxie durchbrochen hatten, geringer als die Widerstände, die unsere nichtjüdischen Freunde und Mitkämpfer zu durchbrechen hatten. Tatsächlich ist die Zahl von *jüdischen Gründern und Neudenkern,* die Juden gewesen sind – ich brauche ja nur die Namen Marx, Einstein, Freud, Husserl, Schönberg zu nennen –, ganz unverhältnismäßig groß. – Und ebenso unverhältnismäßig groß ist auch die Zahl der Juden, die zu *Revolutionären* wurden, die Revolutionäre werden »konnten« (und die dieses »Können« blutig haben büßen müssen wie Rosa Luxemburg). Oft bin ich gefragt worden (selten arglos, zumeist stupide und bösartig, zum Beispiel von FBI-Investigatoren), warum der Prozentsatz von jüdischen Kommunisten so auffällig hoch sei, worauf ich den Nichtbösartigen, diese Unverhältnismäßigkeit gar nicht abstreitend, zu erklären versuchte, daß deren Schritt in die revolutionären Freiheitsbewegungen nur die natürliche Fortsetzung ihrer Selbstbefreiung aus dem Ghetto darstelle und daß sie in der kapitalistischen Welt, in die sie nun eingetreten seien, ein zweites Ghetto sähen, ein ungeheuer großes Ghetto von Verunrechteten, die es zu befreien gälte. Diese Ansicht war jahrzehntelang auch die meine; und auch ich war darin gewiß sehr jüdisch. – Und noch aus einem anderen Grunde haben wir Juden so viele Revolutionäre gestellt. Deshalb nämlich, weil wir, nicht anders als unsere orthodoxen Ahnen, deren Erbe wir unbewußt weitertrugen und auch heute noch weitertragen, stets davon überzeugt gewesen sind, daß *der Messias noch nicht gekommen* sei, daß dessen Kommen noch ausstehe und daß wir diesem den Weg zu bahnen haben.

Diese Ausrichtung auf die Zukunft schien auch durch den Triumph des bürgerlichen Fortschrittsbegriffes bestätigt, den die Ideologen der Revolution als unbezweifeltes Credo übernahmen. »*Noch nicht*« – diese Kategorie ist ja geradezu zum Leitbegriff eines Philosophen geworden, der sich der Revolution sehr nahe gefühlt hat und der sehr viel jüdischer gewesen ist, als er es wahrhaben wollte: *Ernst Bloch*. Das Hinwarten auf das Noch-nicht-Eingetretene hat sich bei uns, den der Orthodoxie entflohenen Juden, säkularisiert und in revolutionäre Aktivität verwandelt. Schon als Kind war mir, obwohl ich weder etwas von Messianismus noch von Marxismus gehört hatte, nichts so wenig glaubwürdig vorgekommen wie die Behauptung, von der ich hatte läuten hören, daß *der Erlöser bereits dagewesen* sei. Dies zu glauben schien mir angesichts der schreienden Not, die ich schon als Kind, namentlich unter den Webern des Eulengebirges, gesehen hatte, einfach eine Zumutung. Auch ich habe viele Jahre lang – und auch darin war ich eben sehr jüdisch – in der Erwartung des Noch-Nicht, des zu errichtenden messianischen Reichs, gelebt. Bis zum 6. August 1945 – der Tag hieß Hiroshima –, da wie ein Blitz die Einsicht in mich einschlug, daß wir vielleicht, oder sogar wahrscheinlich, einem *Nicht-Mehr* entgegentreiben. Das war das Ende meines Messianismus. Ernst Bloch, dem ich stets, wenn ich ihn sah, Hiroshima »nahezubringen« versucht habe, hat niemals etwas davon wissen wollen, offenbar hatte er nicht die Elastizität oder die Kraft dazu, diese »kopernikanische Drehung« vom Noch-Nicht zum Nicht-Mehr mitzuvollziehen. Er war – und das trennte uns – unfähig dazu, das zu tun, was heute unsere Aufgabe ist: nämlich *ohne Hoffnung zu leben.* Darin war er jüdischer als ich. Und es ist vielleicht kein Zufall, daß unter denjenigen, die meinen seit 1945 niemals unterbrochenen Warnungen vor dem Noch-Nicht ihr Gehör geschenkt haben, außer dem großen Max Born kein Jude gewesen ist. Fixiert an den Gedanken an das kommende oder von uns zu errichtende Reich, sind die meisten unfähig geblieben, den Gedanken einer »Apokalypse ohne Reich« zu denken.

Da ich zu Nichtjuden spreche, möchte ich, nein: muß ich, Ihnen etwas über einen Ausdruck mitteilen, der von Ihnen, ohne daß Sie daran schuld wären, durchwegs mißverstanden wird und dessen Verständnis für das ungestörte Verhältnis zwischen Ihnen und uns von der größten Wichtigkeit ist. Dies zu tun, ist meine jüdische Pflicht, gehört also offensichtlich zu »meinem Judentum«. Sie glauben seit Ihrer Kindheit, daß wir Juden glauben, das von Gott *»auserwählte Volk«* zu sein. Mit diesem Ausdruck hat es – schon Max Weber hat in seiner Religionssoziologie ausführlich darüber gesprochen – die folgende Bewandtnis:

Der Ausdruck stammt, wie es der 105. Psalm, 8–14, in dem er wohl zum ersten Male vorkommt, zeigt, aus der vor-monotheistischen, der sogenannten *»henotheistischen« Epoche des Judentums,* in der Jahwe als der Stammesgott der Juden, mit deren Urvater Abraham er einen Monopolvertrag auf Gegenseitigkeit geschlossen hatte, galt; vice versa die Juden sich für *die einzigen Vertragspartner dieses Stammesgottes* hielten. Der Gedanke, daß Jahwe auch der Gott anderer Völker sein könnte, der lag, als der Ausdruck »auserwählt« entstand, unseren Urahnen gewiß ganz ferne, um so ferner, als sie ja kaum Mission trieben, also ihren Gott nicht anderen Völkern zuzuführen versuchten. Nicht nur besaßen damals auch viele andere Völker ihre Stammesgötter, nicht nur waren alle Völker »auserwählte Völker« ihrer Götter; auch die Juden bestritten nicht die Existenz und die Macht dieser Götter, nur daß sie sich eben auf diese fremden Götter nicht einlassen, »keine anderen Götter neben« dem ihrigen *»haben«* durften. So weit, so gut, bis das weltgeschichtliche Ereignis eintrat, daß nichtjüdische Völker das Alte Testament übernahmen und den Stammesgott der Juden in den Gott aller verwandelten. Da geschah das Unvermeidliche: Die Nichtjuden mußten nun glauben, daß das jüdische Volk glaube, das *Lieblingsvolk dieses universalen Gottes* zu sein. Mit diesem Mißverständnis, daß wir uns als »auserwählt« mißverstehen, sind gewiß auch Sie, meine Leser, aufgewachsen, denn dieses Mißverständnis herrschte bald in der ganzen Christenheit. Unter den Juden dagegen kaum. Ich jedenfalls bin nie einem Juden begegnet, der mit unserer angeblichen »Auserwähltheit« geprahlt hätte. Zum ersten Male habe ich diesen Ausdruck aus dem Munde meiner Klassenkameraden gehört, die mich, als sie mich verprügelten, höhnisch bei jedem Schlag aufforderten: »Nun zeig doch mal, wie auserwählt du bist!« – eine Aufforderung, der ich damals nicht nur nicht nachkommen konnte, sondern die ich überhaupt nicht verstand.

Drei Jahrzehnte später, in den frühen vierziger Jahren, hat es nun allerdings eine »Auserwählung« von Juden gegeben, deren Realität anzuzweifeln unmöglich ist. Diese, von den Nazis aus Scham mit dem akademischen Terminus »Selektion« verfremdete, Auserwählung wurde allerdings nicht von Gott getroffen (von diesem auch nicht verhindert), sondern von Menschen; denn sie spielte sich auf der Eisenbahnrampe von Birkenau ab, wo man die noch Arbeitsfähigen für vorübergehendes kurzes Weiterleben bzw. -arbeiten »auserwählte«, während man die anderen sofort den Gasöfen zuführte. Diese »Auserwählung« ist die einzige, an die ich glaube.

Etwas hat mich von früh auf ans Judentum gebunden, und zwar ein Gebot aus dem Dekalog: das Verbot der *Götzenherstellung und Götzenanbetung*. Ungeachtet der Tatsache, daß ich als Kind von früh bis spät gemalt hatte und in den zwanziger Jahren sogar vorübergehend Louvreführer gewesen bin, ist das *Bildverbot* für mich pausenlos gültig geblieben. *Wer* mir den mit diesem Verbot verbundenen Horror vor der Vergottung menschgemachter Dinge eingeflößt hat, ist mir unbekannt. Von meinen Eltern konnte ich ihn kaum haben. Denn sie, die auf Toleranz Angewiesenen, erzogen uns Kinder täglich dazu, den christlichen Religionen – und diese schlossen natürlich auch die in meiner schlesischen Heimat zahlreichen Kruzifixe ein – mit dem größten Respekt und der äußersten Zurückhaltung zu begegnen. Dieser Forderung habe ich zwar niemals entgegengehandelt. Aber wenn ich es konnte, habe ich doch schon als Neun- oder Zehnjähriger Ausreden erfunden, um um Kruzifixe einen Bogen zu machen. Namentlich deshalb, weil ich es schwer mitansehen konnte, daß Menschen, wie es oft geschah, vor dieser menschgemachten Menschenfigur (die überdies unbegreiflicherweise einen der Unseren darstellen sollte) in die Knie sanken. Diese Allergie gegen das, was ich als Kind sehr plump und verständnislos »Heidentum« nannte, blieb in der Tat so tief in mir stecken, daß ich es auch später, als Student der Kunstgeschichte, nur selten über mich brachte, in Kirchen einzutreten, um die (ja schließlich nicht für bloße Betrachtung und Ergötzung dort aufgestellten) Heiligenfiguren ästhetisch zu genießen. Wie mich denn überhaupt das Kunstinteresse an sakralen Objekten, also die Verwandlung des Religiösen in bloß Kulturelles, stets mit dem tiefsten Argwohn erfüllt hat – was auf das absurdeste mißverstanden wurde: denn es geschah zuweilen, daß christliche Theologiestudenten, mit denen ich befreundet war, in mir, dem Agnostiker, einen Komplizen sahen und mich heimlicher Religiosität verdächtigten. Mit meinem Mißtrauen in Verbindung stand, daß es mir zuwider war, wenn jüdische Musiker wie Bruno Walter oder Klemperer – Mendelssohn und Mahler waren ihnen darin vorangegangen – Passionen oder Messen aufführten. Das empfand ich als ungehörig, und derartige »Konzerte« mied ich – sehr im Unterschiede zu meinem viel naiveren Vater, der als Student noch arglos und enthusiastisch im Brucknerschen Te Deum mitgesungen hatte.

Aber um zum Bildverbot zurückzukehren: Dieses nahm für mich, den Erwachsenden und Erwachsenen, eine sich immer mehr steigernde Bedeutung ein. Das gilt wohl besonders von dem Zeitpunkt an, da Marx in meinen Gesichtskreis eintrat. Dieser hatte nämlich – davon bin ich auch heute noch überzeugt –, ungeachtet seine Wechsels vom Monotheismus zum Atheismus, den bilderstürmerischen Furor des jüdischen Monotheismus ungeschwächt übernommen. In den von ihm bekämpften *Ideologien,* die er als »falsches Bewußtsein« denunzierte, hat er die klassengemachten und zu stürzenden Götzen seiner Epoche gesehen, die *Idole,* die den Beherrschten aufgezwungen wurden, bis die so Bezwungenen ihr falsches Bewußtsein für ihr eigenes hielten und für dessen Verteidigung sogar ihr Leben zu wagen bereit waren. Ferner glaubte ich und glaube ich auch heute noch, daß Marx, wenn er eine der Philosophie nicht bedürftige, also ideologiefreie, postrevolutionäre Endzeit in Aussicht stellte, damit ein *ideologiefreies* Leben meinte. Wie gesagt, diese jüdische Leidenschaft gegen Idole ist mir geblieben. Ihren Höhepunkt aber erreichte sie während des Nationalsozialismus, dessen Feiern, vom Führerkult zu schweigen, ja auf glatten Götzendienst hinausliefen.

Gewiß werden Sie – und damit komme ich zu den von Auschwitz Geretteten – von mir eine Antwort auf die Gretchenfrage, wie ich in Israel stehe, erwarten. Darauf habe ich zwei Antworten bereit. Die erste: Ich bin drüben gewesen, ich bin aufs tiefste beeindruckt von der Leistung; ergriffen davon, jüdische Menschen zu sehen, die aufrechten Ganges ihr Leben leben. Ich bin froh, darüber, daß es einen Flecken auf der Welt gibt, auf dem die Gejagten sich zu Hause fühlen. Und der Gedanke, daß dieses Land ein zweites Auschwitz werden könnte, ist mir schlechthin unerträglich. Ich sage also *ja* zu Israel.

Aber – und damit komme ich zur zweiten Antwort – leben könnte ich dort nicht. Und zwar deshalb nicht, weil dieses Land (ich weiß nicht, ob noch oder schon) furchtbar provinziell und nicht up to date ist: nämlich den heutzutage entscheidenden Problemen, wie dem der Technokratie oder der Atomdrohung, die mich seit Jahrzehnten als heutige Pflichten beschäftigen, nicht aufgeschlossen ist; weil es sich ferner bei jedem entscheidenden Weltereignis immer nur fragt: »Ist es gut für uns oder schädlich?« Weil es dort ferner theokratische Reste gibt, die für mich unerträglich wären. Und last not least, weil große Gefahr besteht, daß die ewig Unterdrückten zu Unterdrückern werden könnten, wenn sie das nicht sogar schon ein wenig geworden sind – und das wäre in der Tat moralisch furchtbarer als jeder Pogrom, den sie erlitten haben.

Mein Nein aber hat noch einen weiteren Grund: Ich habe nämlich den Verdacht – auch diese Worte werden mir die Israelis vermutlich verübeln –, daß die Gründung des eigenen Volksstaates auf eigenem Boden, oder angeblich eigenem Boden, die Krönung jenes Assimilierungsbestrebens ist, das die Gründerväter des Zionismus zu überwinden gehofft hatten. Denn was sie erträumt hatten, war ja, *auch* ein Volk, *auch* eine Nation, *auch* ein Staat zu werden. So wie alle »normalen« Völker, Nationen und Staaten. Diese *Gier auf das »Auch«* stammt aus der Zeit der Assimilation. Damit hängt zusammen, daß der zionistische Schritt aus dem Fremd-Dasein ins Eigen-Dasein, der (namentlich aus der Ghettoperspektive gesehen) einen unbestreitbar revolutionären Schritt dargestellt hatte, weltgeschichtlich gesehen sich als ein Schritt zurück ins 19. Jahrhundert, in das Jahrhundert der Nationalismen, herausstellen wird. In der Tat haben ja alle nationalistischen Bewegungen in Asien und Afrika, trotz ihres progressiven anti-imperialistischen Charakters, etwas Reaktionäres an sich; namentlich wenn man sie vergleicht mit dem heutigen, allein schon durch die Technik gebotenen (und weitgehend realisierten) Trend zum Einswerden der Menschheit, zur Aufhebung der Grenzen, zur Relativierung der Souveränitäten. Und zur Erfüllung dieser heute fälligen Aufgaben wird der überall und nirgendwo beheimatete Jude, der sich in Bangkok so gut zu Hause fühlt wie in Mexico oder Rom oder Los Angeles, sehr viel mehr beitragen können als sein Vetter im Staate Israel.

»*Ihr seid das Salz der Erde*« – diese Worte Jesu bezogen sich zwar nicht auf die Juden als Juden, sondern auf seine Jünger (die freilich Juden waren). Aber *Salz im Mehl, statt selber Mehl,* zu sein, das war die große Rolle, die die Juden in den letzten hundert oder hundertfünfzig Jahren in Europa und in Amerika gespielt haben. Und zu dieser Salz-Rolle bekenne ich mich.

Ich komme zum Schluß. Vor zwei Jahren habe ich vor der Klagemauer in Jerusalem gestanden, vor dem Mauerrest des im Jahre 70 von den Römern demolierten Tempels. An der Stelle also, von wo das ahasverische Schicksal, das auch meines noch gewesen ist, vor etwa 70 Generationen seinen Anfang genommen hatte. Und auch ich bin von diesem Platze ergriffen gewesen. Aber zu behaupten, daß sich für mich der Kreis geschlossen hätte, daß ich mich als Heimgekommener gefühlt hätte, das wäre unwahr. Und das wollte ich mir auch gar nicht einreden. Denn für mich, den Migranten, der an einem nur zufälligen Orte ansässig geworden ist, ist das Unterwegssein zum Zuhause geworden. Dieses Schicksal der Heimatlosigkeit, nicht dieses Stück Mauer, macht mich zum Juden. Sehr im Unterschied zu den zwei Männern, die rechts und links von mir standen. Denn für diese war dieser Ort offensichtlich zum Ort aller Orte geworden, sie waren in Trance, hin- und herschaukelnd murmelten sie Gebete, und immer küßten sie die nichts fühlenden Quadern, um derentwillen sie, wahrscheinlich aus Amerika, an diesen Ort gekommen waren. Der eine, weißbärtige, war etwa so alt wie ich, also wohl 75; der andere etwa dreißigjährig. Hätte der Ältere nicht ausgesehen wie mein Vater kurz vor seinem Tode, und hätte der Jüngere nicht mein Enkel sein können, ich hätte die beiden, da sie ja, die Mauer küssend, ein menschgemachtes *Ding* vergotteten, als tief unjüdisch empfunden. Die Propheten hätten sich über diese Küsse ereifert – und ich, der Ungläubige, der Abtrünnige, war der Schüler der Propheten und tief betroffen von diesem idolatrischen Benehmen.

Mein »Enkel« ließ sich durch keine Touristen, also auch durch mich nicht, in seiner idolatrischen Beschäftigung stören. Der Alte dagegen, der Bärtige, der mich natürlich sofort als Juden erkannt hatte, warf, ohne sein Murmeln dabei zu unterbrechen, wiederholt flüchtig-prüfende Blicke auf mich, natürlich, weil mein Nichtbeten an diesem Orte ihn skandalisierte. In der Tat – aber wie hätte ich ihm das erklären sollen? – hätte ich gar nicht beten können, wollte ich gar nicht beten können. Denn im Unterschiede zu meinen Eltern und Großeltern, die zu halbherzig gewesen waren, um sich bereits einzubekennen, daß sie kein Bekenntnis mehr hatten, wußte ich ja sehr genau, daß ich nicht mehr wußte, was unter »Beten« zu verstehen ist. Gleichviel, schließlich wandte sich mein »Bruder« mir wirklich zu, schüttelte seinen bärtigen Kopf wie einer, der fassungslos ist über die Torheit seines Nächsten, und sprach, mit seiner Linken auf sein Herz klopfend, im reinsten Brooklyn-Dialekt: »Without us you wouldn't be there«, »ohne uns wärest du nicht mehr da« – um sich nach dieser kurzen Mitteilung seinem Schaukeln und Murmeln, das er, wie er wohl meinte, allen Juden zuliebe, also auch mir zuliebe, betrieb, von neuem hinzugeben. Daß ich ihn sofort richtig verstanden hätte, kann ich, obwohl sein Gedanke mir gar nicht so fremd war, nicht behaupten. Aber ich entfernte mich doch, um ihn in seinem fremdartigen Tun nicht zu stören, auf Zehenspitzen, wovon er aber keine Notiz mehr nahm. Bald freilich verstand ich, was der Alte gemeint hatte, und hier und heute möchte ich ihm nun meinen Dank aussprechen, auch wenn ich es für ausgeschlossen halte, daß dieser ihn jemals erreichen wird. Jawohl, ich der ich stottere, wenn ich gefragt werde, worin mein Judentum bestehe;

ich, der ich meine Jugend ohne Thora verbracht habe;

ich, der ich den Jom Kippur niemals gefeiert habe;

ich, der ich Adam, David und Ezechiel bis zu meinem dreißigsten Lebensjahre nur mit den Augen Michelangelos gesehen habe;

ich, der ich als einzig jüdische Familienerinnerung die dem Protestantismus entwendeten Melodien der Reformgemeinde aufbewahrt habe;

ich, der ich als Berufsphilosoph jede ungeprüfte Übernahme von Überzeugungen oder Sitten als vorurteilshaft und damit als menschenunwürdig verachte;

ich, der ich nicht nur keinen Gott kenne, sondern – dies ist wahrscheinlich die Klimax der Ketzerei – alle Religionen als sakrilegisch empfinde, weil sie Antworten zu geben wagen auf Fragen, die wir noch nicht einmal zu stellen das Recht haben;

ja, trotz alledem habe ich meinem bärtigen Bruder im Kaftan meinen Dank auszusprechen, und nicht nur ihm, sondern den gewiß siebzig Generationen vor ihm. Und zwar dafür – und damit komme ich auf meine Eingangsgedanken zurück –, daß sie seit der Zerstörung des Tempels ihre Thora und ihr jeden Handgriff des Lebens minütlich regelndes, heute und seit langem schon völlig absurd gewordenes Sittensystem trotz Verhöhnungen, trotz Vertreibungen und trotz Massakern stur mit sich getragen und immer der nächsten Generation weitergereicht und damit, ohne je Boden unter ihren Füßen ihr eigen nennen zu können, ihre Identität durchgehalten haben. Ja, ihnen habe ich meinen Dank auszusprechen, weil ohne ihre Sturheit auch ich irgendwo unterwegs verlorengegangen wäre, in Alexandria oder in Granada oder in Amsterdam oder in Lodz, so wie ungezählte Brüder meiner Ahnen und Urahnen und Ururahnen, ohne irgendwelche Spuren zu hinterlassen, verlorengegangen sind. Ja, er hatte recht, mein bärtiger Bruder im Kaftan: Ohne sie wäre ich nicht da.

Jean Améry

Schriftsteller, lebte in Brüssel.
Geboren 1912 in Wien;
1938 Emigration nach Belgien;
1943–1945 KZ-Aufenthalt; gestorben im Oktober 1978.
Veröffentlichte u. a.:
Jenseits von Schuld und Sühne;
Über das Altern – Revolte und Resignation;
Hand an sich legen – Diskurs über den Freitod.

Zu meinen Erinnerungen, die sich nicht auslöschen lassen, gehören die christlichen Feste, namentlich die weihnachtliche Mitternachtsmette. Auch kann ich, wenn ich mir nur einige Mühe gebe, immer noch das katholische Glaubensbekenntnis auswendig hersagen. Wie soll, wie darf ich unter solchen Umständen von »meinem Judentum« sprechen? Es bestand ja nicht. Ich war neunzehn Jahre alt, als ich in der Geburtsstadt Wien, gleichsam verschlagen und exiliert aus der oberösterreichischen Provinz, von der Existenz einer jiddischen Sprache erfuhr. Hinwiederum gab die Schwester meiner Mutter, Kriegerwitwe gleich ihr, die mit uns lebte, mir häufig die beruhigende Versicherung, sie werde für mich zum Hl. Antonius beten, ihrem Lieblingsheiligen, der, wie sie versicherte, stets in äußersten Notlagen Hilfe bringe. Was hat sich ereignen müssen, daß ich heute nicht nur hier wage, über »mein Judentum« zu sprechen, sondern bei jeder sich bietenden Gelegenheit sage: Ich *bin* Jude?

Mein Vater war ein in Hohenems, Vorarlberg, geborener Volljude. Ich habe ihn nicht gekannt, denn ich wurde 1912 geboren, und 1914 rückte er als Tiroler Kaiserjäger in die Armee der Österreichisch-Ungarischen Monarchie ein. 1916 kam er im Kriege um. Versuche ich, sein Judentum zu rekonstruieren, so komme ich zu keinem deutlichen Ergebnis. Es scheint, er habe sich kaum gekümmert um die Religionsgemeinschaft, der er offiziell angehörte. Sein eigener Vater, mein Großvater also, war ja seinerseits in sehr hohem Grade bereits den jüdischen Ursprüngen entfremdet.

Schwieriger war der Fall der Mutter: Sie war Christin, aber nicht »rein arisch«, wie ich später erfuhr. Sie beschwor mehrmals am Tage Jesus, Maria und Joseph, was sich im heimatlichen Dialekt wie »Jessasmarandjosef« anhörte. In die Kirche ging sie selten, nur eben an hohen Feiertagen. Das Gebet, das sie mich lehrte, war kurz: »Lieber Gott, mach mich fromm, daß ich in den Himmel komm.« Ich murmelte das vielleicht bis zu meinem neunten Lebensjahr abends mechanisch vor mich hin, dann ließ ich es bleiben, wurde also nicht fromm, und die Himmel werden mir verschlossen bleiben. Dann und wann gebrauchte Mutter ein jüdisches Wort, das einzige, das ich aus ihrem Munde hörte: nebbich. Sowohl für Jessasmarandjosef wie für nebbich waren bei uns stets gute Gründe vorhanden: Wir waren proletarisierte Mittelstandsleute, nebbich, und weder Jesus noch Maria noch Josef wollten sich unser erbarmen. Von

Juden wurde nicht gesprochen, wiewohl mir alles, was meine Abstammung betraf, bekannt war. Man unterschlug mir nichts, nur war das Jüdische kein Thema.

Nach unserem Umzug aus der oberösterreichischen Provinz nach Wien, wo der Antisemitismus ein Faktum und das Hakenkreuz eine Drohung war, begann für mich der Lernprozeß. Ich las, was ich nur auftreiben konnte: von Langbehn über Moeller van den Bruck zu Hans Blüher, Housten Stewart Chamberlain, zu, Gott sei's geklagt, sogar dem die Zinsknechtschaft brechenden Gottfried Feder, Rosenbergs »Mythos des XX. Jahrhunderts« und auch Hitlers »Mein Kampf«. Ich absorbierte all diese Widrigkeiten in einer äußerst zwiespältigen Verfassung: Einerseits begann mir langsam klar zu werden, daß diese Leute geistig alle Vorbereitungen getroffen hatten, mich und meinesgleichen ins Verderben zu stürzen (las also mit Haß und feindseliger Erregung!), andererseits wollte ich noch um jeden Preis »objektiv« bleiben, unterdrückte den brennenden Zorn und erlegte mir eine intellektuelle Kühle auf, von der ich längst weiß, daß sie nichts war als ein Element psychischer Verdrängung. Es war eine ganz unmögliche éducation sentimentale für einen jungen Juden . . . Juden? Nun ja doch: langsamerhand begann ich zu begreifen, daß ich selber als *Jude* mein Thema war, wenngleich ich, wie es Zufall und Milieu wollten, nur wenig Umgang mit »echten«, ihrer Probleme voll bewußten und politisch wachen Juden hatte. Habe ich ihre Gesellschaft vermieden? Ich muß gestehen, daß ich es nicht mehr weiß. Es liegt das alles in tiefen Lebensfernen, und ich kann nicht mehr festhalten, was da in meinem gesellschaftlichen Verhalten halbbewußte Wahl war, was Schickung. Ich war, ein Neunzehnjähriger, so glaube ich heute, meiner gesamten seelischen Struktur nach geprägt, noch immer, durch die dumpfe Provinz.

Im Sommer 1932 – schon war in Deutschland Papen am Ruder, und schon drohte bei uns in Österreich der Kleriko-Faschismus – trat ein lebensentscheidendes Ereignis ein, das schwerer wog als alle gute und schlechte Lektüre, all meine Hilflosigkeit und Provinzialität: Ich verliebte mich in das Mädchen, das später meine erste Frau werden sollte. Es hatte die schneeweiße, leicht sommersprossige Haut der echt Rothaarigen, ein winziges Stupsnäschen und einen sehr schönen großen Mund mit makellosen Zähnen. Die Achtzehnjährige stammte aus Graz und sprach einen Dialekt, der meinem ureigenen sehr nahe war. Sie trug österreichische Trachtenkleider, sogenannte

»Dirndl«, die ihr wundersam gut anstanden. Als sich herausstellte, sie sei Voll- und Glaubensjüdin, ja daß ihre steirische Herkunft eine nicht fleckenlose und ihr Vater ein eingewanderter Ostjude war, brach für mich eine Welt zusammen. »Das ist ein polnisches Judenmädchen«, sagte Mutter, die ohnehin jede Frau, mit der ich gerade zu tun hatte, als eklen Störenfried betrachtete. – Ich ließ nicht ab von der Weißhäutigen trotz mütterlichen Einspruchs, aber ich ignorierte ihre Abkunft. Durchaus wollte ich ein Antinazi sein, das wohl, aber einer aus freiem Willen: das jüdische Schicksal auf mich zu nehmen war ich noch nicht bereit. Warum? Nun, es ist klar, ich hatte mir durch die Lektüre so vieler nationalsozialistischer Schriften, wie Sartre das später in seinen uneinholbaren »Reflexions sur la question juive« dargelegt hat, das Eigenbild vom Gegner aufprägen lassen und hatte es totaliter interiorisiert. Ich wollte ein Feind der Nazis sein und mengte mich frisch-fröhlich in Schlägereien, die damals ständig auf der Wiener Universität stattfanden. Aber es sollte aus freigewähltem Entschluß geschehen, nicht des »Blutes« oder der »Rasse« wegen. So kam es, daß ich, während ich zur gleichen Zeit mich bereits abwandte von Carossa und lieber Feuchtwanger las, meine Mimikry, die ja im Grunde keine war, da es mir doch tatsächlich nicht gebrach an blöder Bodenständigkeit, zur Meisterschaft entwickelte. Das Haar war blond; die Augen blau, und sehr erfolgreich gab ich ihnen ein dräuendes Blitzen. Die durchaus jüdische Nase, direkt vom Großvater ererbt, hatte noch nicht jene eindeutige Härte, die sie später glücklicherweise bekam und mich *zeichnete.* In Wahrheit befand ich mich in einer psychisch völlig unmöglichen Situation: Ich war ein christlich erzogener Österreicher – und war es doch nicht. Nicht mehr. Die Mehrheit, überwältigende, nicht nur des deutschen, sondern auch meines eigenen österreichischen Volkes hatte mich ausgestoßen aus der Gemeinschaft. Dies hätte ich damals schon akzeptieren müssen, sofern ich nur bereit gewesen wäre, mir die *Wahrheit* zu sagen. Nur freilich: Was war das, die Wahrheit? Lag sie verborgen im Jessasmarandjosef der Mutter, in den Erinnerungen an Mitternachtsmette und Hochamt, in meinem Dialekt, in Großvaters vorarlbergischem Stammbaum oder in der jüdischen Nase? Wenn ich es in diesen Tagen nachzudenken versuche, muß ich mich schon für die weitabgelegene Vergangenheit, diese revidierend, zur Nase bekennen. Und dies in einem sehr präzisen Sinne. Ich weiß, das Wort Rasse ist verpönt. Aber nur ein Narr kann leugnen, daß es

Menschenrassen gibt und diese sich nicht nur in physischen Eigenschaften manifestieren (dunkle, helle, rötliche Hautfarbe etc.), sondern auch in psychischen und intellektuellen. Ich habe keine Beweise dafür, bin mir auch bewußt, daß moderne Biologen diese meine Meinung kaum würden anerkennen wollen. Aber wiegen nicht am Ende Erfahrungen eines langen Lebens schwerer als ein paar umstrittene und morgen vielleicht zu total veränderten Hypothesen führende Laboratoriumsarbeiten? Ich bin mir sicher, und keine vorläufige anthropologische Behauptung wird diese Gewißheit ins Wanken bringen, daß mein Intellekt und meine seelische Befindlichkeit jüdisch sind, und nicht nur im Sinne einer Erziehung oder eines Milieus, die beide in meinem Falle nun eben so unjüdisch waren wie möglich, sondern von Geburt her – und nun mag, wer da will, mich einen üblen »Rassisten« nennen!

Aber ich habe weit vorgegriffen in der Chronologie. Unbedingt muß ja ein für mich cruciales Datum erwähnt werden: 1935. Das Nürnberger Reichsbürgergesetz, über das ich in einem Wiener Café las und dessen Text ich damals bald auswendig wußte, hat mir endlich mit voller Deutlichkeit klargemacht, daß ich für die Nazis – und nicht eben nur für die enragiertesten unter ihnen, vielmehr für die Mehrheit aller Deutschen und Österreicher – ein Jude war bzw., wie es hieß: »als Jude galt«. Einmal versuchte ich es auch mit der Geschichte der Juden von Graetz, aber sie langweilte mich. Dabei ist es bis heute geblieben, auch das muß einbekannt werden. Meine Kenntnis biblischer Vorgänge beschränkt sich auf die Josephs-Tetralogie Thomas Manns. Ich habe das Geschichtsbild des Durchschnitts-Europäers, der sich »gebildet« nennt, dabei aber, wie Robert Musil das einmal so köstlich von sich gesagt hat, nur »vielseitig ungebildet ist«. Das heißt, es gibt in diesem Bilde riesige Leerstellen, die ich niemals so recht aufzufüllen mich bemühte. Zu ihnen gehört die Historie des auserwählten Volkes. Ein einziges Mal in meinem Leben, und zwar im eiskalten Winter 1940–41, wohnte ich in der französischen Internierung zu Gurs in den Pyrenäen einer orthodox-jüdischen Chanukkah-Feier bei. Ich kam mir angesichts des ergreifenden leidvollen Schreiens, zu dem der Singsang der Betenden sich steigerte, vor, als sei ich in eine andere und durchaus unheimliche Welt verschlagen worden. – Neben mir stand der Philosoph Georg Grelling. Wir blickten einander sprachlos und leider auch etwas beschämt an. Der feine Herr aus Berlin räusperte sich und sagte verlegen: Es ist wie im Museum für Völkerkunde. Sofern ich mich als Atheist überhaupt mit dem Phänomen der Religion auseinandersetzte (wobei »auseinandersetzen« eigentlich schon ein zu hoch gegriffenes Wort ist), war es das Christentum, das mein Interesse erweckte. Es ist dies ja auch so unverständlich nicht, denn »Christ« sein bedeutet nicht nur an Gott und seinen Sohn glauben. Christlich-kritisch sein meint nicht ausschließlich die theologische Problematik sich erhellen: Es ist *Partizipation* an unserer Kultur. Die ecclesia war mir immer präsent: Die Synagoge war das andere. Darum kann ich auch nicht eigentlich von meinem »Judentum« sprechen. Ich proponiere einen anderen Begriff, der schwerer wiegt meiner festen Überzeugung nach und für den ich mich nun allerdings unabdingbar und konzessionslos als zuständig erkläre: *»Judesein«*. Womit ich wieder in sauberer Chronologie anschließen darf an das weiter oben Vorgebrachte. 1935 vernahm und interiorisierte ich für immer die Nürnberger Gesetze. Mein *Judesein* wurde mir klar. Was es in diesem Moment für mich bedeutete, hat sich durch die späteren Erfahrungen zwar graduell schreckhaft intensiviert, qualitativ aber nicht eigentlich verändert. Die Gesellschaft wollte mich als Juden, ich hatte den Urteilsspruch anzunehmen; ein Rückzug in die Subjektivität, aus der heraus ich hätte vielleicht sagen können, ich »fühlte« mich nicht als Jude, wäre belangloses, privates Spiel gewesen. Ein Jahrzehnt danach erst las ich in Sartres »Reflexions sur la question juive«, daß Jude einer sei, den die anderen als einen Juden ansehen. Dies war präzise mein Fall.

Als der Donnerschlag kam, der 11. März 1938, da mein Land jauchzend sich dem Führer des großdeutschen Reiches an den Hals warf wie eine zur läufigen Hündin werdende Frau, die es nicht erwarten kann, war ich gerüstet. Eine Klippe galt es freilich noch zu umschiffen: die Mutter. Die hatte insgeheim alles gut vorbereitet. Ihr erster Verlobter, ein makellos arischer Herr, war bereit, zu schwören, ich sei in Wahrheit *sein* Kind, nicht das meines volljüdischen Vaters. Und ein am Sippeamt in wichtiger Position stehender Freund der Familie werde die Sache in Ordnung bringen. Von meiner Seite aus hätte ich nur eine Bagatelle in aller Eile zu bereinigen: mich von meinem jüdischen Mädchen, das inzwischen vor dem Gesetz meine Frau geworden war, zu trennen. Noch heute frage ich mich und finde keine Antwort, ob ich nicht damals vielleicht auf Mutters Vorschlag würde eingegangen sein, wäre ich weniger leidenschaftlich dieser dialektsprechenden Jüdin, die als Modell für die Fremdenverkehrswerbung der »Ostmark« beste Figur gemacht hätte, angehangen. Ich wäre gestimmt, stolz zu sein und zu sagen: Gewiß, und: Ich würde mein Land verlassen haben auch ohne Zwang, ein Emigrant aus Gesinnungsgründen. Wie schlecht vertragen sich doch Stolz und Ehrlichkeit! Diese verbietet mir jenen, und ich kann nur sagen: Ich weiß nicht, wie es gekommen wäre, wenn ... Noch kannte ich nicht den nach dem Kriege geläufig gewordenen Begriff der »Authentizität«. Aber dunkel verspürte ich vielleicht doch, daß der Mensch in einer totalen, seine ganze Person umgreifenden Lebenslüge nicht zu existieren vermag. Ich konstituierte mich als Jude. Allerdings gab es immer noch Hürden, die ich nicht zu nehmen verstand. So zum Beispiel wollte ich um keinen Preis, daß man mir in meine Papiere den obligatorischen Vornamen »Israel« einschreibe. Ich holte mir keinen Paß, weil man mir in diesen das rote »J« hineingestempelt hätte.

In Antwerpen, der ersten Fluchtstation, war es das »Joodse Komiteit«, das uns betreute. Der niemals unter Juden gelebt hatte, war nun ganz ausschließlich von Juden umgeben, die alle nichts anderes im Kopf hatten – die Gesellschaft sorgte dafür! – als ihr Judesein. Da war nun, wie man damals im Zeitjargon gesagt hatte, die »Schicksalsgemeinschaft«. Da war die »Volksgemeinschaft«. Sie bewährte sich, denn die reiche Antwerpener Judengemeinde sorgte für uns wie für ihre Kinder. Was mich angeht, so war es ebenso häßlich wie dumm, wenn ich auf die Gemeinschaft, die mich umspülte, mehr als einmal mit äußerster Irritation reagierte. Die jiddische Sprache, mit der ich allerorten angeredet wurde, war mir eine unsägliche Peinlichkeit. Ich hatte zwar mein Judesein angenommen als ein *Prinzip;* in der täglichen Praxis aber versagte ich. Undeutlich verspürte ich, daß ich noch durch ganz andere, härtere Schulen zu gehen haben würde, um wirklich zu sein, was ich war: ein Jude. Die Lehr- und Zuchtmeister waren schon unterwegs.

Am 10. Mai 1940 wurde ich als »deutscher Staatsbürger« beim deutschen Generalangriff über die Westgrenze als feindlicher Ausländer verhaftet. Man schaffte uns tief nach Südfrankreich. Vergebens versuchten wir Emigranten, den belgischen und französischen Wachmannschaften klarzumachen, daß wir nicht Feinde der Alliierten seien. Nicht Deutsche seien wir, sondern Juden. Die Leute begriffen nichts. Juden? Was denn das heiße. Das Jüdische sei eine Religion. Auch Léon Blum sei

Jude. Wir hätten nichts zu tun mit Blum: Wir seien »des boches«. Als aber Frankreich in sechs Wochen geschlagen war, schienen sich die Köpfe der Franzosen jählings auf märchenhafte Weise erhellt zu haben. Die »boches«, die echten Deutschen also, betreut von den Waffenstillstands-Kommissionen Hitlers, wurden befreit und von den Franzosen als die Sieger höchst widerlich servil bewundert. Wir anderen, die Flüchtlinge, die man im Reich nicht haben wollte, wurden flugs aus feindlichen zu lästigen Ausländern und vor allem: zu Juden, nunmehr im Vollsinne deutscher rassistischer Vorstellung. »Sale juif« löste das Schimpfwort »sale boche« ab. Es mußte doch, so schien mir – und nicht mir allein– der Widerwille gegen die Juden in viel tieferen Wesensschichten der Franzosen gelagert haben als der oberflächliche »Anti-bochisme«. Das von der Gesellschaft über mich verhängte Judesein, war, ich konnte es täglich stärker verspüren, kein deutsches Phänomen. Es waren nicht die Nazis allein, die mich zum Juden gemacht hatten. Die Welt wollte mich als einen solchen, und ich war bereit zu tun, was später Sartre »assumer«, frei und unzulänglich übersetzt, das »Auf-sich-Nehmen« genannt hat. Ich zwang mir das Gefühl der Solidarität mit *jedem* Juden ab. Schon waren wir ins Ghetto gesperrt, und es war wie jenes, in das die Welt heute den Zwergstaat Israel eingeschlossen hat.

Bald wechselten die Lehrer: Die harmlos brutalen Gardes Mobiles, die uns im Internierten-Lager Gurs gekränkt hatten, verschwanden, nachdem ich aus dem Lager ausgebrochen war, halb Frankreich zu Fuß durchwandert und im deutsch besetzten Belgien mich wiedergefunden hatte, der Frau-Geliebten wegen. An ihre Stelle war der Meister aus Deutschland getreten. Die Résistance, der ich mich anschloß an allerbescheidenster Stelle und ganz ohne heroische seelische Gestik, wurde, bedenke ich es heute, vielleicht auch nur zu einem unbewußt vollzogenen letzten Versuch, dem Judesein, das ich intellektuell längst auf mich genommen hatte, mich zu entziehen. Die Juden wurden gejagt, gestellt, verhaftet, deportiert, *weil sie Juden waren,* und nur darum. Ich wollte, so will es mir rückblickend erscheinen, nicht als Jude festgehalten werden vom Feind, sondern als Widerständler. Letztes, absurdes Unternehmen, einem Kollektivgeschick zu entlaufen. So verteilte ich wirkungslose Flugblätter unter Lebensgefahr, aber im falsch-stolzen Bewußtsein, ich sei ein »Kämpfer« und gehörte nicht zu jenen, die sich blökend wie die Schafe zur Schlachtbank führen ließen. –

Die Realität jedoch holte mich nach meiner Verhaftung alsogleich ein. Ich war den Bütteln hochinteressant, solange sie meinten, ich sei ein deutscher Deserteur, Soldat, vielleicht sogar Offizier. Sie warfen mich auf den Misthaufen, als sie meiner Identität gewahr wurden. »Zersetzung der Wehrkraft« stand auf meinem Akt, und solange die Kerle meinten, ich sei ein Abtrünniger, unterzogen sie mich hochnotpeinlichen Befragungen. Als sie über meine Person ins klare kamen, war ich bereits ohne Belang für sie. Es kam zu keinem Prozeß. Ich wurde dem generellen Todesurteil unterworfen, das hieß *Auschwitz*. Was ist da noch nachzutragen zu dem, was ich in meinem Buch »Jenseits von Schuld und Sühne« bereits niedergelegt habe? Nur dies vielleicht: daß mein Judesein in Auschwitz für mich jene endgültige Gestalt annahm, die es bis heute behielt. Zwar war ich als Résistant verhaftet worden, aber in Auschwitz trug ich den gelben Stern und war ein Jude wie alle jene, die niemals gewagt hatten, auch nur aufzumucken, geschweige denn staatsgefährliche Flugblätter zu verbreiten. Im Höllenkreis wurden nun die Unterschiede erst so recht spürbar und brannten sich uns in die Haut wie die tätowierten Nummern, mit denen man uns zeichnete. Alle »arischen« Häftlinge befanden sich im Abgrund noch auf einer nur nach Lichtjahren zu messenden Höhe *über* uns, den Juden. Sie prügelten uns, wenn es ihnen gefiel – besonders die Polen taten sich hierin auf unvergeßliche, unverschweigbare Weise hervor. Sie hatten alle des Führers Wertvorstellung verinnert, weil die Tradition sie hierfür konditioniert hatte. Sie waren vielleicht bestimmt, Sklaven des Herrenvolkes zu sein; wir waren dem Tode zugesprochen. Es kam dahin, daß wir Juden uns prügeln ließen ohne Widerstand. Ein einziges Mal schlug ich zurück im fehlgehenden Glauben, ich könne solcherart meine Menschenwürde wiedergewinnen. Dann sah ich ein, es habe keinen Sinn. Der Jude war das Opfertier. Er hatte den Kelch zu trinken – bis zum allerbittersten Ende. Ich trank. Und dies wurde mein Judesein. Das Juden*tum* war eine andere Sache. Mit ihm hatte ich nichts zu tun. Ich lernte das Jiddische verstehen, aber machte keine Anstrengung, es zu sprechen. Dann und wann geschah es, daß Ostjuden sich zusammenfanden und jiddische Lieder sangen, deren Texte ich halbwegs verstand. Es ergriff mich sehr, als einmal ein paar von ihnen einstimmten in einen zionistischen Song mit dem Kehrreim: »Iach fuhr a-haim, iach fuhr aheim.« »Aheim«, das war für sie das Heilige Land. Heim, Heimat, das waren fürderhin für mich sinnlose Worte. Ich war nirgendwo daheim. Ich war ein Jude und wollte, sollte es bleiben. Als ich, 1945 nach Belgien wiedergekehrt, mich mehr und mehr für französische Kultur interessierte, mich in die Stadt Paris verliebte, als Jean-Paul Sartre so etwas wie meine »Vaterfigur« wurde, glaubte ich gleichwohl nicht mehr an die Assimilation. Wie wäre denn dies auch noch möglich gewesen? Ich war einstens nicht »assimiliert«, vielmehr ein Vollösterreicher gewesen wie irgendeiner. Und dennoch hatte das jüdische Geschick mich eingeholt. Wie hätte ich jetzt, auferstanden, aber ausgesetzter denn je, mir einbilden können, es bestünde auch nur der geringste Hoffnungsschimmer, Franzose zu werden? Es lag nicht an der Sprache. Es waren die zerstörten, längst verfaulten, aber immer noch negativ existierenden, meine Vergangenheit bildenden und zugleich nicht mehr gültigen Erinnerungen an Kindheit und Jugend, die es mir unmöglich machten, mir eine neue Gegenwart zu erfinden. Das immerwährende Exil, das ich wählte, war die einzige Authentizität, die ich mir erringen konnte – das Judesein verlegte mir alle anderen Auswege.

Ein Juden*tum* freilich im Sinne historischer Tradition und positiver existentieller Lebensbasis habe ich mir nicht erworben. Das einzige, was mich positiv mit der Mehrzahl aller Juden der Welt verbindet, ist eine Solidarität, die ich mir längst nicht mehr als Pflicht gebieten muß, und namentlich die mit dem Staat Israel. Nicht, daß ich in diesem Lande würde wohnen wollen. Es ist mir zu heiß, zu laut, zu fremd in jeder Hinsicht. Auch nicht, daß ich gutheiße, was immer man dort treibt. Ich verabscheue die theokratischen Tendenzen, den religiös getönten Nationalismus. Auch habe ich das Land nur ein einziges Mal zu kurzem Besuch gesehen und werde vielleicht nie wieder dahin kommen. Aber ich bin den Menschen dieser heillosen Erde, die allein sind, verlassen von aller Welt, unablösbar verbunden, auch wenn ich ihre Sprache nicht spreche und ihre Lebensformen niemals die meinen würden sein können. Für mich ist Israel keine Verheißung, kein biblisch legitimierter Territorialanspruch, kein Heiliges Land, nur Sammelplatz von Überlebenden, ein Staatsgebilde, wo jeder einzelne Einwohner noch immer und auf lange Zeit hin um seine physische Existenz bangen muß. Mit Israel solidarisch sein heißt für mich, den toten Kameraden die Treue bewahren.

Stets von neuem mache ich den Versuch, mich zu distanzieren. Er gelingt allerwegen nur teilweise. Ich bin ein wacher Kritiker israelischer Politik, zögere nicht, mir Wohlwollen zu verscherzen, Freundschaften zu gefährden, wenn ich öffentlich die augenblicklich im Amte befindliche israelische Regierung als eine irrationalistisch-chauvinistisch inspirierte mit Schärfe ablehne. Ich sage laut, daß mir der Mann Begin und alles, wofür er steht, entgegen ist. Wo es aber dann jählings ans Herz der Dinge geht und ich Gefahr wittere für das verzweifelt um sich schlagende Ländchen, ist, jenseits eines Judentums, auf das ich mich nicht berufen kann, weil ich es nicht besitze, mein Jude*sein* am Ende doch ausschlaggebend. Ich ergreife Partei. *Für* Israel – und zucke kaum die Schultern, wenn meine Freunde von der Linken mich einen Abtrünnigen nennen. Sie haben es leicht: Prinzipientreue ist ein Kinderspiel. Ich mache es mir schwer, denn die Schicksalstreue, der ich mich ergebe, ist ein unklarer Begriff, und wer sich an ihn hält, muß alle bequemen Theorien, alle Dogmen-Krücken über Bord werfen. Er steht auf schwankendem Grund. Ihm hilft kein Gott und kein Marx. Am wenigsten ein Hegel.

An nichts kann er sich, kann *ich* mich halten als an das in seiner Qualität unmitteilbare Erlebnis. Ich sehe, wenn das Land Israel, das für mich kein heiliges ist, bedroht wird, Flammen allüberall. Und ich rufe: Feuer! Ich weiß, mein Schrei verhallt ungehört. Jene, die ein Juden*tum* haben, sprechen mir das Recht ab, mich vernehmen zu lassen, worin sie konsequent sind. Die anderen, die niemals die Drohung als eine persönliche, physische erfuhren, hören sowieso nicht hin. Ich kann sie nicht verurteilen, da ich selber nicht täglich an die Armenier-Massaker durch die Türken denke. Die Leute reden über Politik und Geschichte, objektive Vorgänge. Ich bleibe fixiert, bis zum bittersten Ende, an das Erlebnis. Stünde ich im Besitz eines Judentums, ich könnte das subjektiv Erlebte hurtig zu objektiver, finalistischer Geschichtlichkeit machen. Der Weg ist mir verstellt. Vier Wände rücken zusammen, der Raum wird enger. Das Jude*sein* (das ich nicht gewählt habe) ohne ein Juden*tum* (das zu küren Abkunft und Umwelt ich mir nur um den Preis der Lebenslüge gestatten dürfte) mündet ein in eine meine Existenz begleitende, von Fachleuten wahrscheinlich als »neurotisch« zu bezeichnende, von mir als einzig mir zustehende Gemütslage alle Tage durchzulebende Melancholie.

Ernst Simon

Professor, Pädagoge und Psychologe.
Geboren 1899 in Berlin; gestorben 1989 in Jerusalem.
Lebte ab 1928 in Palästina/Israel,
zuletzt Ordinarius für Pädagogik
an der Hebräischen Universität Jerusalem.
Zahlreiche Veröffentlichungen, u. a.:
Die Psychologie des jüdischen Witzes;
Aufbau im Untergang; Brücken;
Entscheidung zum Judentum.

In dem wegweisenden Rundschreiben von Hans Jürgen Schultz an uns Mitarbeiter dieses Buches steht ein Satz, der Widerspruch zuläßt, und daneben eine Frage, auf die es mehr als eine Antwort gibt.

Der Satz lautet: »Jude kann man nicht werden, wenn man es nicht ist«, und die Frage heißt: »Aber kann man aufhören, es zu sein?«

Zuerst also: Man kann Jude werden. Zu Beginn der römischen Kaiserzeit war eine aktive jüdische Mission nicht ohne Erfolg am Hofe tätig, besonders unter den Frauen. Später ist sie, vor allem aus politischen Gründen, auch wegen der naheliegenden Verwechslung mit den verfolgten Christen, immer schwächer geworden. Unter günstigeren Bedingungen flammte sie gelegentlich wieder auf, zum Beispiel im achten Jahrhundert im südrussischen Reich der urspünglich türkischen Chasaren, das sich durch religiöse Toleranz auszeichnete. Um 740 nahm eine Oberschicht mit dem Titularkönig an der Spitze den jüdischen Glauben an.

Heute verhält sich in fast allen Ländern das Rabbinat, besonders das orthodoxe, sehr zurückhaltend gegenüber virtuellen Proselyten, aber wenn sie dessen weitgehende Forderung zu erfüllen versprechen, werden sie nach einer längeren Lernzeit vollberechtigte Juden. Es gibt auch jetzt noch immer spontane Übertritte von Einzelnen und Gruppen, vor allem in Japan; dort besteht in intellektuellen Kreisen ein echtes Interesse am Judentum.

Israel ist ein Sonderfall. Bei uns wandern nicht wenige Ehepaare aus der Sowjetunion ein, bei denen der Mann Jude, die Frau Nichtjüdin ist. (Der umgekehrte Fall ist seltener und religionsgesetzlich unproblematisch, weil, als Rest des alten Matriarchats, die Religion der Kinder nach der Mutter geht.) Viele von den Frauen bereiten sich auf den Übertritt vor, meist wohl mehr aus familiären als aus religiösen Gründen.

Die Tatsache der Auswanderung aus der UdSSR als solche scheint eine negative Antwort auf die Frage nahezulegen, ob man aufhören könne, Jude zu sein. Selbst unter dem kommunistischen Regime ist die volle Assimilation nicht gelungen und der Antisemitismus, obwohl verboten, nicht ausgestorben. Trotzdem sind weitgehende Schlüsse unzulässig, da es sich bei den Auswanderungswilligen vermutlich doch nur um eine, zwar beträchtliche, Minderheit handelt. Wie es in den Köpfen und Herzen der anderen aussieht, wissen wir nicht. Allgemein darf man sagen: Je länger der Prozeß der Angleichung währt, desto mehr wird er durch Mischehen zusätzlich beschleunigt. So ist es in vielen west- und nordeuropäischen Ländern gegangen. Auch in Nordamerika stellte man beim 300. Jubiläum der ersten jüdischen Einwanderung fest, daß deren Nachkommen nur noch auf alten Friedhöfen zu identifizieren sind. Man kann also durchaus aufhören, Jude zu sein, wenn auch nicht überall und nicht jederzeit.

Innerhalb dieses allgemeinen Rahmens zeichnen sich individuelle Lebensläufe ab, die in umgekehrter Richtung gehen. In der Gegenwart beginnen sie gelegentlich sogar bei Judensprößlingen, die getauft geboren waren oder sich selbst haben taufen lassen. Diese Erscheinung hat den Typus des Täuflings im Vergleich zum Mittelalter weitgehend verändert: Damals war er fast immer ein Judenhasser, heute ist er oft ein Freund Israels.

Häufiger allerdings gelangen Menschen, die gerade noch am äußersten Rande des Judentums standen, allmählich, nach einem meist plötzlichen Entschluß, bis zu seinem Kern.

Die beiden größten Beispiele für die mögliche Umkehrbarkeit der zentrifugalen Bewegung sind Gerschom Scholem (geboren 1897) und Franz Rosenzweig (1886 bis 1929), nicht nur wegen ihrer geistigen und menschlichen Bedeutung, sondern auch deshalb, weil ihre Umwendung nicht, wie bei Herzl und vielen Späteren, vom Antisemitismus ausgelöst wurde, sondern von der Anziehungskraft des Judentums. Sie wählten es in Freiheit als die sie bestimmende Macht: Scholem, der gottesgläubige Anarchist in produktiv erweiternder Auswahl, vor allem durch Neuwertung der mystischen Bewegungen, Rosenzweig in systematischer Umfassung, als gläubiger, nicht orthodoxer Bejaher der jüdischen Lebensform; Scholem als Zionist der frühen Verwirklichung (1923 ging er nach Palästina), Rosenzweig als Nichtzionist, der das jüdische Gottesvolk, wo es auch lebe, von der historischen Zeit und ihrer Geschichte scharf abhob. Doch auch er sympathisierte tätig mit dem Palästinaaufbau.

Der gründende Zu-Fall meines Lebens – Rosenzweig sah in den Zufällen »das, was die Alten Engel nannten« – war die beglückende Tatsache, daß ich als einundzwanzigjähriger Student in Heidelberg und Frankfurt am Main Franz Rosenzweig, seinem großen Lehrer Rabbiner N. A. Nobel und seinem letzten Lebensfreund Martin Buber nahetreten durfte. Vorausgegangen war mein Kriegserlebnis als siebzehnjähriger Freiwilliger in Frankreich: Der massive Antisemitismus in der Armee des Kaisers machte mir klar, daß ich kein Deutscher sei. Aber was war ich? Die gewaltige Unabhängigkeit Spinozas, der in einer Welt von Kirchen und Synagogen der einzige Dissident seiner Zeit wurde, war und ist nicht meine Sache. Ich suchte die eigene Gemeinschaft, traf im Heer zionistische Kameraden und entschied mich bald für die Bewegung.

In meinem wohlhabenden, gebildeten, musikfreudigen Elternhaus hatte ich vom Judentum nichts gehört, gesehen oder erlebt: kein Wort hebräisch, kein Fest (außer Weihnachten!), keine Synagoge, keine Bar Mizwa. Aber Vater war scharf gegen die Taufe: »Ein anständiger Mensch verläßt keine belagerte Festung wegen eines Vorteils.« Am Anfang meines jüdischen Nationalbewußtseins stand der Trotz.

Trotz ist eine ehrenhafte negative Haltung: eine Reaktion gegen etwas. Sollte das alles sein? Durfte ich das Deutschtum meiner Eltern, das Gehalte besaß und Werte pflegte, mit einer leeren jüdischen Form vertauschen? Ich faßte zwei Beschlüsse: künftig als Lehrer nach Palästina zu gehen, was Anfang 1928 geschah, und vorher das jüdische »Kulturgut« daraufhin zu prüfen, ob etwas für mich Brauchbares und Passendes daran sei. Beim eifrigen Hebräischlernen, Bibellesen und bei jüdischen Geschichtsstudien ergaben sich immer mehr bejahende Antworten. Die meisten führten auf ein religiöses Zentrum hin. Ich begann darüber nachzudenken, und allmählich enthüllte sich mir das Judentum als ein Phänomen, das zwar Kultur einschließt, aber nicht auf sie, die von Menschen geschaffene, gegründet ist. Das Denken gab mir die Möglichkeit, zu glauben. Es gab keine persönliche Offenbarung, weder 1918 noch 1978. Ich bin nicht weiter gekommen als bis zu dem kurzen Bekenntnis:

Ich habe Gottes Stimme nie gehört,
Vielleicht ist sie's, die aus dem Schlaf mich stört.
Wach ich, verstummt sie, kaum ein Echo blieb.
Dem zog ich nach, wohin's mich immer trieb.

Ich schrieb das als alternder Mann in Israel auf, aber es war, noch ungeformt, in mir lebendig, als mich mein Studienfreund Erich Fromm von Heidelberg nach Frankfurt lockte und zunächst zu Nobel brachte, von dem aus der Weg zu Rosenzweig und Buber sich von selbst ergab.

Ende 1920 begründete Rosenzweig in Frankfurt sein »Freies Jüdisches Lehrhaus«. Es gab lange vor ihm Universitäten und Volkshochschulen mit vielen jüdischen Dozenten, die, wenn sie nicht gerade Rabbiner oder Lehrer waren, nicht viel vom Judentum wußten. Auch jüdische Lehrhäuser gab es, aber sie waren meist orthodox, also dogmatisch beengt, sowie moderne konservative oder liberale Rabbinerseminare von etwas elastischerer Haltung, doch mit ideologischer Parteibindung. Rosenzweigs Lehrhaus war sowohl frei wie jüdisch. Der unjüdische Hohlraum des emanzipierten Juden konnte hier jüdischen Gehalten begegnen, damit er nicht mehr in der Knechtschaft der Unwissenheit, sondern in der Freiheit des gewissenhaft Lernenden imstande sei, zwischen erkannten Alternativen zu entscheiden.

Rosenzweig als Lehrer jüdischen Seins und Denkens, und mit besonderer Vorliebe des Hebräischen, als Gesprächsleiter, der Fragen beantwortete oder auch offen ließ, und als etwas gewaltsamer Achitekt der jeweils drei Trimester im Jahre suchte sich seine Mitarbeiter vor allem in zwei Gruppen aus: unter Leuten vom Fach mit offenem Blick darüber hinaus und unter, meist jungen, Laien, die bereit waren, zugleich Schüler und Lehrer zu sein. Bei diesen galt zuweilen der ungeschriebene Grundsatz: Je weniger sie wußten, desto besser! In dieser Beziehung war ich hervorragend qualifiziert.

So durfte ich von Anfang an dazugehören, zunächst zwar nur als Schüler, seit 1922 aber auch als sehr aktiver Lehrer, vor allem über neueste jüdische Geschichte. 1923 promovierte ich mit »Ranke und Hegel« bei Hermann Oncken und Karl Jaspers in Heidelberg. Das letzte Kapitel meines Buches mit dem Titel »Rankes religiöse Haltung« nimmt für diese und gegen die Hegels Partei: »Hegel hat Gott gekannt, Ranke hat an ihn geglaubt.« Auf diesem Gebiete und ähnlichen fühle ich mich noch heute nach fünfundfünfzig Jahren sicherer als im Jüdischen. Meinen Schülern im »Lehrhaus« war ich jedenfalls manchmal nur eine Stunde der Vorbereitung voraus, doch versetzte uns die fast gleichzeitige Neuentdeckung des allgemein Bekannten in einen gemeinsamen Schwung der freudigen Rückkehr zum alten Erbe. Bei nicht wenigen, auch bei mir selbst, gesellte sich zur Theorie bald die jüdische Praxis, nach Rosenzweigs – nicht Bubers! – Rezept: Lasse kein Gesetz unversucht, ob es nicht für dich zum persönlichen Gebot werden könne!

Oft gelang das, vor allem durch Nobels Verdienst. Ein glühender, gelehrter Jude mit großer Allgemeinbildung, von tiefen Wurzeln und hohem weiten Wipfel: selbst ein »Baum des Lebens«, wie wir von der Thora sagen. Er starb Ende Januar 1922, kurz nach seinem fünfzigsten Geburtstag, den fast die ganze Jugend der Gemeinde feierte, ohne Unterschied der religiösen Stellung.

Rosenzweig vertraute mir ein Jahr später die erste »Nobelvorlesung« des Lehrhauses an; sie hieß: »Der Rabbiner«: Rosenzweig und ich hatten regelmäßig an Nobels täglichen Talmudstunden teilgenommen. Der Talmud lehrt: »Größer noch ist der Umgang mit dem Rabbi als seine Lehrer.« Zwei Beispiele dafür:

Ein jüdisches Ärzteehepaar mit drei Kindern war nur standesamtlich getraut. Sie hörten Nobel predigen und wurden so stark beeindruckt, daß sie beschlossen, ihre religiöse Trauung bei ihm nachzuholen, nicht als ob er ihnen das nahegelegt hätte, sondern aus freiem Entschluß. Er vollzog die Zeremonie in seiner Wohnung mit nur zwei Zeugen; einer war ich. Plötzlich merkte ich, daß der Rabbiner die Trauungsformel verändert hatte, welche der Mann der Frau zu sagen hat. In deutscher Übersetzung lautet ihr überlieferter Wortlaut: »Du bist mir angeheiligt mit diesem Ring nach dem Gesetz Mosis und Israels.« Nobel fügte nach dem Worte »Ring« ein: »wie schon bisher, doch nun nach dem Gesetz . . .« Als wir allein waren, erklärte er mir sein Vorgehen: »Ich kann diesen hochstehenden Menschen nicht unterstellen, daß ihre Ehe bis heute kein Heiligtum war. Ein jüdisches Heiligtum ist sie allerdings erst soeben geworden.«

Ein zweites Beispiel: Das jüdische Gesetz ist immer noch sehr patriarchalisch; die Frauen sind nicht voll gleichberechtigt und haben kein Wahlrecht zu den Gemeindeämtern. Der bedeutende Talmudist Professor David Hoffmann, Nobels wichtigster Lehrer im orthodoxen Berliner Rabbinerseminar, hatte den ersten Schritt zu ihrer Emanzipation auf diesem Gebiete getan und entschieden, daß ihnen immerhin das aktive Wahlrecht zustehe. Sie konnten zwar nicht gewählt werden, durften aber wählen. Nobel ging weiter. Im schwer errungenen Entschluß, gegen seinen alten Meister zu entscheiden, gestattete er auch das passive Wahlrecht, und eine Frau zog in den Vorstand der Frankfurter Gemeinde ein. Wieder durfte ich seine private Begründung hören: »Ich tat es nicht für diese vortreffliche Frau, auch nicht für die Gemeinde. Beide können auch ohne das leben. Ich tue es als religiöser Zionist für das Land Israel. Wir können es nicht ohne unsere Frauen aufbauen. Sie dürfen nicht Bürger zweiten Ranges bleiben.« Diese damals sehr angefeindete Pioniertat war die erste Stufe einer Leiter, auf deren höchste Stufe Golda Meir als Ministerpräsidentin Israels gelangte. Bei all dem blieb Nobel im Rahmen der kontinuierlichen Entwicklung, die zu talmudischer Zeit entstand, sich aber später immer mehr verhärtete. Der Talmud selbst sagt einmal: »Die Kraft zur Erlaubnis ist die größere.« Verbieten und erschweren ist leichter.

So vorbereitet ging ich nach Palästina. In Jerusalem unterrichtete ich zuerst Geschichte an einem religiösen Lehrerinnenseminar. Beim Sprechen machte ich so viele und schwere Fehler im Hebräischen, die mir durch ihre Lächerlichkeit einen gewissen Ruf verschafften, daß die jungen Mädchen mir helfen mußten. Sie unterbrachen mich zwar nicht, aber nach jeder Stunde erhielt ich eine Liste der notwendigen Verbesserungen. Wieder, wie einst in Rosenzweigs »Lehrhaus«, durfte ich zugleich Lehrer und Schüler sein.

Am Ende des Jahres stellte sich zu meiner und des Kollegiums Überraschung heraus, daß ich für die Aufsichtsbehörde über diese orthodoxe Anstalt von allzu freiem Geiste war. Der Nobelschüler wurde kurzfristig gekündigt. Ich saß mit meiner kleinen Familie – unser Uriel war unterdessen auf die Welt gekommen – ohne festen Unterhalt da. Das war nicht gerade angenehm, aber wir litten keine Not. Meine Frau, eine russische Jüdin, trug heiter und klaglos die ganze Bürde des Haushalts; ich hielt Vorträge, schrieb Artikel – bald auch schon hebräische –, und wir beiden freuten uns an der Entwicklung des Jungchens. Er wuchs schnell und mit Lust in den symbolischen Rhythmus des jüdischen Lebens hinein: mit den Gebeten, die den Tag gestalten, mit den Sabbaten und Festen, die das Jahr sinnvoll gliedern und farbig schmücken. Als er etwa vier Jahre alt war, fragte er mich einmal: »Ich freue mich so über diese Blumen, welchen Segensspruch sagt man darüber?« Er hatte beobachtet, daß ich, unserem Gesetz folgend, nichts von dieser Welt genoß, ohne sie durch einen Segensspruch immer wieder als Gottes Schöpfung anzuerkennen. Freude an Blumen haben Kinder aus allen Völkern und Religionen, aber Gott dafür zu danken, das ist wohl charakteristisch für ein im Judentum und in der Atmosphäre des geheiligten Alltags aufgewachsenes Menschlein. Etwa acht Jahre später, vor der Bar Mizwa, sagte er einmal zu uns: »Ihr macht uns das Judentum so schön; es soll doch aber wahr sein.« An dieser Nuß knacke ich noch immer, auch deshalb kann und will ich mich nicht orthodox nennen. Ganz zu Unrecht war meine Entlassung aus dem Seminar vom Standpunkt der Orthodoxie eben doch nicht erfolgt.

Vater und Sohn kamen vielleicht einer Lösung durch gemeinsames Lernen etwas näher. Es ist üblich, daß der mit dreizehn Jahren religiös mündig gewordene Junge, nach dem »Aufrufen« zur Thora und seiner Vorlesung des wöchentlichen Abschnitts aus der Schrift und des zugeordneten Kapitels aus den Propheten, einen Lehrvortrag hält, manchmal noch in der Synagoge, meist zu Hause. Der schöne Brauch wird heute oft nur mechanisch vollzogen: Ein Erwachsener wählt das Thema, schreibt einen Text, und das Kind lernt ihn auswendig. Wer es ernst nimmt, macht es anders, so wie es früher wohl die Regel war. Der Junge wählt sich das Thema selbst und bearbeitet es im wesentlichen allein, mit vorbereitender Hilfe durch den Vater oder dessen Stellvertreter. Unser Sohn wählte, ohne sich lange zu besinnen, das Thema »Elternehrung«. Ein Vierteljahr lang lernten wir beide täglich mindestens eine Stunde einen Teil der Quellen zu dieser Vorschrift, von den Zehn Geboten an bis zum Chassidismus. In dieser für Uriel entscheidenden Zeit konnte sich die Schönheit des Judentums an seiner Wahrheit bewähren. Nun lehrt er schon selbst, zusammen mit seiner Frau, die eigenen Kinder. Die Kette, in die ich mich wieder eingefügt hatte, ist nicht abgerissen. Dafür bin ich dankbar.

Unterdessen hatte sich die jüdische Geschichte durch das Jahr 1933 verfinstert. Martin Buber bat mich, von meiner Lehrtätigkeit an der Hebräischen Realschule in Haifa ein Jahr Urlaub zu nehmen und ihm zu helfen, die jüdische Erwachsenenbildung im Nazideutschland auf neue, der kritischen Zeit gemäße Grundlagen zu stellen. Wir brachten nun dem vierjährigen Uriel, dessen Muttersprache Hebräisch war, etwas Deutsch bei. Als wir das erste Mal in einer deutschen Eisenbahn fuhren, war er plötzlich verschwunden. Ich fand ihn in einem anderen Abteil, in dem acht SA-Leute saßen. Er stand vor ihnen in eifrigem Gespräch. Sie fragten, wohl wegen seiner auffallenden Sprache, woher er denn sei. »Aus Palästina!« – »Wie bist du denn dahin gekommen?« – »Wißt ihr denn nicht? Der Herzl hat doch den Juden gesagt, sie sollen nach Palästina gehen und dort Bauern werden. Mein Vater war schon zu alt, da ist er nur Lehrer geworden.« Nach diesem akademischen Vortrag über die im Heiligen Lande geltende berufliche Wertpyramide nahmen wir ihn schleunigst wieder in unser Abteil zurück.

Die Aufgabe, die Buber sich selbst und seinen Mitarbeitern gestellt hatte, schloß die Umschulung jüdischer Lehrer ein, welche ihre Stellungen verloren hatten und für die vielen neuerrichteten jüdischen Schulen dringend gebraucht wurden, ohne aber darauf vorbereitet zu sein. Diese Zeit war eine der größten in Bubers Leben. Er war die lebendige Mitte der von ihm gegründeten und bis 1938, dem Jahr seiner Übersiedelung nach Palästina, geleiteten »Mittelstelle für jüdische Erwachsenenbildung bei der Reichsvertretung der Juden in Deutschland«. Die Gefahr, die damals für den deutschen Zionismus bestand, war, daß er plötzlich Mode wurde. Was bisher das Schwerste war, als kleine Minderheit innerhalb der jüdischen Minderheit gegen den Strom zu schwimmen, schien nun leicht geworden. Die Assimilation hatte ja offensichtlich unrecht behalten. Wir mußten den Sieg ausnutzen. Aber durften wir uns seiner freuen, wenn wir bedachten, wer unsere dämonischen Bundesgenossen sein konnten? Um die Abgrenzung von ihnen zu vollziehen, war ungewöhnliche Zivilcourage notwendig. Buber strömte sie zu aus seinem festen Glauben an die Auserwähltheit Israels, die er zu Recht nicht als ein Privileg verstand, sondern als einen besonderen Anspruch Gottes an das Volk, im Sinne des Prophetenwortes von Amos:

> »Euch nur habe ich auserkannt
> von allen Sippen des Bodens,
> darum ordne euch ich zu
> all eure Verfehlungen.« (Amos 3,2)

Wenn manche christliche Theologen, zum Beispiel Gerhard Kittel, die Judenverfolgungen der Nazis mit derartigen Bibelzitaten verteidigten, wies Buber sie in aller Öffentlichkeit mit Schärfe zurecht: es sei nicht Menschensache, Gottes Warnungen an Israel zu erfüllen. So sprach er nach außen. Nach innen aber mahnte und fragte er, zu gleicher Zeit und wiederum in voller Öffentlichkeit, wie folgt:

»Israel bedeutet: um einer Verbundenheit willen, in der unser Sein begründet ist, Gemeinschaft üben. Die Gemeinschaft zwischen Wesen und Wesen, zwischen Mensch und Mensch, auf die hin die Schöpfung erschaffen ist, lebensmäßig üben. Und das bedeutet heute: Unmittelbarkeit hüten in einer immer mittelbarer werdenden Menschenwelt. Der Selbstgerechtigkeit der Kollektivitäten gegenüber das Geheimnis der Beziehung wahren, ohne das ein Volk dem Eisestod verfallen muß.

Aber haben wir uns nicht selber auf den Weg begeben, eine selbstgerechte Kollektivität zu werden? Dürfen wir noch der Gnade gewärtig sein, den Urbund zu erneuern? Steht es uns noch zu, jene Einzigkeit zu vertreten? Vermögen wir noch den Kindern das Unerschütterliche sichtbar zu machen? Sind wir noch Israel?«

Der Titel dieses im Mai 1933 erschienenen Aufsatzes heißt »Die Kinder«. Aber die Frage »Sind wir noch Israel?« wandte und wendet sich an die Erwachsenen, an die Juden in allen Ländern und vor allem an die Juden im Lande Israel. Im selben Zusammenhang schreibt Buber:

Es »heißt nicht: einem völkischen Menschenbild reaktiv ein andervölkisches gegenüberstellen. Es heißt nicht: sagen, wir seien ›auch‹ ein Volk, wir hätten auch unsere Art, auch unseren Wert. Wir sind nicht ein anderes Exemplar der Gattung Nation, wir sind das einzige Exemplar unserer Gattung. Wir sind Israel. Heruntergekommen, preisgegeben, sind wir uneinreihbar geblieben.«

Es kann nicht wunder nehmen, daß die Zensur der Gestapo den so Redenden und Schreibenden immer genauer betrachtete. 1935 folgte dem vorangegangenen Redeverbot ein Unterrichtsverbot. Buber mußte seine Aufgabe in Deutschland als beendet ansehen und ging 1938 nach Palästina.

Da ich schon anfangs 1935 zurückgekehrt war, konnten wir erst jetzt unsere enge Zusammenarbeit wieder aufnehmen. Durch das gemeinsame Jahr im Nazideutschland war Buber endgültig mein wichtigster Lehrer geworden. Ich durfte versuchen, von jedem der drei großen Wegweiser ein zentrales Element seines Glaubens meinem eigenen einzufügen: Rosenzweigs energische Umkehr, Nobels gläubigen Zionismus, Bubers politischen Kampf um die Annäherung der jüdischen Volksgemeinschaft an die Idee der »Theopolitie« – so nannte er das Ringen um die größtmögliche Verwirklichung des »Königtum Gottes« auf Erden, vor allem beispielhaft durch das Volk Israel im eigenen Land. Unter normalisierten Bedingungen eines Staates auserwähltes Volk zu bleiben, vielmehr: zu werden, darin bestand seine ganz persönliche Gesetzestreue, sein praktisches Judentum.

Man hat oft gefragt, wie Buber, kaum der Nazidrohung entronnen und eben erst heimgekehrt, statt sich der größeren Sicherheit unter seinen Brüdern zu freuen, so schnell wieder die Rolle des unbarmherzigen Mahners aufnehmen konnte. Eben deshalb! Er wußte besser als jeder andere, daß die Deutschen ein Kulturvolk höchsten Ranges gewesen waren. Er hatte unmittelbarer als jeder andere erfahren, in welchen grauenvollen Abgrund eine große Nation fallen kann, wenn sie »das politische Prinzip« über alle menschlichen Grenzen hinaus treibt und den Staat vergötzt. Davor wollte er sein eigenes jüdisches Volk bewahren, das er liebte und um das er bangte. So war sein Patriotismus beschaffen. Aber er bewies ihn auch in konstruktiven Taten. Bald nach Gründung des Staates Israel (1948) gelang es ihm, die Regierung und andere öffentliche Institutionen dafür zu gewinnen, eine »Schule für Lehrer des Volkes« zu gründen. Diese Form der Erwachsenenbildung setzte sich das Ziel, den aus den Ländern der Levante und aus Jemen einströmenden Massen Pädagogen aus ihrer eigenen Mitte heranzubilden. Sie sollten nicht nur das Selbstbewußtsein der orientalischen Juden stärken, sondern auch ihre Milieufrömmigkeit, welche im neuen Milieu des modernen Israel so gefährdet war, mit historischen und gedanklichen Aspekten ihrer religiösen Tradition konfrontieren und stützen. Mit Hilfe des Physikers und Philosophen Gideon Freudenberg, damals Landwirt im Gemeinschaftsdorf Nahalal, der Buber weitgehend entlastete, konnte die Schule einige Jahre segensreich wirken.

Ich durfte auch hier gelegentlich mitarbeiten, aber mein eigentlicher Beitrag zur religiösen Erziehung in Israel gehört in den Rahmen der großen Einwanderungsbewegung jüdischer Jugend aus Deutschland und Zentraleuropa, der »Jugendalia«. Gegründet schon 1932 in Berlin von Recha Freier, wurde sie im Lande durch Henriette Szold aufgebaut und geleitet. Die amerikanische Rabbinerstochter und aktive Friedensfreundin nahm sich der Kinder und Jugendlichen aller religiösen und nicht-religiösen Richtungen an. Für die traditionell Eingestellten wurde eine besondere Regelung notwendig, da die meisten ländlichen Aufnahmezentren, Kibbuzim, Arbeitersiedlungen, Jugenddörfer, nicht traditionell geführt wurden. Die »Religiöse Arbeiterpartei« verfügte in ihren damals noch relativ wenigen Siedlungen nicht über genügend Plätze.

So mußten neue geschaffen werden. Frau Szold, persönlich religiös, aber als Leiterin des Gesamtwerkes zur Unparteilichkeit verpflichtet, stand uns ebenso taktvoll wie wirksam zur Seite. So konnten wir einige Jahre nach 1933 das erste »Religiöse Jugenddorf« in der Nähe von Haifa einweihen; andere gleichgerichtete Gründungen erfolgten später. Obwohl ich der »Religiösen Arbeiterpartei« nur für wenige Monate angehören konnte, aus ähnlichen Gründen, die mich seinerzeit vom Mädchenseminar trennten, ergab sich eine gute Zusammenarbeit. Doch war und blieb ich organisatorisch ein Einzelgänger. Mein Judentum ist gewiß nicht repräsentativ für das Judentum, aber ein vertretbares Judentum ist es wohl doch.

Im Jahre 1936 gründete Rabbiner Kurt Wilhelm die konservative, nämlich undogmatisch traditionelle Gemeinde »Emeth we Emuna« (Wahrheit und Glaube) in Jerusalem, der ich beitrat und bis heute angehöre. Sie hilft all ihren regelmäßigen Besuchern, den Sabbat würdig und freudig zu begehen. Ich durfte auch zweimal als Gastprofessor am Jewish Theological Seminary in New York und der University of Judaism in Los Angeles an der Ausbildung konservativer Rabbiner und Lehrer mithelfen.

Meinen politischen Platz fand ich, schon vor Bubers Einwanderung, in verschiedenen Organisationen für jüdisch-arabische Verständigung, an denen immer auch eine Minderheit religiöser Juden teilnahm. Heute bin ich Mitglied einer von Uriel Simon mitbegründeten und geleiteten politischen Gruppe, die innerhalb des gesetzestreuen Judentums gegen Chauvinismus und für Völkerverständigung eintritt. Sie heißt »Os we Schalom« (Kraft und Frieden), etwa im Sinne des Spinoza-Wortes, der Friede sei mehr als Waffenruhe, nämlich »Fortitudo magna animae«, eine große Tapferkeit der Seele. Diese Tugend fand ich auch in der linkszionistischen, doch nicht kommunistischen Partei »Scheli«, deren Name aus den Anfangsbuchstaben »Schalom le Israel« (Friede für Israel) gebildet ist. Zwei Abgeordnete vertreten uns im Parlament. Sie hat nur sehr wenige religiöse Mitglieder, aber diese Tatsache hinderte mich nicht, ihr beizutreten. Ich bin im Laufe meines langen Lebens immer mehr zu der Überzeugung gelangt, daß der Sache Gottes auf Erden manchmal besser als durch seine organisierten Anhänger durch seine Leugner gedient wird. Gegen ihren Willen sagen sie Amen.

Hilde Domin

Schriftstellerin, lebt in Heidelberg.
Geboren 1912 in Köln. Lange Jahre im Exil.
Trat besonders durch ihre Lyrik hervor.
Veröffentlichte u. a.:
Nur eine Rose als Stütze (Gedichte);
Wozu Lyrik heute? (Essay);
Von der Natur nicht vorgesehen. Autobiographisches;
Aber die Hoffnung. Autobiographisches.

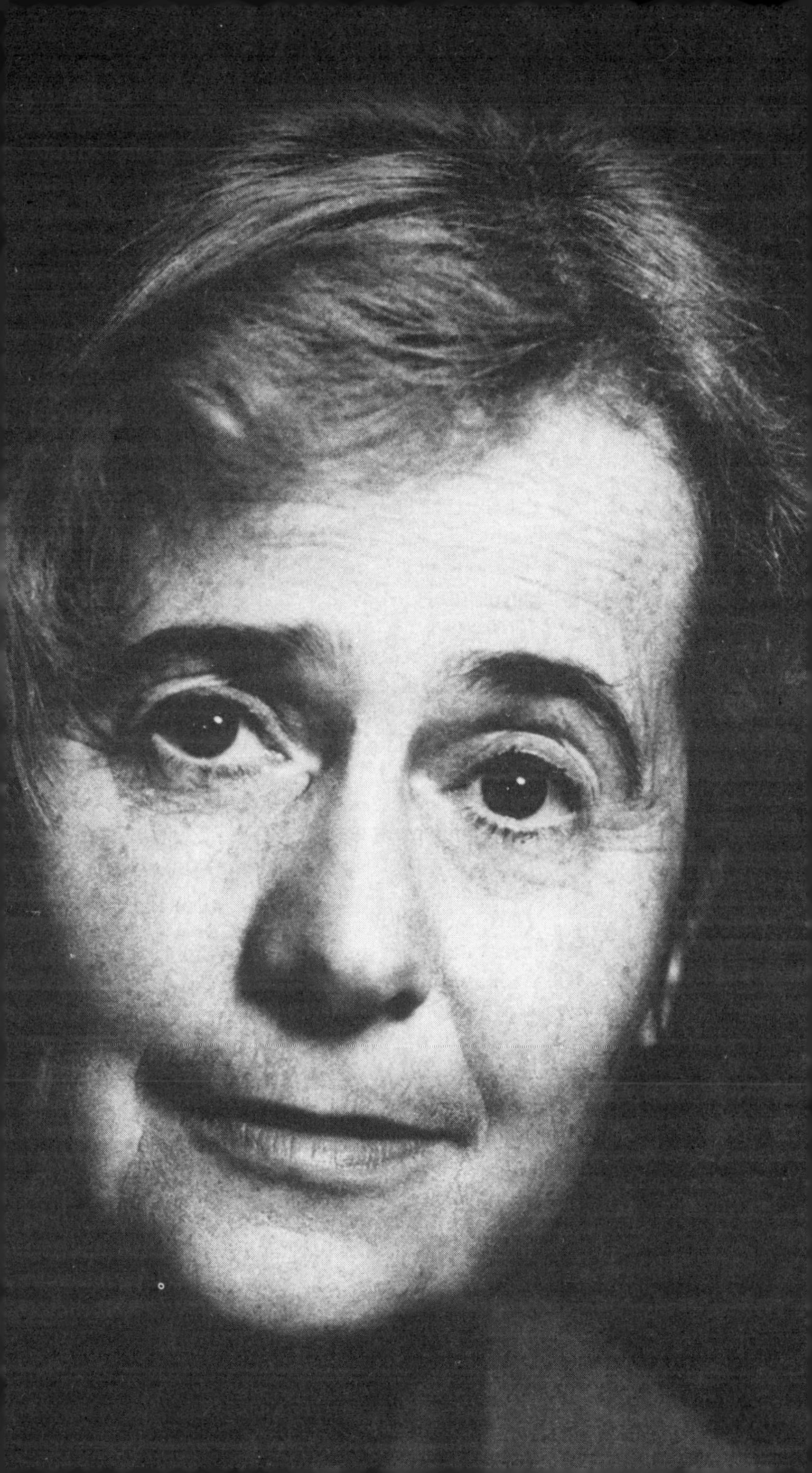

Sie sind nie wirklich gedemütigt worden«, schrieb jemand Marie Luise Kaschnitz, wie sie in »Orte« erzählt. »Ich denke aber nicht« – schreibt sie in diesem Zusammenhang –, »was alles ich hätte schreiben können, wenn ich proletarisch oder als Negerkind oder als Judenkind aufgewachsen wäre, sondern was hätte aus mir werden können mit einem Zentnergewicht von Anfang an.«

Sie fragen mich: »Wie ist es mit Ihrem Judentum, das heißt, wie haben Sie gelebt mit einem Zentnergewicht von Anfang an?« Ich bin ein emanzipierter Mensch, ein »befreiter«. Unter normaleren Umständen wäre ich gar kein Adressat für Ihre Frage geworden. Ich bin kein Glaubensjude, mache auf den Fragebögen an dieser Stelle einen Strich. Schon meine Eltern waren keine Glaubensjuden. Soweit mein Vater sich mit einem Juden identifizierte, war es Heine. Auf ihn war er stolz, als sei er ein naher Verwandter, beide ja Düsseldorfer. Auch Rathenau wurde genannt. Buber dagegen nie. Mit Erstaunen lese ich jetzt so oft, er sei für uns repräsentativ gewesen. Aus der Gemeinde waren meine Eltern sowenig ausgetreten, wie es die meisten Christen tun, die von der Religionsgemeinschaft ebenfalls keinen Gebrauch machen. Jüdische Feste und der jüdische Gottesdienst kamen in meiner Kindheit nicht vor, sondern nur Weihnachten, Ostern, Nikolaus: diese Kinderfeste, mit allem Zubehör, das Kinder glücklich macht. Dabei wußten wir von klein auf, daß wir Juden waren. Trotz des Religionsunterrichts blieb es ein unklarer, eben nicht gelebter Begriff, von dem mein Vater, von mir als Kind befragt, sagte, er bedeute ihm nichts. Er fühle sich nur als Deutscher. »Wieso«, sagte ich, ich erinnere mich noch, das Gespräch fand eines Abends statt, als er mir »Gute Nacht« gesagt hatte, er stand in der Tür meines Schlafzimmers. »Was bedeutet es denn dann?« Er hat es mir nicht erklären können, er wehrte meine Fragen – und ich war als Kind ein großer Frager – als für ihn unwichtig ab. Ich weiß noch heute, daß ich leer ausging.

Und war es denn leicht zu beantworten? Seither gibt es die harte Minimaldefinition: »Jude ist, wen Hitler dazu erklärt hat«: wem er, 1933, das durch die Jahrhunderte geschleppte Zentnergewicht, von dem ein solcher Mensch endlich zum Menschsein wie andere erlöst schien, erneut – und als sei es für immer und noch über den Tod hinaus – um den Hals gehängt hat.

Daß meine Eltern, entgegen dem Verhalten fast aller, schon

1933 mit Tapferkeit die Wahl trafen zwischen Armut im Exil und den Erniedrigungen zu Hause – ich selber war bereits 1932 gegangen, aber bei einem Studenten bedarf es dazu keiner Tapferkeit –, das ist mir noch heute ein Trost.

Ich lasse es aber nicht bei dieser Minimaldefinition des Juden bewenden, die mich zum bloßen Objekt machen würde in ihrer entmenschenden Sinnlosigkeit. Ich kann es nicht besser sagen, als wie ich es in einem »Offenen Brief an Nelly Sachs« vor Jahren formuliert habe. »Was ist ein Jude? Du Glückliche, Du glaubst«, schrieb ich ihr. »Aber wenn einer nicht den Glauben hätte? Du hast es für uns alle definiert: ›An uns übt Gott Zerbrechen‹, hast Du gesagt. ›Ein Jude ist genau wie die Anderen, nur alles etwas mehr‹, sagte Shaw sehr witzig, eine Definition, die sich ebensogut wohl auf die Deutschen anwenden ließe, aber doch nur in Grenzen richtig ist. (Die Dichter sind ›alles ein wenig mehr als andere‹, zum Beispiel ›Lebendiger‹, wenn Du willst. Von den Juden läßt sich das doch nicht so sagen.) Nur in dem also stimmt es: An uns wird etwas mehr ›Zerbrechen‹ geübt als an anderen. Exemplarischer wird es geübt, wieder und wieder, soweit das Gedächtnis des Abendlandes reicht. Bitte, mißverstehe mich nicht, ich glaube nicht, daß wir da sind, damit die conditio humana an uns auf offener Bühne wieder und wieder vollstreckt werde, stellvertretend und ohne Milderung, Lehrbeispiel eines Weltenlenkers, der unser als Demonstrationsobjekt bedürfte. Die Theologen sehen da manchmal eine Art höheres Programm. Ich sehe nur die Tatsache, die sehr irdische Tatsache, ich stelle sie fest: und mit Grauen. Wie man vieles mit Grauen ansieht, was geschehen ist und geschieht. Was einfach ›wirklich‹ ist. Den Juden ist häufiger und krasser die Rolle des *Ecce homo* zugefallen, aufgedrängt worden, als anderen. Historisch war es ihnen einfach nicht vergönnt, sich von diesem ihrem Sonderstatus zu befreien.«

Judesein ist, um es ganz deutlich zu sagen, keine Glaubensgemeinschaft für mich, keine Volkszugehörigkeit – »Ihr Volk«, sagt man manchmal zu mir –, natürlich keine Rassenfrage. Es ist eine Schicksalsgemeinschaft. Ich habe sie nicht gewählt wie andere Gemeinschaften, die dann zu Schicksalsgemeinschaften werden. Ich bin hineingestoßen worden, ungefragt wie in das Leben selbst. In das Leben hier in Deutschland, in diesem Jahrhundert, und als Kind meiner Eltern.

Von einer Schicksalsgemeinschaft aber, wie immer sie auch zustande gekommen sei, kann sich der emanzipierte Mensch, der »befreite«, nicht drücken, die menschliche Solidarität gehört unabdingbar zu seinem Credo, ohne sie wäre er nichts als ein Objekt der Umstände. Je bewußter emanzipiert einer ist, um so weniger kann er sich drücken. Wenn es hart auf hart geht, macht seine »Freiheit« ihn um so schutzloser, seine Rückzugslinien sind abgeschnitten, seine Feinde haben ein leichtes Spiel mit ihm. Seine Selbstidentifikation ist unablässig bedroht, muß dauernd ausbalanciert werden. Der emanzipierte Mensch muß daher seinen erwählten Grundsätzen treuer sein als andere, er schielt nicht nach Lohn oder Tadel wie der Jenseitsgläubige, wie der einer festen Religion, auch einer politischen Religion, Verbundene. Wenn er die Selbstachtung verliert, ist es ganz aus mit ihm. Mit seiner Zwangs- und Schicksalslage solidarisch zu sein (ohne sie wegzulügen, was eine andere Möglichkeit wäre), darin besteht das, was andere Zeiten die Menschenwürde nannten und was auch ich so nenne: das Unverlierbare, ohne das Leben sinnlos ist.

Deswegen beantworte ich die widerspruchsvolle Frage nach »meinem« Judentum und drücke mich nicht. Aber schon meldet sich in mir ein schlechtes Gewissen, weil ich sagte: »Sie haben mich nach diesem Zentnergewicht gefragt«, als sei es etwas nur Negatives. Im Augenblick, wo ich bereit bin, es zu stemmen und damit zu leben, wird es auch zu einer Quelle der Kraft. Ich verdanke diesem aufgezwungenen Schicksal Erfahrungen, die mir sonst fremd geblieben wären. Extremerfahrungen. Ich bejahe sie. Allerdings: »Ich habe Glück gehabt. / Deshalb bin ich noch da. / Aber in die Zukunft schauend erkenne ich schaudernd / wieviel Glück ich noch brauche«, sage ich hier mit Brecht. Die Mangelerscheinungen der Epoche, Erfahrungsdefizit, Gefühlsarmut, die große innere Leere, über die alle klagen, dagegen ist jemand wie ich gefeit. Nie kann er auch der Versuchung erliegen, für sich einen Logenplatz von der Historie zu fordern, er weiß sich mitbedroht im jeweiligen geschichtlichen Opfer, in jedem, dem Unrecht geschieht. Sich nur mit dem Täter zu identifizieren – dem oft als Richter auftretenden Täter, makabre Personalunion –, sich selbst aber nie als mögliches Opfer von anderer Tun zu begreifen, das führt zu dem Typ von Unmenschlichkeit, der heute Mode ist, gar nicht so unähnlich dem gehabten. Zweierlei Maß, schon wieder. Kehrseite: die Wehleidigkeit beim kleinsten Schlag, der zurückgeschlagen wird. – Als Jude weiß einer, daß er zum Lehrbeispiel des Menschen in seiner Hilflosigkeit gemacht werden kann, von einem

Atemzug zum nächsten. Darin ist er der direkte Erbe Jesu, ganz ohne Kirche und ohne Dogma: »von je gekreuzigt und verbrannt«.

Es ist ja auch nicht irgendeine Gemeinschaft, mit der zusammen dies exemplarische Schicksal zu tragen ist: Der Nichtglaubensjude befindet sich gleichwohl in die herrliche Zusammengehörigkeit mit – zum Teil – großartigen Menschen versetzt. Weinend fast sieht er den tragischen Kopf von Spinoza in der Reihe der Berufsphilosophen. Diese wissenden Augen sehen ihn an durch die Jahrhunderte, immer wieder. Spätestens seit den Bildern von Rembrandt, und bis hin zu Einstein. Als sei man in einen merkwürdigen Orden hineingeboren, aus dem man nicht austreten kann, und in dem einem eine besondere Art Bewährung abverlangt wird. Und in dem man jederzeit demonstriert bekommen kann, daß – ich zitiere das beängstigende Wort von Spinoza – der Mensch dem Menschen ein Gott ist. (Der Mensch dem Menschen ein Wolf, dies antike dictum, das sein Zeitgenosse Hobbes wieder aufnahm, klingt daneben geradezu beruhigend.)

Der emanzipierte Mensch wird also fast erdrückt von etwas, dessen sich zu schämen er doch keinen Grund hat. Und wie er zu dem Ganzen kommt, dafür bietet sich dem Nichtgläubigen keine Erklärung. Sicher ist, daß die Vertreibung die Emanzipation vom Judentum, auf das man doch schicksalsmäßig zurückgeworfen wurde, bei manchen praktisch noch beschleunigt hat. Im Exil suchten junge Menschen wie wir unsere Freunde frei aus: nach Neigung, nach Glück und Zufall. Die Familie, das Milieu, das dem Heranwachsenden ein Angebot von Altersgenossen macht, war ja zerstört.

Ich kann hier nicht verschweigen, daß meine Bereitschaft, die Frage öffentlich zu beantworten, unversehens Schiffbruch erlitt. Plötzlich stellte ich fest, daß in den siebzehn Jahren, die ich wieder in Deutschland lebe, mein Vertrauen zu meinen Mitbürgern gelitten hat. Es handelt sich durchaus nicht darum, ob und wieweit ein neuer oder auch militanter Antisemitismus in diesem Lande denkbar wäre (und er ist ja denkbar), es handelt sich um das Vertrauen und den Mißbrauch des Vertrauens schlechthin: den Dispens von Treu und Glauben, der das hämische Heruntersehen auf den anderen zum Code macht für jeden, der ein bißchen »in« sein will.

An diesem Punkte schon halte ich inne. Wie konnte ich in den schlimmen Jahren des Exils das Vertrauen zu den Menschen bewahren und es auch mit nach Hause bringen in dies Land, in dem unsagbare Furchtbarkeiten unter dem Schweigen und Wegsehen aller geschehen waren? Es ist eine Frage, die ich mir selbst nicht beantworten kann. Vielleicht hat mich das Glück der Rückkehr in das Land meiner Sprache, meiner Kindheit, also mein Land, blind gemacht. Ich war ja wie betrunken von so viel Wiedersehen. (Ich kann mir nicht vorwerfen, daß es der Empfang meiner Gedichte gewesen wäre, ich veröffentlichte nichts die ersten Jahre, es war kein literarisches Erfolgserlebnis, das mich bestochen hätte.) Sicher hat dabei eine Rolle gespielt, daß in der Rückkehr Freiheit war; im Gegensatz zu all den Fluchten und Exilen, Freiwilligkeit der Entscheidung. Die Rückkehr, nicht die Verfolgung, war das große Erlebnis meines Lebens. Ein Erlebnis von äußerster Zerbrechlichkeit. »Das Zuhause hat einem nicht wehzutun wie ein hohler Zahn. Das Zuhause ist da, und man fühlt es nicht. Wenn man es erst fühlt und betastet, wenn man es erst in die Hand nimmt wie eine zerbrechliche Kostbarkeit, die gleich hinfallen kann – die auch vielleicht schon einmal geleimt wurde –, ist es mit dem Zuhause vorbei. Es ist etwas, was man abgenommen bekommt. Wenn man Glück hat, bekommt man es wieder, aber es ist zuviel Erstaunen dabei, als daß es ganz wirklich wäre. Als müsse man dauernd »ich atme« denken. Das Atmen wäre dann ein Genuß. Das Trauma macht überempfindlich für die Freude«, schrieb ich hierzu in meinem Roman »Das zweite Paradies«, einem Rückkehrerbuch.

Das irrationalste Kriterium für das Zuhause ist vermutlich das Gefühl: Hier könnte ich sterben. Gerade wurde es mir in einer fast grotesken Weise wieder deutlich, als ich las, daß manche der nach Westdeutschland übersiedelten DDR-Bewohner ihre Asche vor der Küste der DDR ins Meer versenken lassen: eine Wasserbestattung, nahe der heimatlichen Erde. Hierzu läßt sich nichts Vernünftiges sagen, außer das es so ist. »Warm wie an dem Flackerherde / Liegt man in der deutschen Erde«, sagte Heine. »Hier könnte ich sterben. Das ist sicher. Am Main, am Rhein. Auch in Bayern. Ohne Widerstreben. Daran merkt man, daß man hier zuhause ist. Daran mehr als an allem«, schrieb ich in dem schon zitierten Rückkehrerbuch. Wie ich es mir vorgestellt habe, das lese ich am Schluß des ersten Gedichts, das ich, nach meiner Rückkehr, 1955 in Deutschland geschrieben habe:
»... eine kleine Kirche auf einem Hügel / mit einem einsamen

Kirchhof / winkt dir zu. / Du wägst ihren Gruß / wie eine Einladung, / die man eines Tages / – noch ungewiß, wann – vielleicht gerne / annehmen möchte. / Und daran erkennst du, / daß du / hier ein wenig mehr / als an andern Stätten / zuhaus bist.« Ohne die gerade gelesene Nachricht über das Seebegräbnis der DDR-Deutschen hätte ich dies Gedicht vermutlich hier nicht zitiert. Ich lerne daraus über mich, was mir bisher nie aufgefallen war: daß ich nicht an einen jüdischen Friedhof dachte oder vielleicht auch denke. Die Identifikation mit dem Judentum, so aufrichtig ich sie versucht habe, ist brüchiger geblieben, als ich es wußte. Dabei war doch die Frage, ob die jüdischen Toten in Ruhe liegen dürfen, eine entscheidende Frage bei meiner Rückkehr. Der unbehauste Tote, das nahm ich mir – unvernünftigerweise, wir bewegen uns hier außerhalb der ratio – noch radikaler zu Herzen als die unbehausten Lebenden.

»Wenn nur die Friedhöfe in Ordnung sind, dachte ich auf dem Schiff bei der Rückkehr. Immer dasselbe, wie in einer Narkose. Wenn ich mich an einen Grabstein anlehnen kann, dann kann ich bleiben. Sonst werde ich nie wieder heimisch werden. Immer dachte ich an die Gräber auf der Überfahrt. Der einsame Friedhof. Frieden. Die Toten haben wenig Besuch. Ihre Kinder sind alle ausgewandert. Oder selber tot. Als wir kamen, früh im Frühjahr, und die Steine von denen sahen, die da lagen, und von denen, die nicht da lagen, die nirgends liegen, aber doch da liegen, und über allem, über den Wegen und über den Gräbern, ein Gespinst, ein dichtes Gewebe von grünen Ranken voll winziger blauer Blütensterne, da sah ich, daß alle wohl aufgehoben waren, so natürlich aufgehoben, so zu Hause, daß ich die Angst verlor. Als ich die blaue Blütendecke sah, die niemand ausgebreitet hatte, aber die niemand wegnehmen würde, eine natürliche Decke, da begann ich die Menschen daraufhin anzusehen, ob ich wieder mit ihnen leben und wieder bei ihnen zu Hause sein könnte. Und dann konnte ich es. Es war ganz leicht, es kam ganz von selbst, als ich die Angst verloren hatte.« So schrieb ich über den Besuch des jüdischen Friedhofs in Frankfurt, 1954.

Ich gebe Ihnen ein konkretes Beispiel dessen, was ich meine, wenn ich von Vertrauensverlust seit meiner Rückkehr rede. Ich bleibe gleich beim Thema, aber es könnte jedes sein. Im Winter 1959/60, ich war damals in Madrid, trugen sich die ersten Friedhofsschändungen des Nachkriegs zu: jüdische Friedhöfe im Rheinland. Ich schrieb damals an Günter Eich und schlug vor, er und die Gleichgesinnten, also das neue Deutschland, mögen zum Protest sich den gelben Stern anstecken, und möglichst viele sollten, so stellte ich mir vor, mit dem gelben Stern gehen, zum Zeichen der Solidarisierung mit den geschändeten Toten. Eigentlich überlegte ich nur, wie man mit möglichst wenig Geld sofort diese Sterne herstellen könnte und wie man sie in Umlauf setzen würde. Eich schrieb zurück, ganz geteilt zwischen dem Entzücken für diesen Vorschlag und der praktischen Unmöglichkeit, dergleichen auszuführen. Er sei unglücklich, nicht selber die Idee gehabt zu haben, schrieb er, und doch, es sei total unmachbar.

War ich ein Kind etwa, als ich nach Deutschland zurückkam? Ich nahm die Bestürzung aller – oder doch derer, denen ich begegnete – ganz, ganz wörtlich. Ich traute es auch den Menschen damals zu, daß sie sich exponieren würden. Eich war realistischer.

Da alles so widersprüchlich ist in einem Leben wie dem meinen – Widersprüche, die sich nicht auflösen, sondern die bewußt ausgehalten werden müssen –, so hatte ich zwar ein solches Zutrauen zu dem neuen Deutschland, gleichzeitig aber fühlte ich mich in diesen Toten so verfolgt, daß ich unfähig war, auch nur den kleinsten Gegenstand für die möblierten Zimmer zu kaufen, die wir damals in Madrid bezogen hatten. »Sag dem Schoßhund Gegenstand ab / der dich anwedelt aus den Schaufenstern / er irrt / du riechst nicht nach Bleiben«, das schrieb ich in jenen Wochen. Sicher, ich war gleichzeitig krank vor Aufregung und doch voller Vertrauen, daß dies nicht einfach hingenommen werden würde. Ein sehr labiler Zustand.

Das liegt zurück, als läge es ein Jahrhundert hinter mir. Ich weiß, in diesem Lande regt sich niemand über das, was andern passiert, mehr als bis zum Abendessen auf. Um es einmal hart zu sagen, Aufregung existiert nur da, wo sie kanalisiert und als Prestige nutzbar gemacht wird: abstrakt. Ich weiß, ich tue dem und dem Unrecht, im ganzen aber ist es so. Nicht nur hier, aber hier sicher. Aufregung ist ein politisches Mittel, gilt nur dem Gesinnungsgenossen. Die Welt zerfällt in »Gerechte« und »Ungerechte«. Von beiden weiß man meist wenig außer diesem Etikett mit seiner Signalwirkung. Die »Polarisierung« hat Unmenschlichkeit wie eine Pest mitgebracht.

Friedhöfe werden jetzt allgemein geschändet, besonders die jüdischen. Täglich Gewalttätigkeiten, diese eine unter anderen. Man nennt das »Dumme-Jungen-Streiche«, selbst ich rege mich nur noch kurz auf. Ich habe es erlebt, daß eine Heidelberger Studentengruppe die Ermordung der israelischen Sportler in München auf einem Flugblatt feierte: eine sozialistische Gruppe. Ich hätte das für unmöglich gehalten, wenn es diese Vokabel in meinem Vokabular noch gäbe. Ich weiß, das sind Minderheiten, verschwindende sogar. Trotzdem wurde ich krank, ich bekam ein Fieber, und es ging nicht weg, ich legte mich in ein Erste-Klasse-Abteil, weil ich nicht stehen konnte, und verließ Deutschland für ein paar Wochen. Ich weiß nicht, ob es das ist, was Sie hier hören wollen. Niemand wird so etwas sagen außer mir. Sie haben mich aber gefragt, wie es ist, mit dieser Zentnerlast zu leben. Ich brachte dies nur zur Verdeutlichung, wie weit ich weg bin von dem Vorschlag an Günter Eich.

Ich nehme etwas ganz anderes. Soll ich Ihnen etwa erzählen, wie dem Kinde zumute war, das in einer katholischen Kirche im Hunsrück den Karfreitag erlebte? In Kirchen kam ich ja gelegentlich mit unserem Mädchen. In Synagogen nie. In dieser Dorfkirche erfuhr ich, daß Judas oder die Juden, aber es war dasselbe, Jesus verraten hatten. Das war ein furchtbarer Schmerz für mich, eine unakzeptable Mitteilung. Schreiend stand ich auf und lief, laut heulend, wie kleine Kinder es tun, den Mittelgang hinaus aus der Kirche, das entsetzte Mädchen hinter mir. Es muß ein merkwürdiger Anblick für die Bauern gewesen sein, denen ich wohl bekannt war, unser Mädchen war die Tochter des Dorfschmieds, zur Zeit der Pferde ein wichtiger Mann in dem Dorf. Ich habe Bedenken, Ihnen das zu erzählen, weil der gute Glaube bei uns so rar geworden ist, dieser gute Glaube, auf den jedes Bekenntnis – übrigens auch in hohem Maße die Poesie – angewiesen ist. Dabei, es ist ganz klar, wende ich mich an Sie und erneuere Ihnen das Vertrauen, jedem einzelnen, weil ohne Vertrauen der Mensch verstummen müßte, egal was er sagt.

Widersprüchlich wie alles ist, ich teilte auch Freunden mit, mein Vertrauen habe gelitten, und das hindere mich bei diesem Thema und vermutlich nicht nur bei diesem. Zu meinem Entsetzen sagten die Befragten sofort: »Ich kann Sie verstehen«, während ich noch den Atem anhielt, um das Gegenteil zu hören. Allenfalls sagte der oder der: »Tun Sie es trotzdem!«

Nur einmal noch habe ich übrigens ein solch verzweifeltes Protest-Exit gemacht, ich war schon auf dem Gymnasium: als ich Tollers »Hoppla, wir leben« sah und es nicht ertrug, Zeitgenosse zu sein – Kinder müssen heute ganz anderes verkraften, fast täglich, schrecklich die dicke Haut, die das macht. Führt diese Erinnerung vom Thema weg? Nur scheinbar. Ein Leben unter Abgebrühten, das Leben heute. Und unter Ausflippern, die um sich schlagen. Die einen wie die andern wollen es leicht haben, für sich selbst. Nicht zu hart auf die Probe gestellt zu werden, darauf ist der Mensch unserer Tage, der Mensch der Industriegesellschaft mit ihrer fatalen Medienherrschaft, noch mehr angewiesen, als es der Mensch ohnehin ist. Soviel Stehkraft kann gar nicht aufgebracht werden, wie einer sie heute braucht. »Auf die Probe stellen, aut die Probe gestellt werden«: das ist aber ein Stichwort für jeden, der »das Zentnergewicht von Anfang an« trägt. Er wird auf die Probe gestellt, unablässig, und er ist Prüfstein, und das ist noch weit anstrengender. Eben wegen des Vertrauens, das dabei strapaziert wird.

Ich gehöre gleich drei Menschengruppen an, die, jede auf ihre Weise, nur auf Widerruf freigesprochen sind und daher eine fatale Neigung zur Selbstrechtfertigung haben.

Ich bin Deutscher. Das ist mir streitig gemacht worden, das ist mir wiedergegeben worden, das habe ich in Wahrheit nie eingebüßt, ich bin ein Teil dessen, was man »das andere Deutschland« genannt hat, was aber mit der Rückkehr doch wieder eingemündet ist in das Land seiner Herkunft. Wenn ich aber diesen schäbigen Refrain: »Was sagt das Ausland von uns« zu hören bekomme, wie seit 1977 dauernd (»hält man uns wieder für autoritär«, »hält man uns noch für demokratisch« etc.), dann werde ich wütend gegen diese Sklavenmentalität. »Fragen Sie sich selber«, fahre ich den Sprechenden an, wer er auch sei. »Fragen Sie Ihr eigenes Gewissen, auf uns selbst kommt es an«, sage ich, und alle sind verlegen. Dabei ist es auch für mich kompliziert, oft bin ich gespalten, wenn ich »wir« sage. »Ihr seid die alten Nazis«, sagen die Italiener, die Franzosen jetzt oft – zu Unrecht – zu den Bundesdeutschen. Ich stehe für die Bundesrepublik gerade, ich distanziere mich nicht. Sage ich: „Die sind keine Nazis mehr«, sage ich: »Bei uns . . .«? Vermutlich sage ich: »Bei uns« und füge hinzu: »Ich war Verfolgter, Sie können mir glauben.«

Die zweite Gruppe, die virtuell auf der Anklagebank sitzt und zu der ich gehöre, sind die geistig tätigen Frauen. »Frauen sind wie Juden unter Nazis«, hat Virginia Woolf gesagt. »Frauen sind jüdische Neger«, formulierte es Sartre. Die Frau hat dagegen anzukämpfen, daß sie »the angel of the house«, »der Engel des Heims« zu sein hat, sagt Virginia Woolf. Das hindere die Frau am Schreiben. Gleichzeitig, neuerdings, hat sich die Frau gegen den Vorwurf der sexuellen Rächerin zu verteidigen. Kaum eine widerwärtige und unmenschliche Aktion, bei der nicht Frauen führend beteiligt sind. Kein Terrorakt ohne Terroristinnen. Das Wort »Emanzipation» bleibt einem im Halse stecken, es wäre verkehrt angewandt. Auf jeden Fall ist das Mitglied dieser beiden Gruppen, der Deutsche nach Hitler, die Frau im Zeitalter versuchter Selbstrealisierung, suspekt: auf Widerruf akzeptiert.

In noch höherem Maße gilt das für den Juden. Ist er anders als die andern, und wenn ja, wieso? Es ist viel für einen Menschen, gleich allen drei Gruppen anzugehören: Deutscher, Autorin, Jude. Es sind Gruppen, in denen jedes Mitglied sich fürchtet, wenn ein anderer seiner Gruppe einen falschen Schritt tut: Alle werden kollektiv haftbar gemacht.

Wenn diese Berichte über das Judentum versammelt sein werden, so wird eines sicher deutlich sein: Es wird das Christlichste sein, was weit und breit zu haben ist. Wird hier irgendeiner von Rache, von Vergeltung reden? Ich kenne nicht, was die andern geschrieben haben, aber ich bin sicher, es sind Zeugnisse des Leids und der Liebe, der Liebe zum Mitmenschen. Ja, aber Israel, wird man sagen. Einige der Mitarbeiter sind ja Israelis. Hier wird mir klar, und klarer als bisher, warum die israelische Regierung so heftig betont, es handle sich nicht um Vergeltung. Sie meint es ernst, und wer je in Israel war, weiß, daß dies kein Land ist, das von Rachegefühlen lebt. Die Israelis wollen am Leben bleiben. »Wenn ihr uns nicht lieben wollt, so müßt ihr uns eben fürchten«, denken sie und handeln sie. »Der Jude ist geduldig, er kann sich nicht wehren«, heißt es schon bei Shakespeare. Das widerlegt der Staat Israel, dazu wurde er gegründet. Um der Welt zu beweisen, daß die Zeit vorbei ist, in der Juden sich ohne Gegenwehr abschlachten ließen. Das wurde der Welt bis zum äußersten gezeigt, hier ist man mit Auschwitz an eine Grenze gekommen.

Ob der, der mit dem Rücken zur Wand sich zu verteidigen gezwungen ist, es immer richtig macht? Schlimm ist es, immer nur auf Widerruf, auf Bewährung akzeptiert zu sein. Sich dabei die geistige Freiheit zu bewahren, die jeder andere hat oder haben kann, das ist die eigentliche Aufgabe.

Als ich in dies Land zurückkam, um hier zu leben, da schrieben mir die ersten Leser meiner Gedichte: » Sie haben es nicht nötig, diesen Nachteil auf sich zu nehmen. Halten Sie geheim, daß Sie Jüdin sind. Ihre Gedichte spiegeln das Schicksal jedes Heimatvertriebenen wider, man wird Sie für einen Ostflüchtling halten.« Was ja in der Tat meine Leser vielfach tun. Ich habe das abgelehnt, diese Lebenslüge. Es ist wahr, ich sehe in dem jüdischen Schicksal nur den Extremfall des Allgemeinen. Das Besondere, der Grenzfall, wird ins Schicksalhafte sublimiert, vor allem beim Dichter. Er schreibt für alle. Auch für die Nichtgrenzbewohner. Er erlebt das Schicksal um einige Nuancen härter. Um so besser kann er die conditio humana, das, was alle trifft, verdeutlichen.

Vor etwa zehn Jahren, vielleicht auch mehr, passierte mir dies: Ein Student war per Anhalter aus Freiburg nach Heidelberg gekommen, er wollte mir seine Gedichte zeigen. Wenige Tage zuvor hatte ich in Freiburg gelesen. Wir sprachen davon, daß gerade eine Freiburger Studentenzeitung eingezogen und vernichtet worden war, die von der damals recht aktiven NPD mit nazistischen Einsprengseln gespickt worden war. »Diese armen Juden«, sagte mein Besucher, »sie tun mir so leid. Ich habe ja nie einen gesehen.« Ich fuhr mir durchs Haar, bewußt, wie unperfekt ich mich präsentierte. »Jetzt sehen Sie einen«, sagte ich. Was sah er da?

Ein paar Jahre früher – und beide Ereignisse sind für mich untrennbar – war ich mit dem deutschen PEN in New York. Jüdische Schriftsteller dort erklärten, sie seien nicht bereit, einem deutschen Autor die Hand zu geben. Ich erinnere mich, wie ich eine deutsche Autorin herbeizog, Ingeborg Drewitz, damals ein Neuling auf unserer literarischen Szene: »Hier haben Sie das unschuldige Deutschland. Sie ging mit achtzehn aus dem BDM. Sie hat an nichts mitgemacht. Was werfen Sie ihr vor?« Ingeborg Drewitz wurde über und über rot. Diese New Yorker Juden strahlten, glücklich reichten sie dem unschuldigen Deutschland die Hand: ganz erlöst von dem selbstauferlegten Zwang. Hernach ging ich zu Ingeborg Drewitz und bat um Verzeihung, wie konnte ich ihr das antun, ein Land zu sein statt ein Mensch. Daran dachte ich, als ich dem Freiburger Studenten sagte: »Jetzt sehen Sie einen«, das war vergleichbar.

Will ich heute noch in Deutschland beerdigt werden? Ich bin unsicher geworden. Vielleicht gar nicht beerdigt. Vielleicht will ich meine Asche verstreut sehen. Irgendwo in einem Wald über dem Neckar. »Sie sind verrückt«, sagte jemand, den ich in einer Krise darum bat. Ich habe ihn also doch gebeten.

Nicht müde werden
sondern dem Wunder
leise
wie einem Vogel
die Hand hinhalten

Das Wunder ist, für mich, konkret. Es besteht darin, nicht im Stich zu lassen und Nicht-im-Stich-gelassen zu werden. Das Wunder besteht auch darin, schreiben zu können: auf deutsch.

Samuel Bak

Maler, lebt in Tel Aviv und New York.
Geboren in Wilna/Polen;
verbrachte einen beträchtlichen Teil seiner Kindheit im Ghetto und im KZ;
1948 Ausreise nach Israel.
Vielbeachtete Ausstellungen in zahlreichen Städten Europas und Amerikas.
1977–1979 Retrospektiven in mehreren deutschen Museen.
Veröffentlichungen über Samuel Bak:
»BAK-Denkmäler unserer Träume« von Rolf Kallenbach;
»Samuel Bak. Ölbilder, Gouachen, Zeichnungen, Grafiken«.

Aus dem Fenster meines Ateliers sehe ich über das Rosenbeet und einige ziemlich kümmerliche Orangenbäume hinweg die Reihe von Zypressen, die mein Grundstück von dem meines Nachbarn trennt. Die Lücken zwischen diesen Zypressen geben hier und da den Blick auf den Tennisplatz meines Nachbarn frei.

Gelegentlich sehen wir seine vier Söhne mit ihren Kappen, ihren leicht beschnittenen Schläfenlocken und den um die Schulter gelegten Gebetsschals. Dieser Anblick hat etwas Rührendes, vielleicht sogar Unbeholfenes, denn diese vier jungen Männer werden in dem streng religiösen Haus unseres Nachbarn zu Rabbis erzogen: auf der festen Grundlage der Tradition, im Rahmen eines gewissenhaften, lückenlosen Erziehungsprogramms und unter einem Dach, unter dem es auf alle Fragen die zutreffenden Antworten gibt.

Wenn sie soweit sind, werden diese jungen Männer klipp und klar und ohne zu zögern erklären können, was es heißt, Jude zu sein, wie man sich als Jude zu verhalten hat und was sie unter »Judentum« verstehen ... Wie ganz anders war das in meiner Jugend: zu anderer Zeit und in gänzlich anderer Umgebung ...

Ich erinnere mich an unsere Wohnung im vierten Stock eines Mietshauses im nordpolnischen Wilna und sehe mich dort durch die Doppelfenster nach draußen schauen. Dort unten auf dem schneebedeckten Hof sehe ich silhouettenhaft Kinder spielen und sich mit Schneebällen bewerfen. Oder einen Schneemann bauen, wie man ihn aus Bilderbüchern kennt, mit einer Karotte als Nase und zwei Kohlenstücken als Augen. Ich durfte, wußte ich, bei diesen Spielen nicht mitmachen ... Ich gehörte zu einer anderen Gruppe von immer sauber gekleideten, wohlerzogenen Kindern, von denen man erwartete, daß sie mit den Kindern befreundeter Eltern spielten: auf Teppichen, in gutgeheizten Zimmern, in denen eben für diese Zusammenkünfte eine große Menge Spielzeug in äußerst bunten Kästen aufbewahrt wurde.

Ich wußte, daß die Kinder draußen »Gojim« und wir »anders« waren. Gewiß, wir sprachen die gleiche Sprache, wohnten im selben Haus, und unser Mädchen ging an ihren freien Tagen gewöhnlich mit diesen Kindern aus. Aber von uns hatten die meisten schwarzes Haar und dunkle Augen, während sie vorwiegend blond waren. Sie hatten zu Weihnachten einen Christbaum, und wir hatten zum Passah-Fest unsere Matzen.

Sonntags gingen sie mit ihren Großvätern und Großmüttern zur Kirche, wir jedoch nicht. Unsere Großväter und Großmütter redeten miteinander in einer seltsamen Sprache – »Jiddisch« nannten sie das –, weil wir nicht verstehen sollten, was sie unter sich besprachen. Ich vermutete irgendwie, daß *ihre* Großväter und Großmütter solch eine Sprache nicht kannten.

Die Ereignisse, durch die ich mit der Sprache meiner Großeltern vertraut wurde und die mich mit anderen Aspekten meines, wie man sieht, in der Kindheit nicht sehr klar umrissenen Judentums bekannt machten, trugen sich erstmals zu, als ich vier oder fünf Jahre alt war.

Danach wuchsen sich diese Ereignisse und Vorfälle zu einem Inferno aus, in dem ich, während unablässig Finger auf mich zeigten, als JUDE, JUDE, JUDE abgesondert wurde. Anschwellend erreichten sie ihren Höhepunkt mit dem Geratter von Maschinengewehren, dem Schreien von Kindern und dem ohrenbetäubenden Gebrüll der Gestapo, das mir durch Mark und Bein ging und bis zum heutigen Tage nicht in mir verstummt ist.

Daß ich Jude war, wurde mir nicht durch Erziehung oder familiäre Tradition bewußt, sondern durch tiefe seelische Erschütterungen, denen ich und andere um mich ausgesetzt waren, andere, die nicht wie ich das Glück hatten, heute darüber berichten zu können.

Aber ich will im »Pianissimo« beginnen . . .

Ich spüre noch die warme Hand meiner Mutter, die meine kleine Hand hielt. Es war ein schöner Wintertag mit einem rosa getönten Himmel. Der Schnee auf den Bürgersteigen taute, so daß die Pflastersteine allmählich sichtbar wurden. Die an den Bordsteinen aufgeschaufelten, schwärzlich verfärbten Schneehaufen ließen erkennen, daß der Winter seinem Ende zuging. Ich versuchte mit meiner Mutter Schritt zu halten und wollte doch gleichzeitig die mir selbst heimlich gestellte Aufgabe erfüllen, ja nicht auf die Ritzen zwischen den Pflastersteinen zu treten. Gott behüte, nur das nicht! Stellte ich mir doch vor, daß unter dem Gewirr dieser Ritzen ein unheimliches Schicksal lauerte und daß ich, wenn ich meinem Vorsatz nicht treu blieb und auf diese Ritzen trat, eine Lawine des Unheils auslösen würde.

Von meinem Kindergarten war es bis zu unserem Haus nicht weit. Der Weg führte am Benediktinerkloster und der Klosterkirche vorbei und dann durch eine Straße mit interessanten Läden zum Eingang unseres Mietshauses. Gewöhnlich begleitete mich eine junge Studentin, die bei uns im Haus wohnte und mich auf dem Heimweg beaufsichtigte. Sie ging, während ich im Kindergarten war, zur Universität, holte mich dann, einen Packen Bücher unter dem Arm, ab und ließ mir auf dem Rückweg völlige Freiheit, das geheimnisvolle Gewirr von Linien auf dem Pflaster zu untersuchen.

Mit meiner Mutter nach Hause zu gehen, war sehr anders. Es kam nur selten vor und war wie ein festliches Ereignis, voller Zauber und süßer Verwunderung. Bei einer dieser Gelegenheiten sprach die Lehrerin vorm Verlassen des Kindergartens mit meiner Mutter und betonte, was für einen guten Einfluß die junge Studentin auf mich ausübte. Meine Mutter hörte sich das mit der ihr eigenen Geduld an und war darüber glücklich und stolz.

Wir hatten fast schon unser Haus erreicht, als plötzlich, wie aus dem Boden gewachsen, ein verwahrloster Jugendlicher vor uns erschien. Breitbeinig, die Hände in den Hosentaschen, stand er herausfordernd da und schien nur darauf gewartet zu haben, uns anzurempeln und den Weg zu verstellen. Frech starrte er uns aus seinen wäßrigen Augen an. Plötzlich hörte ich ihn mir gellend ins Ohr schreien: »Zjid!« und spürte den warmen Klacks Speichel, den er mir ins Gesicht spuckte. Gleich darauf rannte er los und verschwand in der Menge der Passanten.

Bevor ich begriffen hatte, was passiert war, kniete meine Mutter schon vor mir, zog ein Taschentuch aus ihrer Handtasche und wischte mich ab. An den Ausdruck ihrer Augen kann ich mich nicht erinnern, weil sie vom Hutrand und einem sehr zarten Schleier verdeckt waren. »Ein widerlicher, ekelhafter Goy war das. Mit solchen Burschen haben und wollen wir nichts zu tun haben«, sagte sie zu mir.

Einige Tage nach diesem Vorfall nahm mich meine Mutter bei der Hand und führte mich zum Kindergarten. Aber diesmal zu einem anderen. Die Kinder dort sprachen nicht polnisch wie wir zu Hause, sondern jiddisch – jene Geheimsprache meiner Eltern und Großeltern. Und so wurde ich in den folgenden Monaten mit Hilfe der zweisprachigen Kinder und der neuen Lehrerin mit meiner neuen Sprache vertraut.

Einige Jahre darauf erzählte mir meine Mutter, dadurch, daß ich von jenem Jugendlichen ins Gesicht gespuckt worden war, hätte sie sich gezwungen gesehen, mir begreiflich zu machen, daß ich ein Jude sei. »Wenn dich jemand in Zukunft Jude nennt, sollst du wissen, was das bedeutet, mein Kind«, sagte sie.

Auf diese Weise fing alles an, in einem nicht ganz so prächtigen Kindergarten, doch mit den gleichen alten Märchen von Schmetterlingen und Zwergen, mit den Bausteinen, aus denen man herrliche Burgen bauen konnte, und mit einer Zauberlaterne, bemalt mit angstmachenden Bildern vom jiddisch sprechenden Rotkäppchen und dem Wolf.

Die Studentin aus Krakau lebte weiterhin bei uns und sorgte dafür, daß ich auch künftig so makellos polnisch sprach, wie ich es vor dem Besuch des neuen Kindergartens getan hatte.

Im Wohnzimmer meiner Großeltern stand ein riesiges Aquarium. Dieses achteckige Glasgefäß mit Felsattrappen und einem elektrisch hineingepumpten kleinen Wasserfall ruhte auf Bronzefüßen in der Form von krallenbewehrten Löwentatzen. Die tropischen, lautlos und anscheinend ziemlich gleichgültig diese verzauberte Welt durchgleitenden Fische waren von einer üppigen Unterwasserflora umgeben. Stundenlang wurden sie beluchst von einem grau gestreiften Kater, der wie alle Kater in Wilna Mourka hieß. Bereit, jeden Moment zuzuschlagen, balancierte er reglos mit erstaunlichem Geschick auf dem Aquariumsrand und schien sich dabei keineswegs vor einem möglichen Sturz ins Wasser zu fürchten.

Keine der aufregenden Zeitungsschlagzeilen, auch nicht die besorgten Briefe meines Großonkels aus Berlin und nicht einmal das Eintreffen der ersten Flüchtlinge konnten den Kater in seiner Anglerruhe und die Fische in ihrer Gelassenheit stören. Erst als Hitler in Westpolen eindrang und die Russen Wilna besetzten, geriet das Unterwasserleben im Haus meines Großvaters in Aufruhr. Ein russischer General beschlagnahmte die bürgerliche Judenwohnung, und unter den Dingen, die verstaatlicht wurden, war auch das Aquarium. Da es in den Augen meines Großvaters ein höchst wichtiger Gegenstand war, entschloß sich die Familie, es in die Wohnung meiner Eltern zu transportieren. Ich weiß nicht mehr genau, wie das vor sich ging, aber es muß enorm schwierig gewesen sein und wurde erst mit Hilfe verschiedener Experten geschafft. An eines erinnere ich mich freilich: an das Dienstmädchen, das die Glaswände mit grüner Seife abschrubbte und dabei die in mehreren Eimern herumspaddelnden, das blankpolierte Parkett mit Pfützen versehenden Fische mit mörderischen Blicken durchbohrte. Ich entsinne mich auch der langen Rohrleitung durch das Schlafzimmer meiner Eltern zum Korridor und von dort ins Eßzimmer. Ich weiß noch, daß mein Vater sich laut Gedanken darüber machte, ob der Fußboden wohl diese unglaubliche Menge an Wasser aushalten würde und ob nicht vielleicht eines Tages wir auf der Suche nach dem Aquarium in die Wohnung der Nachbarn unter uns gehen müßten. Und dann das sehr traurige Lächeln meiner Mutter und die Tränen in ihren Augen. Als sie dann wieder in ihrem Paradies waren, schienen die Fische glücklich. Aber es war nur der Auftakt zu einer wahren Tragödie. Als das Mädchen am anderen Morgen den Tisch fürs Frühstück deckte, sah sie die Fische bauchoben auf der Wasserfläche schwimmen. An den Resten von grüner Seife, die Gift für sie war, waren sie eingegangen. Niemand wagte meinem Großvater diesen Ausgang der Geschichte zu erzählen, und das Aquarium – eine Art schweigendes Warnmal angesichts bevorstehender Zeiten – blieb als nutzloser vereinsamter Gegenstand im Eßzimmer stehen.

Trotz allem nahm keiner dieses Orakel ernst . . . Hitler ging daran, die Welt *judenrein* zu machen . . . Mir wurde klar, daß diese Fische ein Sinnbild des Judentums waren . . . Aber vielleicht sollte man in Orakel nicht zu vieles hineininterpretieren . . .

Mein Großvater entdeckte die Katastrophe am Yom Kippur. Es ist der höchste jüdische Feiertag, an dem es diesmal meiner Großmutter gelang, ihren atheistischen Ehemann mit sich in die Synagoge zu nehmen. Es war ihm nicht gegeben, den ganzen Tag unter fastenden und betenden Menschen zuzubringen, und in dem Moment, wo die gesamte Gemeinde den Kopf mit ihren Gebetsschals bedeckte, schlich er sich davon, um sich in der Wohnung seiner ältesten Tochter, meiner Mutter nämlich, zu erholen.

Nie entging seine Flucht den wachsamen Augen meiner Großmutter, die ihn von der Frauengruppe her unter Kontrolle zu halten suchte. In dem schmerzlichen Bewußtsein, daß sie nun allein als Büßerin für die Sünden der Familie dastand, verschärfte sie ihre Gebete und ihr flehentliches Weinen. Mit großer Hingabe bat sie ihren Gott um Vergebung und Gnade.

Als mein Großvater an diesem Feiertag das leere Aquarium entdeckte, zeigte er nicht die Reaktion, auf die ich in meiner Angst gefaßt war. Möglicherweise hatten die Ereignisse des vergangenen Jahres, die Gerüchte von der Judenverfolgung in Deutschland, die Tatsache, daß er bei angeheirateten Verwandten wohnen mußte, die Angst vor der drohenden Zukunft und schließlich auch seine Betagtheit die Wichtigkeit dessen gedämpft, was für mich als Kind eine echte Katastrophe war.

»So möge denn dies ein Opfer für euer aller Wohlfahrt sein«, sagte er und ging zurück in die Synagoge. An diesem Tag ließ er sich, was er nie vorher getan hatte, von meinem anderen, meinem Großvater väterlicherseits, begleiten. In dieser Zeit kamen sich, erinnere ich mich, die beiden Großelternpaare sehr nahe.

Kurz nach der Besetzung Wilnas durch die Wehrmacht wurden meine beiden Großväter zum Wilnaer Ponari-Wald gebracht und dort zusammen mit anderen Juden erschossen. Am darauffolgenden Yom-Kippur-Fest wurden meine beiden Großmütter auch in diesen Wald gebracht. Sie waren zu alt für die Arbeit in den Lagern und wurden daher liquidiert. Das Fischopfer hatte nicht ausgereicht.

Vielleicht liebte Gott meine Großeltern nicht. Ich wußte allerdings nicht, was Gott eigentlich von den Juden erwartete, und ich war mir auch nicht darüber im klaren, ob sie Gott zu Gefallen genug getan hatten. Ich wußte, mit anderen Worten, sehr wenig über die jüdische Religion.

Später, im Ghetto, in dem wir, eingepfercht zwischen Mauern und Stacheldraht, in unvorstellbarem Schmutz lebten, machte ich einen Fluchtversuch: mit Hilfe von Büchern. Ich war acht oder neun Jahre alt und las, in eine andere Welt entführt, Stunden und aber Stunden. Auf diese Weise machte ich mich mit der Welt vertraut, die zum gleichen Zeitpunkt vernichtet wurde. Ich lernte das jüdische Dorf kennen, das Cheder (eine Schule, in der kleine Kinder in Religion unterrichtet werden), die Yeshiva und das Beit Midrash; Juden mit Bärten und Schläfenlocken; die kirchlichen Feiertage; die Kapitel der Bibel und die Geschichte der Juden im Land ihrer Vorväter und alle jene faszinierenden Geschichten um jene Vorväter.

Einige biblische Geschichten, besonders aus dem Neuen Testament, wurden mir von den Nonnen des nicht weit von unserem Haus entfernten Benediktinerklosters erzählt. Bevor ich ins Ghetto gezwungen wurde, hatten die freundlich gesinnten Nonnen mich monatelang im Kloster versteckt. Sie versprachen mir nicht nur, mich vor Leiden und Tod im Ghetto zu bewahren, sie verhießen mir sogar ein Leben nach dem Tod. Der Gott der Christen war offenbar gerechter und mächtiger als der Gott der Juden. Zu dieser Überzeugung kam man allein schon durch die furchtbare Strafe, die über die Juden verhängt worden war. Doch der Sohn Gottes, der Jude war wie ich, hatte auch schrecklich leiden müssen. In dem Kloster befand sich ein lebensgroßes, hölzernes, mit sehr natürlich wirkenden Ölfarben bemaltes Standbild. Gottes Sohn, blutüberströmt, der Rücken von tiefen, purpurroten Wunden zerschnitten, mit schweren Stricken an eine Säule gefesselt. Sein Leiden aber hatte einen Sinn; denn nachdem er von den Juden gekreuzigt worden war, hatte er das Heil in die Welt gebracht und mit ihm die Gewißheit, daß, wer immer zu ihm betete, auf Erlösung hoffen könne.

Im Ghetto hielt ich, während ich besessen die imaginäre Welt der Bücher durchwanderte, meine guten Beziehungen zum Gott der Christen aufrecht. Meine Mutter ermutigte mich noch dazu; denn ihrer Ansicht nach würde es keinen Schaden tun, wenn man wie ein Christ zu beten verstünde: im Gegenteil, vielleicht würde eines Tages eine gutherzige christliche Familie einen wohlerzogenen jüdischen Jungen bei sich aufnehmen, ihm so aus dem Ghetto heraushelfen und ihn vor dem ungewissen Geschick der Insassen bewahren. Mir war nicht klar, was hinter diesen Gedankengängen steckte.

Ich sah vor mir die Gestalt eines schönen Mannes mit goldenen Locken, sauber getrimmtem Bart und einer Dornenkrone, die sich in das Fleisch seiner Stirn grub. In seinem Gesicht drückten sich Verständnis und Fürsorge aus, und wenn nötig, war er bereit, Wunder zu vollbringen. Mehr noch: Wenn es ganz schlimm kam, war als Wohnort ein wunderschönes Paradies zu erwarten.

Ich weiß nicht, wer das Wunder vollbrachte und wie ausgerechnet uns – meiner Mutter und mir – das Los zufiel, verschont zu werden bei der Liquidation des Ghettos und der Arbeitslager und in den verschiedenen Unterschlüpfen, in denen wir uns während der deutschen Besetzung versteckt hielten. Wir gewannen das Leben, wie einer den Hauptgewinn in der Lotterie zieht.

Nach dem Krieg machten wir uns auf die Suche nach dem Bruder meiner Mutter, der Wilna schon vor dem Krieg verlassen und als Pionier bei der Gründung eines Kibbutz in Palästina geholfen hatte.

1946, als ich knapp dreizehn Jahre alt war und das »Bar Mizwa« bevorstand (vergleichbar der christlichen Firmung oder Konfirmation), suchte meine Mutter unter den *displaced persons* im Lager Landsberg nach einem Rabbi. Ich sollte in den Grundzügen des Judaismus unterrichtet werden, sollte lernen, am Yom Kippur zu beten und das Kaddisch vorzutragen an dem Tag, an dem sich der Tod meines Vaters jährte. Es fiel mir sehr schwer, diesem Unterricht zu folgen. Die Worte des Rabbi machten keinen Eindruck auf mich. Ich war erfüllt vom Zorn auf jede göttliche Macht. Daß solch eine Macht diese Welt lenkt und zugleich all das Grauen, das ich durchlebt hatte, zuläßt, ging über meinen Verstand.

Jesu Gesicht war zu diesem Zeitpunkt auf den Umfang einer von glitzerndem Tand gerahmten Bildpostkarte geschrumpft. Nur die Dornenkrone hatte noch ihre ursprüngliche Größe. Sie erinnerte mich an den Stacheldraht, mit dem man die Hände meines Vaters auf dem Rücken gefesselt hatte, als er wenige Tage vor der durch die Russen erfolgten Befreiung Wilnas erschossen worden war, was man feststellte, als man seine Leiche im Massengrab von Ponari fand.

Mir wurde gesagt, der Gott der Juden sei gestaltlos und habe kein Gesicht, er wäre manchmal ein brennender Busch und manchmal ein Geist, der, wie die alten Propheten, die Leute mit diesem Geist erfüllte. In den meisten Fällen war er ein Gott des Zorns und der Rache.

Die Liste meiner Einwände war lang . . .

Ich entschloß mich, dieser Sache den Rücken zu kehren . . .

Eine Art Waffenruhe . . .

Mit fünfzehn kam ich in den neu gegründeten Staat Israel und bekam im Rahmen des dortigen Erziehungsprogramms zum ersten Mal in meinem Leben eine Art geregelten Unterricht. Ich gewann ziemlich umfassend Einblick in die Grundlagen des jüdischen Glaubens und der jüdischen Geschichte. Ich wurde gewahr, daß der Dialog zwischen unserem Volk und seinem Gott sehr alt, sehr kompliziert war und sich praktisch bis in die Ewigkeit erstreckte. Ich entdeckte, daß unser Volk eine sehr vielschichtige Beziehung zu seinem Gott hat. Die Seelensuche mischt sich immer mit Liebe, der vorbehaltlosen Hinnahme seines Urteils, mit Verzicht und, manchmal, einem Protestschrei.

Schon in den biblischen Zeiten selbst fragten sich die Leute, warum die Gerechten zu leiden hätten, indes die Bösen sich ihres Lebens freuten. Sie suchten dafür eine Erklärung, aber eine Lösung ließ sich nicht leicht finden. Welche Botschaft hatte der Hiob der Bibel für die Hiobs unserer Zeit? Vielleicht war es besser, gar nicht erst auf eine klare Antwort zu dringen und nicht zu versuchen, die Mysterien dieser Welt mit unserem beschränkten Verstand zu erklären. Es ist schon viel, wenn die richtigen Fragen gestellt werden; die richtige Antwort finden zu wollen, kann sehr gefährlich sein.

1948 schien mit der Gründung des Staates Israel die Antwort gefunden auf die Leiden der Juden in diesem und den vergangenen Jahrhunderten. Eine neue Ära kam herauf.

Mit vielen Tausenden, die den Massenmord überlebt hatten, kamen wir in den neuen Staat – mitten hinein in einen Krieg aller Nachbarstaaten gegen Israel.

Als wir uns noch im Flüchtlingslager in Deutschland befanden, kam es unter den Flüchtlingen zu heftigen Diskussionen. Manche behaupteten, daß die durch die Nazihölle gegangenen Überlebenden nicht die Kraft noch den Mut hätten, die Kämpfe und Anstrengungen durchzustehen, die ihnen der jüdische Staat abverlangen würde. Diese Leute entschlossen sich daher, in die USA oder nach Frankreich zu gehen. Einige wenige wollten in Deutschland bleiben. Andere wieder, darunter meine Mutter, meinten, daß nur der jüdische Staat uns ein Leben ohne die Notwendigkeit garantieren könnte, unser Judentum zu rechtfertigen oder Erklärungen darüber abgeben zu müssen, und daß wir, was uns gewiß kein anderer abnehmen würde, uns nur in diesem Staat selbst verteidigen könnten. Nur in einem auf solchen Prinzipien gegründeten Staat wäre die Rehabilitation derer, die den Massenmord überlebten, sichergestellt.

Vor unserer Reise nach Israel heiratete meine Mutter ein zweites Mal. Mein Stiefvater war Überlebender aus dem Konzentrationslager Dachau und hatte im KZ Mauthausen seine Frau und seine beiden Töchter verloren. Die Hoffnung meiner Mutter auf seelische Gesundung meines Stiefvaters erfüllte sich nicht. Er war sehr zartfühlend, empfindsam und intelligent, und so war etwas in ihm unwiederherstellbar zerbrochen. Kaum eine Nacht, in der er nicht auffuhr aus seinen Alpträumen und uns mit seinen Schreien weckte. Diese Alpträume verfolgten ihn bis zu seinem Tod. Und als ich ihn auf seinem letzten Weg begleitete, wußte ich, daß er seit über fünfundzwanzig Jahren zum ersten Mal tief und friedlich schlief.

Als ich nach Israel kam, hielt ich mich an die allgemein befolgte Devise, so normal wie möglich und ganz wie im eigenen Lande zu leben. Irgendwelche Gedanken über mein Judentum machte ich mir nicht. Ich versuchte zu leben, wie meine Freunde es taten, von denen die meisten in Palästina geboren worden waren, weit weg von den Erschütterungen, denen meine Kindheit ausgesetzt war.

Ich besuchte die Oberschule ... die Kunsthochschule ... absolvierte meinen Wehrdienst. Danach ging ich zur Kunstakademie nach Paris, wo ich zur Kolonie israelischer Studenten gehörte. Wie alle Ausländer hatten wir sehr wenig mit Franzosen zu tun und auch mit den in Paris lebenden Juden außerhalb der Kolonie wenig Kontakt. Beziehungen mit ihnen aufzunehmen war problematisch. Sie, die nicht aus eigenem Recht »unter Christen lebten« und nur von den Franzosen geduldet wurden, erkannten wir nicht voll an. Durch die israelischen Pässe, die wir bei uns trugen, fühlten wir uns überlegen und entwickelten eine gewisse Arroganz. Und wußten doch, daß diese Juden, wenn irgend etwas passierte, die einzigen Leute waren, an die wir uns hätten wenden können.

Diese Einstellung hat sich im Laufe der Zeit geändert. Wir sind durch das Feuer des Sechs-Tage-Krieges gegangen. Selbst den in Israel Geborenen fuhr in dieser aufwühlenden Zeit die Angst vor der drohenden Vernichtung in die Knochen. Die Bevölkerung anderer Länder schien besorgt und mit uns zu sympathisieren; aber die meisten Politiker reagierten zurückhaltend und hielten sich heraus. Die arabische Propagandamaschine verkündete, die Juden würden ins Meer geworfen. Der Geruch von Gaskammern und der Rauch von Verbrennungsöfen lagen in der Luft.

Das wunderbare Erwachen des Weltjudentums machte vor keinen Grenzen der Religion oder politischer Ideologien halt. Alle zeigten sich, obwohl die Mittel dazu sehr beschränkt waren, bereit zu kommen und zu helfen. Einen Unterschied zwischen »Israelis« und »Juden» gab es nicht mehr, es gab nur das eine gemeinsame Schicksal, in das sich alle teilen wollten.

Ungefähr ein Jahr, nachdem meine Frau und ich uns entschlossen hatten, nach Israel zurückzugehen, brach der Sechs-Tage-Krieg aus. Bis 1966 waren wir in Rom gewesen, wo ein

Vertrag mit einer Kunstgalerie uns ein recht angenehmes, gutes Leben ermöglichte. Das Rom von damals war anders als das heutige Rom. Es war eine vergleichsweise ruhige Stadt, der Verkehr erträglich, und gelegentlich fanden wir sogar einen Parkplatz für unseren Wagen. Den feuernden Pistolen und den Bomben, deren politisch motivierte Aktivität sich heute in den Straßen Roms abspielt, waren wir nicht ausgesetzt.

Wir entschlossen uns, Rom zu verlassen, weil wir uns hier als Fremde, als irgendwie »anders« fühlten, und das, obwohl meine Frau, die von sephardischen Juden abstammt, in Rom geboren worden war, ich mittlerweile sprachlich gut zurechtkam und wir überdies in einem kleinen Freundeskreis warmherzige Aufnahme gefunden hatten.

Aber da gab's eben die »Posen« in einem theatralisch aufgemachten Alltagsleben, die pathetische Zurschaustellung der italienischen »bella figura«, die große Kluft zwischen dem erklärten Glauben und seiner Anwendung im praktischen Leben. Vor allem aber die durchgehende Gleichgültigkeit und die nicht überbrückbare Entfremdung und schließlich die tiefe Verzweiflung, die unter einer sehr dünnen Firnisschicht von Dolce vita spürbar war . . . All das war uns leid, und wir wollten weg. Wir hatten mittlerweile zwei Töchter, und die sollten nicht in einer solchen Umgebung aufwachsen.

Israel ist sicher nicht frei von den weltweiten Krankheitssymptomen der heutigen Zivilisation, dennoch fühlten wir uns hier von einer Atmosphäre umgeben, die uns auf Anhieb zusagte. Hier fand man noch eine gewisse Schlichtheit und unverstellte Direktheit in den Beziehungen zwischen den Menschen. Uns schienen auch die im täglichen Zusammenleben gültigen Wertmaßstäbe vernünftiger, klarer. Besonders wichtig war natürlich das von allen geteilte Gefühl, eine Gemeinschaft, eine große Familie zu sein, ein Gefühl, das innere Kraft gibt und zu Begeisterung befähigt.

Meine ständig wachsende Anteilnahme am jüdischen Schicksal und an der Geschichte des jüdischen Volkes fand ihren Ausdruck in meiner Arbeit, nicht in simpler Illustration, sondern in der Suche nach Symbolen, die ich absichtlich so wählte, daß sie leicht verständlich waren und sich mitteilten: die Welt, die vernichtet wurde; die Wiederherstellung dieser Welt, wenn auch mit traurig stimmenden, unzureichenden Mitteln; der Versuch, die Erinnerungen in den Griff zu bekommen, denen wir ständig ausgesetzt sind; der Wunsch, die vergangene

Wirklichkeit neuzuschaffen. Alles dies ist gegenwärtig in den Landschaften, den Stilleben und den Figurengruppen.

Das Interesse an meiner Arbeit nimmt kontinuierlich zu. Auch jenseits der Grenzen meines Landes, was jährlich viele Auslandsreisen mit sich bringt und längere Atelieraufenthalte in anderen Ländern. Aber immer bewegt mich die Freude auf den Moment, wo die Maschine auf israelischem Boden aufsetzt und die El-Al-Hostessen uns bitten, angeschnallt zu bleiben, bis das Flugzeug zum Halt kommt. Gleich darauf ertönt etwas kratzig Musik vom Band, und ein Chor singt: »Hevenu Shalom Aleichem.« Ein erhebendes Gefühl teilt sich dem Herzen mit, das in Worten nicht ausdrückbar ist . . . Ein, zwei Tage später, im Strudel der alltäglichen Betriebsamkeit, verklingt es.

Während der vielen Jahre, die ich nun als Künstler tätig bin und mich dabei entwickelt und einen gewissen Reifeprozeß durchgemacht habe, hielt ich mich bisher bewußt zurück und vermied jeden Kontakt mit Deutschem und den Deutschen. Das Angebot verschiedener Galerien, meine Arbeiten auszustellen, lehnte ich ab und weigerte mich auch, interessierte Sammler zu empfangen. Diese Einstellung entsprang nicht dem Wunsch, den Deutschen meinerseits so etwas wie Kollektivschuld vorzuhalten. Ich bin nicht der Typ, der simplifizierend eine solche Behauptung aufstellen würde. Ich wollte nur nicht, daß alte Wunden, die, wenn auch nicht ganz, geheilt waren, aufbrachen. Die Narben bleiben und werden nicht verwachsen.

Eine Wende trat ein, als ein deutsches Ehepaar, das uns später zu nahen Freunden wurde, mich drängte, mein Werk in Deutschland auszustellen und dann auch selbst dorthin zu kommen. Die Gründe, die meine Freunde vorbrachten, waren ehrlich gemeint und überzeugend, und ich fand den Mut, auf ihr Angebot einzugehen. Zu diesem Zeitpunkt nahm ein von Schwierigkeiten begleiteter Prozeß seinen Anfang, dessen Ausmaße ich, als ich die Herausforderung, mein Werk in Deutschland auszustellen, annahm, nicht übersah. Dieser Prozeß brachte, jenseits allen beruflichen Erfolges, eine tiefe, gefühlsbeladene Verzweiflung mit sich und löste am kritischen Punkt eine Entwicklung zu neuer Reife aus.

Das Interesse an meiner Malerei wuchs. Einer Sendung im deutschen Fernsehen, in der meine Werke gezeigt wurden, folgten Interviews und Besprechungen in Zeitschriften. Ein Buch über meine Arbeiten war in Druck, ich wurde von vielen besucht, von denen einige gute, aufrichtige Freunde wurden.

Während alles das geschah, fühlte ich mich von bestimmten Bildern aus der Vergangenheit so heftig bedrängt, daß ich weder am Tage noch in der Nacht Ruhe vor ihnen fand: Ich sah mich selbst, bis auf die Haut von Regen durchnäßt, in einer endlosen Prozession von Menschen, die ins Ghetto getrieben wurden; hatte die Verstecke vor Augen, in denen wir hausten; meine Mutter und mich sah ich, wie wir unter fallenden Bomben durch Straßen rannten, die übersät waren von den Leichen von Soldaten und Zivilisten.

Am Morgen, wenn die aufgehende Sonne unser Schlafzimmer mit ihren Strahlen streifte und die Luft vibrierte vom Gesang der in unseren mächtigen alten Olivenbäumen lebenden Vögel, und unmittelbar vor dem Zeitpunkt, zu dem das Radio mich auf dem laufenden halten würde mit allem, was um mich in der Welt geschah – dann war ich *dort* unter diesen Bildern.

Eines setzte mir ganz besonders zu, eine Szene, die sich in dem Arbeitslager zutrug, in das ich nach der Liquidierung des Ghettos gebracht wurde: Über dem Morgen lag ein schwerer, bleierner, dunkler Himmel. Durchdringendes, schrilles Pfeifen, durchsetzt vom dumpf knarrenden Geräusch heranfahrender Lastwagen und dem Gebrüll der Gestapo, zerriß die Luft: »Die Kinder! Die Kinder! Alle Kinder raustreten auf den Hof! Sie kommen woanders hin! Beeilung! Was trödelt ihr da rum!« Meine Mutter sieht mich ausdruckslos an. Das ist das Ende, weiß ich. »Ich bleib bei dir; wir bleiben zusammen.« Sie nimmt mich an die Hand, bewegt sich sehr langsam auf die Tür zu, die auf den großen Platz hinausführt. Da drängen sich Offiziere, Soldaten, Frauen und Kinder. Furchtbares, gellendes Geschrei. Plötzlich stellt sich eine Frau, die befreundet ist mit meinen Eltern, in den Weg und blockiert die Tür. »Was hast du vor? Bist du wahnsinnig?« Meine Mutter erwidert: »Ich kann nicht mehr; ich will's endlich hinter mir haben . . .« Sekunde um Sekunde verrinnt. Soldaten stoßen die Menge vor sich her. Die Frau packt meine Mutter am Arm und drängt sie mit aller Kraft zurück in den Korridor. Wir beginnen zu laufen, stürzen in einen der Räume. Plötzlich greifen sie mich, schieben mich unters Bett und decken mich mit Lumpen und Stoffetzen zu. Die Tür wird von draußen geschlossen, einige Männer verrammeln sie mit alten Matratzen, kaputten Bettgestellen, Holzplanken und anderen Gegenständen. Undeutlich erkenne ich in meiner Nähe noch drei Kinder. Wir rühren uns nicht.

Der Lärm draußen schwillt an zu einem von Schluchzen und

herzzerreißendem Weinen durchsetzten Heulen, übertönt von Pistolenschüssen und dem Geratter von Maschinengewehren. Ich verkrieche mich in mir selbst. Ich weiß, daß die Kinder, mit denen ich noch gestern spielte, nicht mehr da sind. Wie lange muß ich noch zusammengekauert unter diesen stinkenden Lumpen liegen?

Hier aber lag ich in einem bequemen Bett, in einem schönen, von einem voll erblühten Garten umgebenen Haus. Die aus der Vergangenheit kommenden Stimmen schwemmten herein auf der entsetzlich lastenden Schuld denen gegenüber, die nicht mehr waren. Wieso war ich vom Schicksal begünstigt, warum verschont worden? Schließlich waren wir doch alle zum Tode verdammt.

Und ihr, meine lieben Freunde aus meiner Kindheit, deren Andenken ich auf zahllosen Leinwänden lebendig zu erhalten versuche, die ihr weiter in mir und im Geist und im Herzen der anderen Überlebenden gegenwärtig seid, bitte, helft mir, dem Leben heute aus der fortdauernden Wirklichkeit unserer gemeinsamen Tage standzuhalten. Heute mehr denn je. Und verhelft mir zu dieser Wirklichkeit so, daß euer Opfer nicht ohne Sinn gewesen sein möge.

Ich fühle die Notwendigkeit, mich zu erinnern und es auf mich zu nehmen, Zeugnis abzulegen von den Dingen, die damals geschahen. So daß den Menschen heute und denen morgen ein ähnliches Grauen hier auf Erden erspart bleibe.

Vor einem Monat, während eines Aufenthaltes in Paris, ging ich zum Louvre und sah mir die zu Ehren des neunzigjährigen Chagall veranstaltete Ausstellung an. Was für ein Jammer, daß die Franzosen statt einer umfassenden Rückschau auf das Werk eines der größten Künstler unseres Jahrhunderts nur das Spätwerk zeigten – Bilder, die in den letzten zehn Jahren entstanden sind, in traurigen Jahren, in denen das Alter an einem lange gelebten Leben Rache nimmt. Die Bilder brachten nur einen schwachen Abglanz dessen, was Chagall in seinem langen, fruchtbaren Künstlerdasein geschaffen hat. Vor ihnen standen in Gruppen japanische, holländische und italienische Touristen, stießen sich und wurden gestoßen im Gedränge um ihre laut kommentierenden Führer. Es war wie der Turm zu Babel, der dort vor den Erinnerungen an eine jüdische Welt stand. Chagall übt eine ähnliche, von Fremdem ausgehende Anziehungskraft aus wie Notre Dame.

Wenige Tage zuvor war ich, um einen Vortrag über Kunst zu halten, in einem Militärlager gewesen. Beim gegenwärtigen Stand der Dinge werde ich nicht zu Reserveübungen eingezogen, sondern mache Dienst, indem ich verschiedene außermilitärische Funktionen ausübe. Dazu gehört es, den Soldaten in Lagern gewisse kulturelle Dinge nahezubringen. Ich war gebeten worden, einen Vortrag über Chagall zu halten. Am Bus-Terminal von Beersheba traf ich mit dem Soldaten zusammen, der mich zum Lager bringen sollte; er war groß, trug eine Brille und eine Art Hippie-Bart. Der Fahrer unseres Jeeps war ein über vierzigjähriger Reservist mit einem enormen Bauch. Nach etwa einer Stunde wurde es dunkel. Ein scharfer, kalter Wind blies durch die Ritzen im Segeltuchverdeck unseres klapprigen Jeeps und drang uns durch unsere Anoraks bis auf die Knochen. Im dunklen Lager irgendwo auf einem Kliff am Hochufer des Toten Meeres erwartete uns eine Gruppe von Soldaten. Auch einige uniformierte Mädchen waren dabei, die über ihren warmen, farbenfreudigen Schals interessiert herschauten. Außerdem Dienstpersonal wie Fahrer und Köche – alles andere jedenfalls als eine Versammlung von Intellektuellen. Sie standen in ihren Mänteln eng beieinander und stampften mit den Füßen, um sich warm zu machen. Einige rauchten Zigaretten, alle aber strömten in der Kälte eine Dunstwolke aus. Wir begaben uns in eine Wellblechbaracke. Enttäuschung machte sich breit, weil man sich wohl auf ein Unterhaltungsprogramm gespitzt hatte. Und da stand ich nun mit meinen Farbdias und sollte über Kunst reden. Lähmende Kälte zog vom Zementfußboden in die Beine. Ich knipste den Projektor an. Auf die an einem Landkartenständer aufgehängte weiße Leinwand platzten wie ein Feuerwerk die festlichen, freudig prangenden Farben der Chagallschen Zauber- und Märchenwelt. Die phantastischen Dächer eines farbenfreudigen Witebsk, Blumensträuße, schwebende Liebespaare, gefallene Engel, Gestalten aus der Bibel – alles in warmen, glühenden, brennenden Farben, und hier nun in der Baracke am Toten Meer breitete sich der Himmel von Witebsk, von Paris und Südfrankreich aus.

Nur wenige der Zuschauer hatten vorher von Chagall gehört, vielleicht irgendwo Reproduktionen gesehen. Ich erzählte ihnen von seinem Leben, seinen Wanderjahren, von seiner Kunst. Allmählich faßten sie Interesse, und ich konnte an ihren Gesichtern erkennen, daß der Funke übergesprungen war.

Die kleine Stadt, die Chagall gemalt hat, existiert nicht

mehr. Wie die Welt meiner Großeltern ging sie in Flammen auf. Es sind nur Erinnerungen, die in den Bildern Leben gewinnen – Liebe drückt sich in ihnen aus und Sehnsucht. Aber etwas anderes ist geschehen: Die Welt Chagalls ist in anderer Gestalt wiedererstanden. Der wandernde Jude, der über den Dächern von Witebsk davonzog, lebt heute in Haifa und Beersheba, in den vorüberpromenierenden Liebespaaren auf den Straßen von Tel Aviv, und die vor den Flammen geretteten Schriftrollen der Thora werden heute in den Seminaren von Jerusalem und Sfad bewahrt. Die robusten Männer in ihren beschmutzten Khakiuniformen tun hier ihren oft einförmigen Dienst, um uns alle zu verteidigen und zu schützen, und sind ebenfalls Teil dieses Wunders einer Wiedergeburt.

Dies ist die Welt, in der zu leben ich mich entschieden habe und die aus mir gemacht hat, was ich heute bin. Ein Jude zu sein bedeutet heute, teilzuhaben an einem Kampf um das Überleben. In einer Bindung zu leben, eingefügt in ein gemeinsames jüdisches Schicksal – in etwas, das mir immer größer schien als alles Individuelle –; in ein Schicksal, das uns jenseits unserer persönlichen Wünsche zubestimmt scheint und vor dem es – mit Gottes Hilfe oder ohne sie – kein Entrinnen gibt. Dieses Schicksal habe ich lieben gelernt. Und ich habe gelernt, aus diesem Schicksal Kraft zu gewinnen.

Aus dem Englischen übersetzt von Kurt Heinrich Hansen.

Michael Landmann

Professor, lehrte Philosophie an der Freien Universität Berlin.
Geboren 1913 in Basel; gestorben 1984 in Haifa.
Zahlreiche Veröffentlichungen, u. a.:
Das Tier in der jüdischen Weisung;
De homine – Der Mensch im Spiegel seines Gedankens;
Jüdische Miniaturen.

Mein Vater stammte aus Lemberg. Er war Professor der Nationalökonomie in Basel, zuletzt in Kiel. Meine Mutter, aus Berlin gebürtig, gehörte zu den ersten Frauen, die doktorierten, und machte sich als philosophische Schriftstellerin einen Namen. Meine Eltern gehörten zum engeren Freundeskreis des Dichters Stefan George. Meine Mutter war eine besondere Liebhaberin der griechischen Dichtung und Philosophie. Mit den Griechen, mit der Götterwelt Homers und der Weisheit der Vorsokratik, mit Dante und Shakespeare, mit Goethe, Schiller und Hölderlin, mit geistesgeschichtlicher Betrachtungsweise wuchs ich, der 1913 in Basel Geborene, auf.

Jüdische Religionsübung existierte in meinem Elternhaus nicht einmal in Relikten. Andererseits bestand kein jüdischer Selbsthaß, wie ich ihn zu meinem Befremden in manchen anderen assimilierten Familien kennenlernte. Es gab Juden, die ihr Judentum zu verschweigen, zu verheimlichen, zu verleugnen suchten (wie Rudolf Borchardt, mit dem meine Eltern *vor* George befreundet waren). Dergleichen kam in meinem näheren Umkreis nicht vor, im Gegenteil: Gerade *weil* das Judentum keine primär bestimmende Kraft mehr war, suchte man die Wurzeln zu ihm nicht ganz zu zerschneiden. Im Eßzimmer meiner Eltern hing Rembrandts »Segen Jakobs«. Martin Bubers chassidische Geschichten wurden gelesen. Nie hätte einer von uns daran gedacht, sich taufen zu lassen. Als ein Verwandter meiner Mutter, der ein Beethoven-Forscher war, es in den achtziger Jahren tat, schlossen die Familie und die jüdische Gesellschaft sich gegen ihn ab. Als ich bei entfernten Verwandten in Berlin (obgleich darin nur Assimilation, noch nicht Bekehrung lag) einen Weihnachtsbaum fand, verletzte es mich. Meine Eltern ertappten mich dabei, daß ich nicht wußte, was ein Ghetto ist, und waren entsetzt. Da bei uns zu Hause kein Sederabend gefeiert wurde, schickte man mich zu einer frommen Familie, damit ich diese Sitte in mich aufnähme. Ich sollte als Kind hebräisch lernen, lehnte es jedoch von mir aus wegen der schwierigen Schrift ab. Ich mußte die Zehn Gebote auswendig wissen. Die Bibel lernte ich kennen, indem meine Mutter mir an Sonntagen aus ihr vorlas.

Antisemitische Warnzeichen – wie der Mord an Walter Rathenau (mit dem meinen Vater Freundschaft verband), aber auch im persönlichen Bereich – waren nicht zu übersehen; man lebte über sie hinweg. Das, wozu drei Generationen Assimilation uns gemacht hatten, bestimmte uns stärker als der ferne, nur noch gewußte, verblassende Ursprung. Juden waren wir in ausgesprochenerem Maß in den Augen der Umwelt als in unseren eigenen. Ein Lehrer fragte mich, ob wir zu Hause jiddisch sprächen. Ich empfand die Frage als grotesk, genauso wie den später gehörten Ausdruck, die Juden seien in Deutschland ein »Gastvolk«. Daß ich je den Weg zurück zum Judentum finden würde, war mir nicht an der Wiege gesungen. Oft haben Juden wie Christen mir gesagt, sie empfänden mein Wesen und meine Geistesart nicht als jüdisch.

Ich war neunzehn Jahre alt, als im März 1933 Hitler gewählt wurde, als schon am 1. April desselben Jahres ein Boykott jüdischer Geschäfte stattfand, als noch im selben Jahr – so als wäre alles darauf vorbereitet – Juden ihre Stellungen verloren, keine Stellungen mehr fanden, in Konzentrationslager eingeliefert und dort sadistisch gequält und ermordet wurden. Nach meinem Abitur im März 1933 in Kiel, wo wir seit 1927 lebten, erhielten all meine Kameraden Aufforderungen von studentischen Verbindungen, ihnen beizutreten, ich selbst nur von einer jüdischen Verbindung. Ich selbst konnte in Deutschland nicht mehr studieren und ging in meine Heimat, die Schweiz, zurück. Zunächst glaubte ich, dies werde nur eine kurze Wahnsinnsperiode sein. Ich vertraute darauf, unsere Freunde, die humanistisch Gebildeten, die liberal und sozial denkenden Deutschen würden sich von der Bewegung fernhalten. Bei der Silvesterfeier 1933 in Basel sagte der Nationalökonom Edgar Salin: niemand wisse die Zukunft vorher, soviel aber sei gewiß, daß nächstes Jahr um diese Zeit Hitler, Göring und Goebbels nicht mehr an der Regierung sein würden. All dies erwies sich als Irrtum. Der Nationalsozialismus fraß sich ein. Er errang wirtschaftliche und außenpolitische Erfolge. Menschen, von denen man es nie erwartet hätte, schwenkten zu ihm über oder machten zumindest ihren Frieden mit ihm. Sie nahmen aus dem, was sie an ihm guthießen, bei aller Reserve gegen die brutalen Formen, die er jetzt annahm, auch den Antisemitismus nicht aus. War es Suggestion, war es Terror? Aber auch viele Deutsche außerhalb Deutschlands, die frei ihre Meinung äußern konnten, waren vom Nationalsozialismus fasziniert und schlossen sich an. Eines Abends beim Nachhausekommen fand ich an der Haustür meiner Studentenwohnung in Basel ein antisemitisches Pasquill.

Langsam fand ein innerer Umbau, eine Zurückgeburt in

mir statt. Rassenlehre und Antisemitismus wurden im Dritten Reich Staatsreligion. Auf Plakaten in deutschen Universitäten stand zu lesen, Bücher jüdischer Autoren seien als Übersetzungen aus dem Hebräischen zu betrachten. Mich weiterhin als Deutscher zu fühlen, hätte im Widerspruch zu allem gestanden, was mir täglich entgegenscholl. So wollte ich mich gern als Jude fühlen. Ich suchte meine anderen Wurzeln. Das wollte zunächst schwer gelingen, denn alles, was ich gelernt hatte und studierte, meine philosophischen und literarischen Neigungen gingen in andere Richtung. Für Firdusi Persisch zu lernen hätte mir nicht ferner gelegen als für Jesaia Hebräisch. Aber ich begann, das Schweizerische Israelitische Wochenblatt zu lesen. Ich las eine jüdische Geschichte (Kastein) und erfuhr zum ersten Mal, daß Judesein nicht nur die Zugehörigkeit zu einer Religion, sondern auch zu einem Volk bedeutet. *Religion* war es, die das Volk begründete, aber sie begründete ein *Volk*. Man kann die Bibel, wie es heute in Israel vielfach geschieht, auch als Dokument einer nationalen Geschichte lesen. Das öffnete mir einen Weg, ins Judentum einzutauchen, ohne – was meiner Herkunft und Geistesart widersprochen hätte – fromm zu werden. Ich begriff mich als Glied in der Kette der seit den Tagen des Römischen Reichs Bedrängten und Verfolgten, die darum doppelt inbrünstig das Messianische Reich ersehnten.

Karl Wolfskehls Gedichtband »Die Stimme spricht«, eine jüdische Rückbesinnung, erschien 1934. Anfangs lehnte ich sie ab, aber auf die Dauer übte sie doch ihre Wirkung auf mich aus. Ein naher Studienkollege von mir, Georg (jetzt Arie) Simon, bereitete sich auf die Auswanderung nach Palästina vor. Durch ihn erfuhr ich mehr als bisher von dem dort in Gang befindlichen neuen Aufbau, von der Hoffnung der Juden auf eigene Heimat, geschlossene Gemeinschaft, auf das Ende der gefährdeten Ausnahmesituation in der Diaspora. Er wollte mich bereden, mit ihm zu kommen. Auch Verwandte von mir wanderten nach Palästina. Wir erinnerten uns in der Familie, daß ein Bruder meines Urgroßvaters, Hirsch Zwi Kalischer, noch auf orthodoxer Basis, einer der ersten Zionisten, vor Herzl, gewesen war (1964, zur Hundertjahrfeier des Erscheinens seines Buches, schrieb ich über ihn). Ich machte mir klar, daß der Vorname meines Großvaters und mein eigener zweiter Name, Moritz, ein europäisierter Moses ist, daß der Anfangsbuchstabe des Namens Landmann ein früheres Levi bewahren könnte; so tauchte halb Verschollenes wieder empor. Ich lernte die philosophische Schriftstellerin Margarete Susman in Zürich kennen, die dort als Emigrantin lebte, und gewann an ihrer Sehweise und ihren Interessen teil. Sie war eine genuin religiöse, auf das »Reich« (das der Propheten wie das von Christus) hoffende Freundin Karl Wolfskehls, Rosenzweigs, Bubers, die über Moses Mendelssohn, aber auch über Spätgestalten des Deutschen Judentums wie Simmel und Freud arbeitete und ein theologisierendes Buch über »Hiob und das Schicksal des jüdischen Volkes« schrieb. Durch sie wurde ich auch zuerst mit dem rätselhaften Oskar Goldberg, seinem Werk »Die Wirklichkeit der Hebräer«, vertraut. Ich befreundete mich mit einem Mädchen, das Hebräisch konnte (und das ich später heiratete), in deren ostjüdisch traditionsgebundem, zugleich frommem und zionistischem Elternhaus ich zum ersten Mal das Judentum an der Quelle, als täglich gelebtes, durch Feste gegliedertes und akzentuiertes Judentum, mit Staunen und Dank kennenlernte. Vater und mütterlicher Großvater meiner Frau stammten aus Rabbinerfamilien und waren, ohne selbst Rabbiner zu sein, im jüdischen Schrifttum so bewandert, daß ich durch sie vieles lernen durfte. Der Seder meines Schwiergervaters war wie Rückkehr in eine nie gekannte Heimat. Immer habe ich seither gesucht, mich zu Pessach an einem Seder zu beteiligen. Am Freitagabend zwei Leuchter, zu Chanukka Kerzchen entzünden, am Todestag des Verstorbenen ein Nachtlicht brennen lassen, am Jom Kippur fasten, diesen Tag als »Versöhnungstag« erleben; all diesen Formen, die weniger einen Glauben fordern als ein Brauchtum sind, konnte ich mich leicht anschließen.

Während diese Entwicklung in mir in Gang war, wurden die Nachrichten aus Hitler-Deutschland, das jetzt einen expansionistischen Krieg führte und fast ganz Europa beherrschte, immer furchtbarer. Aus dem Vertreibungsantisemitismus war Vernichtungsantisemitismus geworden. Wo immer die Deutschen hinkamen, war das erste die Zusammentreibung der Juden, ihre Deportation in Viehwagen nach Polen in eigens für sie errichtete, hochrationalisierte Mordfabriken und ihre ungeziefergleiche Vergasung. Mit dem Ostjudentum wurde das größte Begabungspotential liquidiert, das Europa heute ebenso fehlt wie dem Judentum. In jedem Konzentrationslager waren die Juden die unterste Kategorie. Jetzt war ich der Bruder der Entrechteten und Gefolterten, der nur durch einen gnädigen Zufall vom gleichen Schicksal Verschonte, der überlebende Zeuge. Der Blutbann der Toten umschloß und bestimmte mein Leben.

Nach der wahnwitzigen Hinschlachtung von sechs Millionen Juden durch Hitler war ich nur noch eines: Jude.

Seit die Romantiker das Mittelalter priesen und zum Katholizismus übertraten, gehört zu den Möglichkeiten der modernen Welt die »Utopie der Wiederherstellung«. Ein eigenes Volkstum, eine alte Sprache neu zu beleben, wie dies in der »jüdischen Renaissance« geschieht: dies bildet in unserer Zeit keine Ausnahme. Mich auf meine jüdischen Wurzeln zurückzubesinnen: etwas davon hätte vielleicht auf alle Fälle auf meinem Weg gelegen, weil ich Spätromantiker bin. Aber es wäre intellektuell und unverbindlich geblieben. Erst das existentielle Trauma gab die verwandelnde Schubkraft. Anderseits hätte die Vertreibung aus Deutschland *allein* auch nicht alles bewirkt. Die deutschen Emigranten in den USA wurden durch die Emigration nicht jüdischer. Das romantische »Zurück!« und die politische Konstellation trugen sich bei mir wechselseitig.

Seit dem Zweiten Weltkrieg sehe ich mich an wie einen Schiffbrüchigen, der dankbar sein kann, daß er mit dem nackten Leben davongekommen ist. Bis heute, wenn ich in einem Keller an einem Verschlag vorbeikomme, frage ich mich instinktiv: »Hätte man sich hier vielleicht vor den Nazi-Schergen verstecken können?« Nie strebte ich nach besonderen Auszeichnungen oder Freuden, denn ich besaß das Kostbarste, neben dem all dies verblaßte: das Leben. Heiterkeit stellte sich nur mühsam, Lebens- und Menschenvertrauen nie ganz wieder her: zu entsetzliche Möglichkeiten hatten sich enthüllt, hatten ihre Realität bewiesen. Die Morde der PLO, der Terror der Baader-Meinhof-Bande: all dies konnte mich später nicht mehr überraschen. Die Nazi-Wunde heilt nicht völlig zu. Wer die Hölle durchmaß, der argwöhnt von jeder anderen Wirklichkeit, sie sei nur Vordergrund, hinter dem sich die Hölle erneut auftun könne.

In jenen Jahren des Krieges, die zugleich die tiefste Schmach Deutschlands und die größte Katastrophe der jüdischen Geschichte brachten, schrieb ich viele Gedichte, in denen meine Erschütterung über das grausige Zeitgeschehen, die sich rund um die Schweiz herum vollziehende Judenausrottung, und in denen meine neu gefundene Identität zum Ausdruck kamen. Ich faßte sie unter dem Titel »Jüdisch-deutscher Diwan« zusammen, veröffentlichte sie jedoch nie, weil ich früh erkannte, daß meine Begabung nicht die dichterische, sondern die philosophisch-wissenschaftliche sei.

Auch während der Jahre des Unheils bestimmte mich, neben der griechischen, die deutsche Philosophie Schopenhauers, Nietzsches, Simmels, Husserls, N. Hartmanns. Um N. Hartmann zu besuchen, überwand ich 1947 zuerst den Widerstand, wieder deutschen Boden zu betreten. Mehrfach schrieb ich über Nietzsche, um gegenüber seiner Verunglimpfung als Vorläufer der Nazis ein anderes Bild von ihm zu retten. Ich wollte ihn mir nicht rauben lassen. All dies erwuchs auf dem Boden einer Polarität, für deren menschliche Seite meine Dichter-Freundin Vera Lachmann die Verse fand:

Eins blieb uns dennoch: kein Gesetz verwehrt
Schmerztiefe Liebe zu der deutschen Art.

1951 folgte ich einer Berufung auf eine Professur für Philosophie an die neu gegründete Freie Universität Berlin. Ich habe mich in den bald dreißig Jahren, seit denen ich wieder in Deutschland lebe, dort immer gut gefühlt. Kaum je ist mir im Raum der Universität etwas entgegengetreten, was mich als Juden verletzt hätte. Die Verwerfung des Nationalsozialismus war meinen deutschen Kollegen und mir gemeinsam. Aber alle Ächtung des Antisemitismus, alle Wiedergutmachung, alle Begeisterung der Deutschen über den Staat Israel können doch eines nicht rückgängig machen: daß in Deutschland Hitler seinen Willen durchgesetzt hat. Es ist, trotz der Rückkehrer, faktisch ein Deutschland ohne Judentum. Insbesondere Berlin, dessen kulturelles Leben durch jüdische Intellektuelle und Künstler mit geprägt gewesen war, ist nicht mehr das alte Berlin. Das blieb mir, der ich das frühere Deutschland noch kannte, stets schmerzlich bewußt. Ich wanderte auf Ruinen.

Ich selbst lebte nun in Deutschland als ein Letzter, als durch die Hitlerjahre Gezeichneter, als bewußter Jude. Ich war ein Lehrer der europäischen Philosophie, bis ins Innerste dem deutschen Kulturkreis verhaftet, und doch war mein existentielles Verhältnis zum Deutschtum (nicht zum einzelnen Deutschen) gebrochen. Ich durfte meinem anderen Ursprung nun nie mehr untreu werden. Nie empfand ich zum deutschen Menschen irgendeine Fremdheit, und doch war die Nähe zum jüdischen Menschen – selbst zum geistig und sprachlich mir fernstehenden – seit Hitler um ein Unwägbares stärker, denn im furchtbarsten Schicksal waren wir Leidensgenossen oder wären es gewesen. Was jene zwölf Jahre, die wie tausend Jahre lasteten, aus mir gemacht hatten, das ließ sich nicht mehr rückgängig machen. Ich *wollte* es nicht mehr rückgängig machen, sondern übernahm die mir selbstverständlich zufallende Rolle des Juden im Nachkriegsdeutschland. Jahrelang nahm ich wöchentlich eine Hebräisch-Stunde und las mit meinem Lehrer die Bibel im Urtext. Ich arbeitete im Vorstand der »Freunde der Hebräischen Universität Jerusalem« in der Bundesrepublik. Ich hielt Vorträge in der Bnai Brith Loge und an der Jüdischen Volkshochschule. An der Freien Universität setzte ich mich dafür ein, daß ein Lehrstuhl für Judaistik gegründet und besetzt wurde. In einem Aufsatz in der »Deutschen Universitätszeitung« umriß ich das Aufgabengebiet der Judaistik im heutigen Deutschland und regte die Einrichtung solcher Lehrstühle auch an anderen Universitäten an. Wie die Brüder Grimm das Märchen im Augenblick aufzeichneten, in dem die lebendige Tradition des Märchenerzählens erlosch, so tritt im heutigen Deutschland an die Stelle der wirklichen Juden die Wissenschaft vom Judentum. Sehr beeindruckt war ich bei zwei Aufenthalten als Gastprofessor in den USA, dort noch ein intaktes Diaspora-Judentum zu sehen.

Immer war es mein Gedanke, nach der Pensionierung nach Israel zu gehen und dort zu sterben. Zweimal war ich, während ich in Berlin Forschungsurlaub hatte, Gastprofessor an der Universität Haifa (1972/73 und 1975/76). Es berührte mich, in Israel, ähnlich wie in den USA, Einwanderer aus aller Herren Ländern, im kleinsten Land einen Spiegel der Welt, zu finden. Schon bei meiner zweiten Gastprofessur an der Universität Haifa unterrichtete ich dort nicht nur Philosophie, sondern arbeitete an einem von mir mitbegründeten Unter-Department für die klassische Überlieferung. Denn dieser Hintergrund des europäischen Geistes fehlt dem jungen Israeli von seiner Schulbildung her. Hier gilt es an der israelischen Universität eine Lücke zu schließen. Nach meiner Entpflichtung in Berlin gedenke ich, in dieser Richtung in Haifa weiterzuarbeiten. »Was leisteten die Griechen, die Römer, leistete das Christentum für die Menschheit als ganze, und also auch für die Juden?« Durch die Behandlung dieser Fragestellung kann ich vielleicht als alter Humanist auch den Israelis etwas geben.

Immer zog mich die jüdische Tier-Ethik an. In gelegentlichen Vorträgen zeigte ich, daß die jüdische Religion keine reine Menschen-Ethik lehrt, sondern auch unser Verhalten zum Tier mit umgreift und damit Vorläuferin der heute wach werdenden »ökologischen Verantwortung« ist. Daraus erwuchs mein Buch »Das Tier in der jüdischen Weisung« (1959).

Ich suchte meinen *geistigen Ursprung,* das Griechentum, und meinen *physischen* Ursprung, das Judentum, miteinander ins Gespräch zu bringen. In den beiden scheinen mir typische, polar einander entgegengesetzte Urmuster des Denkens wirksam: Präformiertheit der Welt in Elementen oder Ideen, Ewigkeit der Welt, Wiederholung, Philosophie und Wissenschaft bei den Griechen, absoluter Anfang und Eschaton, Individualität, Entwicklung, Engagement bei den Juden. Das läßt sich besonders klar nachweisen an einer Gegenüberstellung des Schöpfungsberichts in der biblischen Genesis und im Platonischen Timaios. Darüber hielt ich manchmal eine Seminarübung ab. Die Antithetik der Denkstile zeigt sich aber auch im Wahrheitsbegriff und in der Geschichtsphilosophie der beiden Völker. Das Zusammenrinnen der beiden Denkstile bildet eine der Wurzeln, aus denen der Geist der Neuzeit entsprang. Es gibt aber auch Gemeinsamkeiten der Griechen und Hebräer. Cyrus Gordon wies in einem großartigen Buch nach, daß sie beide auf eine gemeinsame Ostmittelmeerkultur des Dritten Jahrtausends zurückgehen. Homer und Geschichten wie die von Simson, von Debora: das ist verwandt. Weder Homer noch das »Alte Testament« kennen zu ihrem Ruhm eine Jenseitsmythologie der Seele (die »Auferstehung« wird erst sehr spät von den Pharisäern eingeführt). Es gibt Entlehnungen: Der griechische Verfasser der »Schrift vom Erhabenen« – vielleicht ein hellenistischer Jude – zitiert die Genesis. Jesajas strohfressender Löwe kehrt in der vierten Ekloge des Vergil wieder. All diese Studien faßte ich zusammen in einer Aufsatzsammlung »Ursprungsbild und Schöpfertat – zum Platonisch-biblischen Dialog« (1966).

Den Raum, den bei den Griechen die Metaphysik einnimmt, erfüllt bei den Juden der Messianismus. »Metaphysik und Messianismus« war ein anderer geplanter Titel für mein Buch. Aber was geschichtlich als Antithese hervortrat, muß es nicht immer bleiben. Ich widmete das Buch Ernst Bloch, mit dem ich seit 1964 nah befreundet war. Ernst Bloch hat sich zwar selbst mehr als Marxist interpretiert und stand dem Zionismus, obgleich er eine der großen Utopien unserer Zeit ist, ambivalent gegenüber; für mich aber ist Ernst Bloch derjenige, der, nicht zufällig ein Jude, den jüdischen (wie den nichtjüdischen) Messianismus, der bislang Religion war, im Gegenwurf gegen die bis in unser Jahrhundert griechisch bestimmte

Tradition der Philosophie, erstmalig in Philosophie ummünzte. Er ist der Denker, der aus dem Messianismus eine große Philosophie entband.

Als 1967 die Studentenrevolution begann, verband mich mit ihr als einer Jugendrevolte, die auch ins Philosophische eingriff, zwar anfänglich manche Sympathie, doch stieß mich von vornherein ihr Antizionismus ab. Die einseitige Parteinahme für die arabische Seite entsprang nicht dem unabhängigen Gerechtigkeitsdenken einer »Neuen Linken«, sondern war moskaugelenkt von politischen Interessen. Die Palästinenser versahen eine Funktion: Durch Identifikation mit ihrem Kampf (wie mit dem in Algerien und Vietnam) gab die in sich schwache Studentenrevolution sich eine Farbe, hoffte sie zu erstarken. Die bald einsetzende Degeneration der Studentenrevolution, das Dogmatischwerden, das Einschwenken auf etablierte Parteien und Mächte kündigte sich hier schon an. Als bei einer Demonstration der Außerparlamentarischen Opposition einige von deren Angehörigen sich als El-Fatah-Leute verkleideten, als ein Assistent meines eigenen Instituts ausrief: »Zu Arafat müßte man gehen!«, war meine Gegnerschaft besiegelt. Ich hielt damals mehrere Vorträge und führte Diskussionen, in denen ich den Zionismus als die Befreiungsbewegung des jüdischen Volkes darstellte – also den Befreiungsbewegungen der Dritten Welt nicht unähnlich, mit denen die Studenten sich solidarisierten. Ich wies die Vorwürfe gegen den Zionismus – er sei »imperialistisch«, »kolonialistisch« usf. – als aus Unkenntnis geboren resp. als Verdrehungen zurück. Daraus entstand mein Buch »Das Israelpseudos der Pseudolinken« (1971). In der Zwischenzeit ist es zur Kooperation zwischen der PLO und den deutschen Terroristen gekommen, die in PLO-Lagern ausgebildet werden. Viele der früheren PLO-Freunde denken heute differenzierter. Die Mode der exotistischen Palästinenser-Romantik ist vorbei.

Judesein hieß aber für mich nie, alles Jüdische zu akzeptieren und zu verteidigen. Auf der primären, religionsgeschichtlichen Ebene bildet gewiß der Monotheismus gegenüber dem Polytheismus einen Fortschritt. Auch bei den Griechen dominierte in ihrer späteren, philosophischen Zeit die Vorstellung des Einen Gottes. Nachdem aber seit dem 18. Jahrhundert die Aufklärung den Realgott unglaubwürdig gemacht hat, ist Gott nur noch Symbol. Da aber sind die Götter die ungleich welthaltigeren, tiefsinnigeren, lebensgerechteren Symbole. Der moralische Geistgott ist immer liebesfeindlich, weil die Liebesgöttin für ihn eine seine Einherrschaft begrenzende Schicksals- und Lebensmacht bildet. Durch den Eingott, der allein alles lenkt, erscheint die Welt letztlich als problemlose Harmonie: Damit verhindert er die tragische Weltsicht, die den Widerstreit der höchsten Werte und das Zerbrechen des Menschen an diesem Widerstreit als Letztgegebenheit hinnimmt. Diese tragische Weltsicht, die tiefste, zu der wir vordringen können, wie die Griechen sie in der Tragödie gestalteten, findet im Polytheismus einen weit besseren Nährboden. Aus tiefer Weisheit stellte die Katholische Kirche einen Quasi-Polytheismus wieder her. Auf der Höhe der deutschen Klassik kehrten Schiller und Hölderlin in Form eines gebrochenen, romantischen Polytheismus zum Polytheismus zurück. In meinem Aufsatz »Polytheismus« verteidigte ich ihn als mythische Frühform des allem Monismus vorzuziehenden Pluralismus, des auch von Max Scheler und Nicolai Hartmann gelehrten Pluralismus der Werte, der auch Wert-Antinomien einschließt (in: Pluralität und Antinomie, 1963). Es begeisterte mich, daß ein neuhebräischer Dichter, Tschernichowski, einen Apollon-Hymnus schrieb.

Die griechische und phänomenologische Prägung brachte mich in Distanz nicht nur zum jüdischen, sondern auch zum christlichen Monotheismus. Anderseits identifizierte ich mich mit dem Jüdischen im Gegensatz zum Christlichen wegen der (ursprünglich) fehlenden Unsterblichkeitsvorstellungen, wegen der ans Griechische gemahnenden Diesseitsbejahung, wegen des real und irdisch gemeinten, nicht jenseitsflüchtigen Messianismus.

Ein lebenslängliches Trauma bildete für mich die hebräische Schrift. Nur sie verhinderte, wie schon erwähnt, daß ich schon als Kind Hebräisch gelernt hätte. Hätte ich es gekonnt, so wäre ich vielleicht schon in den dreißiger Jahren nach Palästina gegangen. Wegen der hebräischen Schrift konnte ich nicht am Seder-Abend im Familienkreis die Haggada vorlesen. Sie war eine Barriere meines Lebens. Bis heute kann ich Hebräisch nicht eigentlich lesen, sondern nur entziffern. Ich begann deshalb, mich mit Schriftgeschichte zu befassen. Die Rückständigkeit des hebräischen Alphabets geht darauf zurück, daß die Schrift zur biblischen Offenbarung zu gehören schien, an der nicht gerüttelt werden darf, und daß das Judentum in der Diaspora darauf bedacht war, alle Traditionsbestände treu zu bewahren – eine Erneuerung der Schrift ist erst seit dem Bestehen des Staates Israel möglich und müßte von ihm ausgehen. Die Rückständigkeit besteht in der Nichtschreibung der Vokale, im Fehlen von Ober- und Unterlängen, was zu einer zu großen Ähnlichkeit vieler Buchstaben führt, und im Fehlen einer Doppelgarnitur von Majuskeln und Minuskeln, die beim Lesen in der lateinischen Schrift so überaus hilfreich ist. Die letzten beiden Mängel sind auch im griechischen und lateinischen Alphabet erst in Hellenismus resp. Kaiserzeit behoben worden, also zu einer Zeit, in der das Judentum schon nicht mehr erneuerungsfähig war. Ich fordere keineswegs – wie Jabotinski und andere – die Umstellung auf die lateinische Schrift, wohl dagegen die sinngemäße Angleichung der hebräischen Schrift an die im Griechischen und Lateinischen gewonnenen Errungenschaften. Um endlich »zu sagen, was ich leide« – was aber unzählige vor und neben mir ebenso wie ich litten –, faßte ich mit sechzig Jahren all diese Erkenntnisse und Forderungen zusammen in einem Buch »Neugestaltung der hebräischen Schrift« (1977), das ich auch auf englisch in Amerika und auf hebräisch in Israel erscheinen ließ. Das Buch trug mir ebenso heftige Zustimmungen wie Ablehnungen ein. Ein amerikanischer Jude will auf der Basis des Buches einen Weltverein für die Verbesserung der hebräischen Schrift ins Leben rufen.

Während meines ersten längeren Aufenthalts in Israel schrieb ich ein Tagebuch, das vielleicht später einmal erscheinen mag. Als letzte Schrift plane ich ein Buch unter dem Titel »Civitas iudaei«.

Ich sträube mich gegen die Konfessionalisierung des Judentums, gegen die Juden, die erklärten: »Wir sind Deutsche wie alle anderen, wodurch wir uns von ihnen unterscheiden ist einzig die Religion.« Die Juden sind ein Volk. Zu einem Volk gehört weit mehr als Religion, gehören gemeinsame Geschichte, Sprache, Sitte, Literatur. All dies kann den Juden nur gemeinsam sein, wenn sie wieder im gleichen Land beieinander wohnen. Deshalb behält der Zionismus recht, der nur äußerlich eine Antwort auf den Antisemitismus war. Die Weichen der jüdischen Geschichte wurden falsch gestellt, als Ezechiel die Juden zum reinen Religionsvolk umschuf, aus der Religion den »transportablen Staat« und damit die Diaspora zur jüdischen Normalexistenz machte. Was zunächst nur Abhilfe in einer Not sein sollte, bewährte sich allzu sehr. Das Judentum hat zwar durch die Diaspora Unendliches gewonnen. Es verdankt ihr nicht nur sukzessive große geistige Leistungen, sondern seinen

Fortbestand bis heute. Griechen und Römer, die seßhaften, gingen unter, das Diasporavolk der Juden bewahrte seine Identität. Aber jede geschichtliche Lösung erschöpft sich einmal. Solange die Christen am Sonntag in die Kirche, die Juden am Sabbat in die Synagoge gingen, war alles gut. Nach über zweihundert Jahren Aufklärung entvölkert sich, wie die Kirche, so auch die Synagoge. Religion bedeutet den meisten Menschen nicht mehr viel, sie tritt völlig an den Rand. Sie ist als Fundament, als einigendes Band eines Volkes nicht mehr geeignet. Darum löst die Diaspora sich heute auf. Die meisten Juden, dem religiösen Brauchtum entfremdet, heiraten nicht mehr unter sich. Sie gehen in den Völkern auf, unter denen sie wohnen. Auch deshalb hat der Zionismus, der zur richtigen Zeit kam, recht. Es wird Israel geben, oder es wird kein jüdisches Volk mehr geben.

Deshalb sind die proarabischen Antizionisten, sosehr sie sich auch brüsten, keine Antisemiten zu sein, weil sie gegen den Diaspora-Juden unvoreingenommen sind, doch in Wahrheit die schwersten Antisemiten. Denn sie treffen das Judentum an der Stelle, an der es am verwundbarsten ist. Wehe, wenn der Diaspora-Jude Zionist sein sollte. Antizionismus ist die moderne Form des Hitlerismus. Man kann Palästinenser und Israelis nicht einfach koordinieren. Die Palästinenser bilden nur einen Bruchteil innerhalb eines 50-Millionen-Volkes im immensen arabischen Reich. Wird dagegen den Juden Israel genommen, dann ist dies das Ende des jüdischen Volkes.

Der Vernichtungsantisemitismus rief mich zum Judentum zurück. Meine Hoffnung für das Judentum ist, daß es weiterhin bestehen wird. Hitler soll, Hitler darf nicht recht behalten. Aber deswegen braucht das Judentum nicht die Formen zu bewahren, in denen es früher bestand. Im Judentum reicht das Mittelalter bis ins 19. Jahrhundert, ja bis in unser Jahrhundert. Wir sahen bereits: Die Diaspora ist aus sich selbst heraus wenig erneuerungsfähig. Durch den Staat Israel tritt das Judentum in die Neuzeit ein. Nichts ist mehr zu bejahen als dies. Man hat dem Staat Israel vorgeworfen, er führe zu einer »Kollektivassimilation« des Judentums. Man nannte die Israelis »hebräisch sprechende Gojim«. Diese Kollektivassimilation ist ein Glück. Das Eigene, das Besondere, das Individuelle des Jüdischen kann trotzdem nie verlorengehen.

Bis ins 18. Jahrhundert hinein waren auch die Deutschen ein religiöses Volk. Erst auf dem Boden der Aufklärung entstand durch Lessing und Herder, durch Goethe, Schelling und Hegel eine philosophisch-ästhetische Welt und mit ihr ein neues Deutschtum. Analog überwindet das Judentum heute durch Israel seine religiöse Archaik. Es kommt über den obsoleten Gegensatz von orthodox und liberal endlich hinaus. Die Weichen zu einem jüdischen Goethe und Hegel sind gestellt. Das Interesse der Welt am Judentum ist heute nicht mehr ein primär theologisches, sondern ein gegenwärtiges. Rückkehr zum Judentum bedeutet keinen Rückstieg, sobald es selbst zum Träger modernen Geistes wird.

Lily Pincus

Sozialtherapeutin.
Geboren 1898 in Karlsbad;
in den dreißiger Jahren Emigration nach England.
Bis 1973 an der Londoner Tavistock Clinic; gestorben 1981.
In Deutschland erschienen ihre Bücher:
... bis daß der Tod euch scheidet. Zur Psychologie
des Trauerns; Das hohe Alter.

Als ich aufgefordert wurde, an diesem Buch mitzuwirken, fing ich erst ernsthaft an, darüber nachzudenken, was mein Judentum für mich bedeutet. Das ist ein schamvolles Geständnis; denn während der achtzig Jahre meines Lebens ist vieles geschehen, das mich zu einer Auseinandersetzung mit meinem Jüdisch-Sein hätte zwingen sollen.

Ich wurde 1898 in Karlsbad geboren, das damals zu Österreich gehörte. Mein Vater stammte aus Posen; aber da seine beiden Schwestern in Karlsbad verheiratet waren und einer der Schwäger sein Partner in einem Exportgeschäft wurde, zog er auch dorthin.

Wir, meine Eltern, mein drei Jahre jüngerer Bruder Oscar und ich, lebten also im Schoße der Familie, alles liberale Mittelstands-Juden, weder arm noch reich, ohne jede jüdische Tradition. Die wenigen Freunde außerhalb der Familie waren auch alle liberale Juden. Aber es war keineswegs eine Ghetto-Atmosphäre, schon durch die internationalen Kurgäste, von denen der Lebensunterhalt der Familien, die Kurhäuser hatten (wie meine beiden Tanten), weitgehend abhing. Auch sonst hatte die Familie mancherlei nicht-jüdische Anregungen. Einer der Onkels beispielsweise war ein begeistertes Mitglied des Deutschen Turnvereins, der, ebenso wie der »Deutsche Kulturverband«, sehr weitgehend von Juden finanziert und geleitet wurde. Wie merkwürdig, daß in dem antisemitischen Österreich (ich weiß nicht, ob das auch in Deutschland so war) viele Juden Träger des Deutschtums waren.

Die Familie meiner Mutter stammte aus Franzensbad, wo ihr Vater, der im österreichisch-preußischen Krieg Feldscher war, als Kurarzt praktizierte. Später wurde er Zahnarzt auf Anregung eines Kurgastes, eines wohlhabenden und einflußreichen tschechischen Grafen, der in Pilsen lebte und ihm dort eine gute Praxis versprach.

Als ich fünf Jahre alt war, zogen wir nach Berlin. Dieser Umzug, durch das Geschäft meines Vaters bedingt, war wohl am schwersten für meine Mutter. Sie fing an, unter nervösen Zuständen zu leiden, und unser – natürlich jüdischer – Hausarzt (auch unser Zahnarzt war jüdisch) empfahl als Heilmittel eine neue Schwangerschaft. Ob die Medizin half, weiß ich nicht. Im Gegensatz zu uns ersten Kindern konnte meine Mutter das Baby Max nicht nähren; er bekam Gelbsucht und wurde daher nicht beschnitten. Vielleicht ist Max darum in seiner Adoleszenz ein so frommer Jude geworden. Als Baby war er – und besonders seine hellblonden Locken – unser Stolz. Nicht jüdisch auszusehen war wohl schon damals eine Tugend.

Mein Vater hatte für uns in Berlin eine Wohnung in einer Mittelstandsgegend gefunden, in der genügend andere liberale Juden wohnten, aber nicht so viele, daß es als jüdisches Viertel empfunden wurde. An »hohen« Feiertagen gingen meine Eltern in die Synagoge, wohl weniger aus einem inneren Bedürfnis, sondern weil man das eben tat. Zu Hause hatten wir keinerlei jüdische Tradition und keine Ahnung, was Judentum bedeutete. Als wir älter wurden, besuchten wir Kinder unsere Eltern in der Synagoge, auf der Galerie, wo die Frauen getrennt von den Männern saßen, in festlicher Kleidung und scheinbar ohne jede Anteilnahme am Gottesdienst. Unten bewegten sich die Männer um den Altar herum; aber wir verstanden nichts von dem, was da vor sich ging, und mit Gott hatte es für uns nichts zu tun.

Auch die Schule, die ich von meinem sechsten Lebensjahr an besuchte, paßte genau in unseren Lebensstil. Eine Schule für Mittelstands-Töchter mit etwa zwanzig Prozent jüdischen Kindern, die schlechten jüdischen Religionsunterricht hatten. Wahrscheinlich war der christliche auch nicht besser; denn Religion schien längst nicht so wichtig zu sein wie moderne Sprachen. Unser Direktor war in alle hübschen Mädchen verliebt, und unter den jüdischen waren viele hübsch. Er machte es außerdem sehr klar, daß es ihm weniger wichtig sei, daß seine Mädels viel lernen, als daß sie glücklich seien. Ich lernte infolgedessen nichts, war aber glücklich und unbeschwert. Die Schule hatte ihren eigenen Wandervogel, bei dem ich begeistert mitmachte. In einen jüdischen Wanderverein einzutreten, was einige jüdische Mitschüler taten, wäre mir nicht eingefallen.

Meine erste und während der Kindheit einzige antisemitische Erfahrung hatte ich, als ich etwa zehn Jahre alt war und mein Bruder Oscar sieben. Von der Schule nach Hause kommend, öffnete ich den Fahrstuhl. In ihm fand ich meinen schluchzenden Bruder in den Armen seines ebenfalls schluchzenden, damals besten Freundes, dessen aristokratische Eltern ihm verboten hatten, ein jüdisches Kind zu seiner Geburtstagsfeier einzuladen.

Im Gegensatz zu unseren Eltern, die nur jüdische Freunde hatten, hatten wir Kinder auch christliche. Aber mein Vater hatte es nicht sehr gern, wenn wir sie nach Hause brachten, obwohl er selber oft mit Stolz von seiner Beziehung zu einem Sohn des Historikers Mommsen erzählte.

1914: Meine glückliche Schulzeit war zu Ende – und der Krieg brach aus. Wir Schulentlassenen wurden beeinflußt, einen Beruf zu wählen, der dem Kriegsverlauf nützlich sei. Ich wählte, sehr dummerweise, Röntgen-Assistentin, einen Beruf, für den ich gänzlich ungeeignet war wegen meiner Unbegabtheit für alles Technische. Zum Glück hatte ich auch etwas mit den Patienten zu tun, mit denen ich besser umgehen konnte als mit den Röntgenröhren.

In meinem Ausbildungskurs gab es kaum Juden; aber ich schien das nicht zu entbehren und stand freundschaftlich mit mehreren Co-Studenten. Daß ich zu dieser Zeit anfing, in meiner Freizeit in dem Verband »Jüdische Hilfe für das jüdische Kind« zu arbeiten, war vielleicht doch ein Ausdruck meines Bedürfnisses nach jüdischen Verbindungen. Das Heim für verwahrloste Kinder, in dem ich arbeitete, war am Alexanderplatz, einer armen, vorwiegend jüdischen Gegend, die ich bisher nicht kannte – ebensowenig wie ich solchen Kindern begegnet war. Ich fing damals auch an, mich für den Zionismus zu interessieren, der die einzige Hoffnung für diese Kinder zu sein versprach.

Der Krieg hatte das Exportgeschäft meines Vaters zum Stillstand gebracht. Geld wurde knapp; mein Vater sorgte sich und saß zu Hause herum, 1916 starb er an Leberkrebs – zu Hause, von der Familie gepflegt. Er wurde auf dem jüdischen Friedhof begraben, eine jüdische Beerdigung. Da muß wohl ein Rabbiner gewesen sein; aber ich kann mich an kein persönliches Wort erinnern und glaube nicht, daß während meines Vaters Krankheit oder nach seinem Tode uns je ein Rabbiner besuchte. Oscar, fünfzehn Jahre alt und zwei Jahre vorher durch die Bar-Mizwa-Feier ein volles Mitglied der jüdischen Gemeinde geworden, mußte all die Pflichten, die von einem jüdischen Mann erwartet wurden, allein erfüllen.

Mein Bruder Max war elf, als der Vater starb. Er war in den letzten Jahren, wohl durch den Einfluß eines Freundes, zu einem frommen Juden geworden, ging häufig allein in die Synagoge und tadelte es, daß im Hause keinerlei jüdische Tradition war. Aber nach dem Tode des Vaters und noch deutlicher nach dem Kriegsende wurde sein Interesse an Religion abgelöst vom Interesse an Politik. Das waren ja bewegte Zeiten in Deutschland, und Max ging zu kommunistischen Versammlungen und interessierte sich lebhaft für links-gerichtete Politik, aber auch zunehmend für den Zionismus. In dem Real-Gymnasium, das er besuchte, waren Lehrer und Schüler sehr deutsch-national, und es gab kaum jüdische Schüler. Trotzdem wurde Max in den Schülerrat gewählt und aufgefordert, einen Vortrag über Zionismus zu halten, der ihm viel Ruhm brachte – wahrscheinlich weil er dem vorherrschenden nationalen Denken entsprach.

Der Krieg war vorbei – Deutschland war besiegt und wurde eine Republik. Auch das Österreichische Kaiserreich zerbrach, und unser Geburtsort, Karlsbad, wurde tschechisch, obwohl allgemein erwartet worden war, daß das sudetendeutsche Gebiet zu Deutschland fallen würde. Oscar, in der letzten Schulklasse, wurde von seinem Lehrer gefragt, ob ihn diese Entwicklung sehr unglücklich mache. Er antwortete, daß er zwar enttäuscht sei; aber da er an den Völkerbund glaube, hoffe er, daß die Wichtigkeit nationaler Grenzen sich zu seinen Lebzeiten verringern würde. Darauf sagte sein Lehrer: »Das glaubst du, weil du ein Jude bist und nie ein wirklicher Deutscher werden kannst, der nationale Souveränität schätzt.« Oscar hat mir später erzählt, daß er eigentlich gehofft hatte, Recht zu studieren; aber nach dieser Unterhaltung wurde ihm klar, daß er nie fähig sein würde, deutsches Recht zu vertreten.

Über meine eigenen Gefühle zu dieser Zeit bin ich mir sehr unklar. Ich war an sozialistischen Bewegungen interessiert und wählte Freunde, die mein Interesse teilten. Aber das war alles sehr vage. Berlin war in einem Taumel, wechselnde schöngeistige Bewegungen hielten uns in Atem und entsprachen meinem damals sehr stürmischen Privatleben. Ich war mehrfach ernsthaft verliebt, immer in jüdische Jünglinge, das war keine bewußte, sondern eine unbewußte Wahl. Bald nach dem Krieg lernte ich meinen Mann kennen. Er kam aus einer ähnlich jüdisch-liberalen Familie ohne Tradition. Er wußte aber etwas von jüdischer Philosophie, fühlte sich viel stärker als Jude und gleichzeitig viel mehr als Deutscher. Er war im Krieg Offizier geworden, damals relativ selten für einen Juden, und hatte gehofft, nach dem Krieg sein Studium zu beenden und Richter zu werden. Diesen Plan mußte er aufgeben, da sein Vater starb und die Familie mit beschränkten Mitteln zurückließ. So wurde er Rechtsberater in einer internationalen Bank. Wir heirateten 1922 auf einem Standesamt – eine religiöse Heirat wurde weder von uns noch von der Familie in Betracht gezogen. Das war auch so bei allen unseren Freunden.

Ein Jahr später zogen wir gemeinsam mit Freunden, die beide halb-jüdisch waren, in ein Landhaus bei Potsdam, und das brachte eine große Veränderung unseres Lebensstils mit sich. Die Anzahl unserer nicht-jüdischen Freunde nahm zu; aber für uns gab es keinen Unterschied auf Religionsbasis. Die Lehrer einer jüdischen Schule in der Nachbarschaft sowohl wie der Pfarrer einer benachbarten protestantischen Siedlung waren häufige Gäste. Wir waren auch eng verbunden mit dem Kunstdienst, einer Bewegung, die religiöse Kunst aller Denominationen förderte. Durch sie lernten wir sowohl Paul Tillich wie Martin Buber persönlich kennen. Beide, jeder auf seine Art, hatten großen Einfluß auf mein Denken. Tillich, der Protestant, dem »ultimate concern» (das, was den Menschen unbedingt angeht) wichtiger war als christliches Dogma, und Buber, jüdischer Philosoph, der uns Erfahrung jüdischer Mystik und der dem christlichen Denken nahen polnischen Chassidim vermittelte. Beide, Buber mit seinem »Ich und Du« und Tillich besonders vielleicht in »Liebe, Macht und Gerechtigkeit«, bestätigten für uns die Wichtigkeit menschlicher Begegnungen – unabhängig von nationalen, religiösen und sozialen Bindungen.

Als wir 1931 unser Haus vergrößerten, hielt Tillich bei der Einweihungsfeier eine Rede, aus der ich ein paar Sätze zitieren möchte: »Wir müssen wieder und wieder den Raum verlassen, der uns umfängt, um der Zeit, um der Zukunft willen. Wie wir ihn verlassen mußten, als wir geboren wurden. Das Wort an Abraham, das ihm gebot, herauszugehen aus seinem Lebensraum um einer unbekannten Zukunft willen, ist symbolisch für Menschsein überhaupt. Es ist symbolisch auch besonders für den Geistes- und Gesellschaftskampf unserer Gegenwart, dessen tiefster Grund der ist, daß die Götter, die Mächte des begrenzten Raumes, sich wehren, herausgerissen zu werden in einen umfassenderen Raum, in einen Raum der Menschheit und eine Zukunft, in der menschliches Sein sich neu erfüllt.«

Tillich und Buber mußten beide nach der Machtergreifung der Nazis aus Deutschland fort. Aber ein anderer uns naher Freund, Saul, blieb, obwohl er auch bald seine Stellung als Senatspräsident verlor. Er war immer ein aktiver Sozialist gewesen, und er war ein Jude. Nachdem er seine Stellung verloren hatte, wurde er in den Vorstand des Jüdischen Hilfsvereins gewählt. Er weigerte sich auszuwandern, da er fühlte, er werde für die Sache der Juden gebraucht. 1942 wurde er verhaftet und starb in einem Konzentrationslager.

Meine eindeutige Identifizierung mit meinem Jüdisch-Sein kam mit zunehmender Verfolgung. Wenn ich je Zweifel hatte, wo ich stand, jetzt waren sie völlig ausgelöscht. Es gab so viel zu tun. Da weder mein Mann noch ich jüdisch aussahen, wurden wir sehr gebraucht, zum Beispiel um Verfolgte von einem Versteck ins andere zu bringen oder jüdische Ankömmlinge, die aus ihrem Heimatort fort mußten, vom Bahnhof abzuholen. Zu dieser Zeit arbeitete ich als Röntgen-Assistentin bei einem Radiologen. Die Praxis war in einem Eckhaus im Zentrum von Berlin. Mit meiner nicht-jüdischen Kollegin richtete ich dort heimlich eine Suppenküche ein für die vielen Juden, die sich nicht mehr in ein Restaurant trauten. Unser Haus, auf einer Halbinsel bei Potsdam, lag günstig, um Menschen zu verstekken. Es wurde auch eine Zuflucht für Kinder, deren Eltern entweder in Konzentrationslagern waren oder die ihren Haushalt aufgelöst hatten zur Vorbereitung für die Emigration. All diese Verpflichtungen zurückzulassen war schwer, und wir waren auch so voll beschäftigt, daß wir keine Zeit hatten, uns vor der drohenden Verfolgung zu fürchten. So schoben wir Gedanken an Auswanderung auf, bis die Alternative auch für uns Konzentrationslager gewesen wäre, und kamen erst im Februar 1939 mit einem Koffer und je zehn Mark nach England.

Die Auswanderung brachte nicht nur die fundamentalste Veränderung unseres Lebens, sie zwang mich auch zu einer neuen Auseinandersetzung mit meinem Judentum. In England waren Juden etwas ganz anderes, als es liberale Juden in Deutschland gewesen waren. Hier erwartete man von Juden, daß sie jüdische Gesetze hielten, am Sabbat und an den Feiertagen in die Synagoge gingen und sich in jüdischen Kreisen bewegten. Die Mehrzahl der englischen Juden war vor ein oder zwei Generationen Pogromen in östlichen Ländern entflohen oder der Wehrpflicht, die ihnen die Ausübung ihres Glaubens verboten hätte. Viele sprachen jiddisch, waren sehr arm und nicht gebildet. Durch Fleiß und harte Arbeit verschafften sie ihren Kindern eine bessere Erziehung und zogen langsam aus dem East End Londons in vornehmlich jüdische Viertel im Norden der Stadt. Wir konnten uns mit ihnen ebensowenig identifizieren wie mit der kleinen Gruppe kultivierter erfolgreicher Juden, die meist über Holland aus Portugal und Spanien gekommen waren, als Cromwell ihnen die Einwanderung nach England ermöglicht hatte. Sie blieben Juden, taten viel für Wohltätigkeit, gehörten aber zu den englischen Oberschichten, hatten Landhäuser, gingen auf Jagd und nach Ascot und lebten völlig außerhalb unseres Lebenskreises.

Ausgeprägtes Klassenbewußtsein hinderte auch englische Juden an einer jüdischen Verbundenheit, die daher nur innerhalb der verschiedenen Synagogen-Gemeinden existierte. Aber wir gehörten keiner an, wußten nichts von ihnen, hatten auch kein Bedürfnis nach einer solchen Verbindung. Wir bemühten uns, in dem neuen Leben Wurzeln zu schlagen, und wurden von kultivierten englischen Familien herzlich und warm in diesem Bestreben unterstützt. Trotz der Sorge um zurückgelassene Freunde, trotz der Geldlosigkeit (wir waren auf die Unterstützung unseres Guarantors und auf Gastfreundschaft angewiesen), trotz des Arbeitsverbots, der fremden Sprache und der fremden Umgebung fühlten wir uns in England und in Wales, wo wir die ersten vier Jahre verbrachten, sehr wohl. In dem Dorf in Wales, in dem wir unbezahlt an einem Arbeiter-College arbeiteten, war kaum ein anderer Jude, und die Einwohner brachten uns nur Wohlwollen entgegen, auch während der neun Monate, in denen mein Mann als feindlicher Ausländer interniert war.

Bald nach seiner Entlassung wurde das Arbeitsverbot für Einwanderer aufgehoben. Wir zogen nach London, mein Mann bekam eine Stelle bei der deutschen Abteilung der BBC, und ich hatte das Glück, bei einer freiwilligen Familienfürsorge angestellt zu werden. Die Sozialarbeit wurde eine Erfüllung meines Lebens, sowohl die Arbeit selbst wie die Beziehung zu den Kollegen. An meiner Arbeitsstelle waren alle überzeugte Christen, die ihren Glauben in der sozialen Arbeit ausdrückten. Natürlich kannte ich Juden, die voller Nächstenliebe und Hilfsbereitschaft waren; aber die Menschen in meiner Arbeitsgruppe hatten diese Eigenschaften als eine bewußte Lebensaufgabe, die für mich eine neue Erfahrung wurde. Unser Chairman war ein Pfarrer, und seine Gemeinde war, oder so schien mir, eine echte Gemeinschaft. Ich wünschte mir glühend, zu ihr zu gehören, und nach einem Jahr ließ ich mich taufen und konfirmieren. Natürlich hatte ich diesen Schritt vielfach mit meinem Mann besprochen und erwogen. Er selber fühlte sich eindeutig als Jude, verstand jedoch mein Problem und meinen Wunsch und unterstützte ihn. Und solange ich in dieser Arbeitsgemeinschaft war, machten mich die Zugehörigkeit, der Kirchenbesuch am Sonntag mit dem anschließenden gemeinsamen Frühstück, vor allem aber die persönliche Beziehung zu Gott, die das Judentum mir nie geboten hatte, sehr glücklich. Aber wenn immer Juden angegriffen oder kritisiert wurden, identifizierte ich mich mit ihnen. Bei einer Sitzung in meinem Büro wurde einmal die Stellungnahme zu Berichten von schlechtem Benehmen der jüdischen Refugees besprochen. Nach ein paar Minuten bat ich um Erlaubnis, das Meeting zu verlassen, mit der Begründung: Ich gehöre zu ihnen.

Als ich fünf Jahre später meinen Arbeitsplatz mit einem beruflich anspruchsvolleren vertauschte, veränderte sich nicht nur mein Arbeitsstil von der Familienfürsorge zur Familientherapie, sondern auch meine religiöse Situation. Ich besuche immer noch gern gelegentlich eine schöne Kirche, genieße die Musik oder die Stille, Erholung suchend von den Forderungen des Lebens. Aber ich könnte nie mehr das christliche Glaubensbekenntnis sagen und habe keinerlei Bedürfnis, einer christlichen Gemeinde anzugehören. Die Wunden des Ausgestoßenseins sind geheilt. Ich habe durch meine Arbeit Selbstsicherheit gefunden und brauche kein Dogma mehr, um mein Streben nach einem »letztlich Wichtigen« (ultimate concern) und meine Beziehung zu meinen Mitmenschen auszudrücken.

Das blieb auch so, als mein Mann 1952 an Krebs erkrankte und nach vielen Operationen am 3. Mai 1963 starb. Ich hatte nicht gedacht, daß er die vorhergehende Nacht überleben würde; aber am Morgen verlangte und genoß er sein Frühstück, fragte nach der Zeitung und entfaltete mit seinen schwachen Händen die große Times, die er dann ernsthaft wie immer studierte. Kürzlich lernte ich aus einem Buch von Rabbi Lionel Blue (»Wie kommt der Jude in den Himmel?«), warum die Juden soviel Zeitung lesen. Er sagt: »Das Rohmaterial für die Offenbarung findet sich in der Zeitung . . . Juden befassen sich aus einer religiösen Forderung heraus mit den Belangen der Gesellschaft.« Das half mir zu verstehen, warum mein Mann in den letzten Stunden seines Lebens so intensiv die Zeitung gelesen hat und bald danach friedlich sterben konnte.

Er hatte ein paar Abschnitte aus alt-jüdischen Schriften aufgeschrieben, die bei seiner Beerdigung gesprochen werden sollten. Für mich wurden besonders wichtig ein paar Sätze, die sich auf die Schöpfung beziehen, die Gott in allen Aspekten gut geheißen hat, . . . »aber als Du den Menschen in Deinem Abbild machtest, sagtest Du (THOU) nicht, er sei gut. Warum, mein Herr?« Und Gott antwortete: »Weil ich den Menschen nicht vollkommen gemacht habe. Durch die Thora muß der

Mensch sich und die Welt selber vollkommen machen.« Diese Worte sind für mein Leben ein Leitfaden geworden, obwohl ich weiß, daß ich nicht nach Vollkommenheit streben kann, und nicht glaube, daß mein Streben durch die Thora bestimmt werden muß. Aber ich kann eine Verbindung sehen zwischen dem Bedürfnis, für die Verbesserung unserer Welt zu arbeiten, und der jüdischen religiösen Forderung.

Nach dem Tode meines Mannes fing für mich eine neue Auseinandersetzung mit meinem Judentum an. Ich wurde zu Lehraufträgen nach Israel eingeladen. Einladungen, die seither in ein- oder zweijährigen Abständen immer wiederholt wurden. Die Begegnung mit Israel und den Israelis wurde zu einer fast überwältigenden Erfahrung, führte aber auch zu neuen Konflikten. Die ungeheuren Leistungen, die in Israel geschehen sind, kann man nur sprachlos bewundern, mit einer Bewunderung, die Phantasien von dem »erwählten Volk« hervorzaubern. Mehr realistisch zu bewerten ist die Hingabe, der ungeheure Einsatz der Israelis für ihr Land, eine Hingabe, die dieses Volk der Händler in die erfolgreichsten Landwirte und die erstaunlichsten Soldaten und Flieger verwandelt hat. Diese Hingabe hat aber auch zu einem Nationalismus geführt, der mich dort ebenso wie irgendwo anders abstößt, obwohl ich mir völlig klar bin, wie lebenswichtig der Staat Israel ist für das Fortbestehen des Judentums – für die Sicherheit aller Juden, nicht nur im Mittelosten, sondern in der ganzen Welt.

Das Ergebnis meiner Ambivalenz ist, daß ich mich in Israel nur selten als Jude fühle und ständig auf der Hut bin, mich zu identifizieren. Das ist nicht leicht; denn Israelis erwarten, besonders von Besuchern jüdischen Ursprungs, uneingeschränkte Bewunderung und Unterstützung. Es wird noch erschwert für mich durch die große Bestätigung, die ich bei israelischen Kollegen für meine Arbeit finde.

In den letzten Jahren bin ich mehrfach beruflich in Deutschland gewesen, und man hat mich auch dort willkommen geheißen und meine Arbeit gefördert. Ich bin dafür sehr dankbar, bin mir aber bewußt, daß ich mich in Deutschland weniger »deutsch« fühle als irgendwo anders und auch dort auf der Hut bin, mich zu identifizieren. Das ist wohl leicht zu erklären aus den Erfahrungen der Naziverfolgungen; aber ich bezweifle, daß meine ängstliche Zurückhaltung nur deren Folge ist. Vielleicht hatte der Lehrer meines Bruders recht, vielleicht bedeutet Judesein: nirgends ganz hinzugehören, ein »wandernder

Jude« zu bleiben – außer wenn man ein Israeli sein kann. Dieser Gedanke wird bestätigt dadurch, daß ich mich nur wirklich wohl und entspannt in England fühle, in dem vollen Bewußtsein, daß ich nie Engländer werden kann, es auch gar nicht werden will.

Also was bin ich, wo stehe ich in der Frage nach meinem Judentum? In der Generation meiner Eltern kannte ich keine Mischehen; in meiner eigenen Generation fing das an sich zu ändern. In der Kindergeneration, besonders bei Kindern von liberalen Eingewanderten, kenne ich fast nur Mischehen. Wenn das so weitergeht, ist es vielleicht vorstellbar, daß das Judentum verschwindet? Dieser Gedanke, so stelle ich mit Erstaunen fest, versetzt mich in Schrecken, trotz meines Widerstandes gegen jeden Nationalismus, gegen jedes Gefühl der Absonderung, der »Auserwähltheit«. Ich kann nicht den jüdischen Glauben an einen Gott teilen, der die Juden auserwählt hat. Aber ihm überall in der Welt dienen zu können ist eine Tatsache, durch die sie das Weltbürgertum fördern. Trotz vieler Eigenschaften, die sie bei anderen unbeliebt machen und die ihnen selbst das Leben erschweren, sind sie, wie mal ein Antisemit erstaunt zu mir sagte, »das Salz der Erde«. Das Gebot, die Welt zu vervollkommnen, macht sie immer wieder zu Revolutionären, Erneuerern, Suchern, bereit, in die Opposition zu gehen – man denke an Marx, Einstein, Freud. Ihre Beziehung zum Göttlichen, von dem sie sich kein Bild machen dürfen, hat vielleicht zu der ausgeprägten Vorstellungskraft geführt, die sie so vielfach zu Musikern, Dichtern, Künstlern macht – siehe das Philo-Lexikon (eine Zusammenstellung künstlerischer und wissenschaftlicher Leistungen von Juden. Ende 1932 gedruckt – 1933 verbrannt). Ich selber bin mir bewußt, daß manche von meinen Eigenschaften, die ich schätze und von Freunden geschätzt weiß, aus Quellen stammen, die mit meinem Judentum zusammenhängen, heimlichen Quellen, die meinem Weltbürgertum eine besondere Färbung geben.

Und wenn man sich als Weltbürger fühlt, zu keinem Volk gehörig, bedeutet das, daß man auch zu keiner der organisierten Religionen gehören kann? Kann das innere Gebot, die Welt zu verbessern, das Bewußtsein, anderen Menschen helfen zu müssen, das Bedürfnis, Liebe zu geben und zu empfangen, als nur »humanistisch« erklärt werden? Diese Frage beschäftigt mich sehr – ich würde sie gern bejahen, das würde mein Leben sehr erleichtern. Ich kann das aber nicht; denn ich fühle mit Sicherheit, daß ich bewegt werde von einer Macht, die jenseits von menschlichem Streben ist. Dieser Macht einen Namen zu geben vermag ich nicht, ich kann nur versuchen, mitzuwirken bei dem, was sie von mir verlangt.

In den letzten Jahren habe ich mich sehr viel mit dem Tod beschäftigen müssen, schon dadurch, daß ich ein Buch über das Thema »Tod und die Familie« (»Bis daß der Tod uns scheidet«) geschrieben habe. Dabei ist mir klar geworden, daß, obwohl mir Grabstätten wenig bedeuten, das Ritual der Beerdigung mir sehr wichtig ist. Ich sehe in ihm eine Hilfe für die Hinterbliebenen, den Übergang zu finden von ihrer Beziehung zu dem Lebenden zu ihrer Beziehung zu dem Toten. Und ein Ritual, das der Persönlichkeit des Verstorbenen entspricht, kann sein Weiterleben in den Hinterbliebenen fördern. Nun sind aber Beerdigungen fast ausschließlich der Bereich organisierter Religionen geblieben, und wenn man zu keiner von denen gehört, wo kann man ein Ritual finden? Für mich persönlich habe ich versucht, das Problem zu lösen, indem ich den verständnisvollen Rabbiner einer Reform-Synagoge bat, das Beerdigungs-Ritual für mich zu übernehmen. Er kennt mich und meine Arbeit und versteht, daß diese Bitte nicht in letzter Minute eine Rückkehr zum Judentum bedeutet, sondern Ausdruck meines Bedürfnisses ist, die namenlose Macht, die mein Leben leitet, auch in meinem Sterben anzuerkennen.

Alfons Rosenberg

Schriftsteller, lebte in Zürich.
Geboren 1902 in München; gestorben 1985.
Zahlreiche Veröffentlichungen, u. a.:
Die Zauberflöte; Engel und Dämonen;
Experiment Christentum; Durchbruch zur Zukunft;
Einführung in das Symbolverständnis;
Die Frau als Seherin und Prophetin.

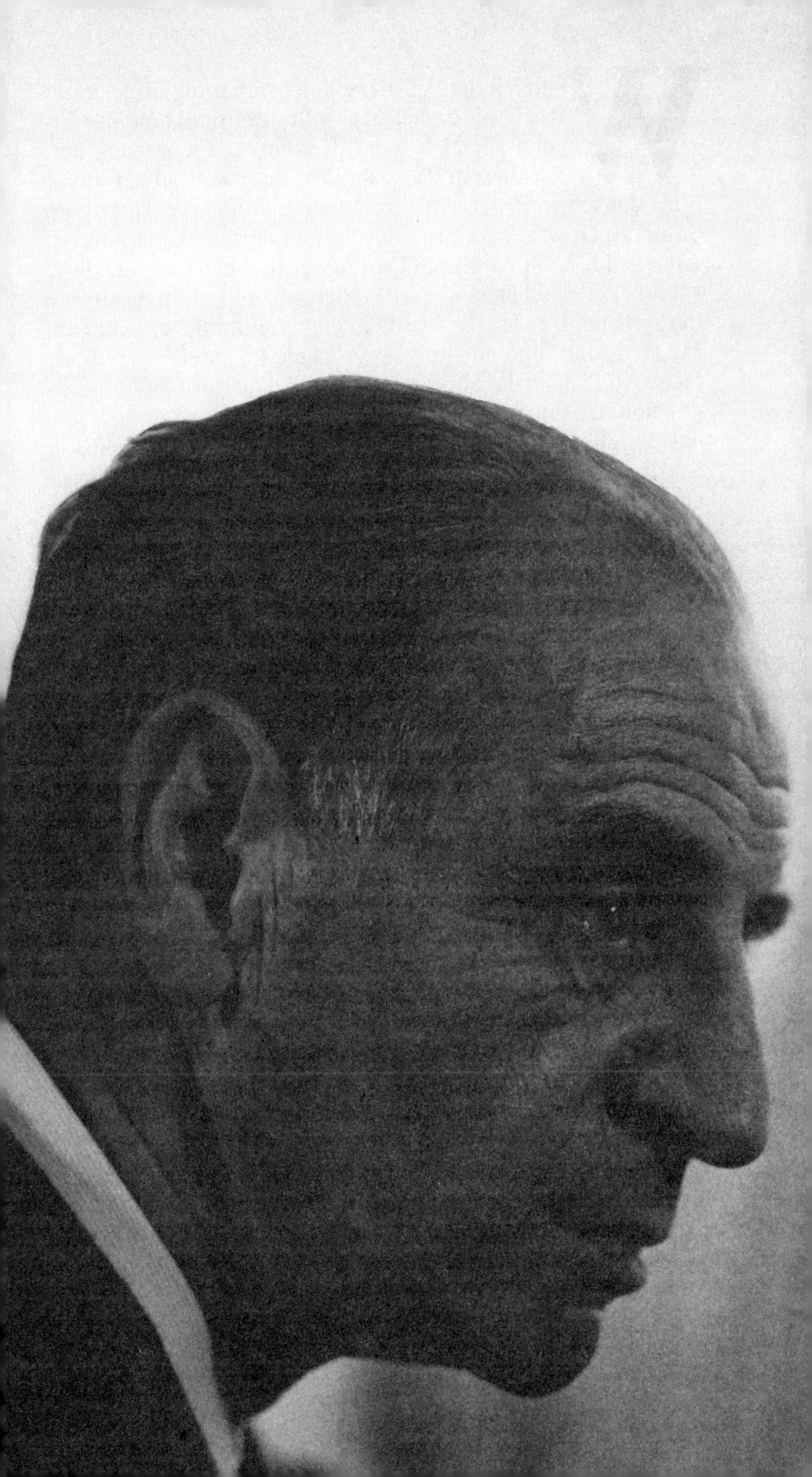

Wenn ich den Vorhang der Erinnerung öffne, dann taucht als bedeutungsvoller Zeitpunkt meiner Jugend sogleich mein dreizehnter Geburtstag auf. An diesem Tag nämlich, oder am Sabbat zuvor oder danach,wird der jüdische Junge mündig, das heißt zum Sohn des Gesetzes erklärt – das Fest, in dessen Mittelpunkt er dann steht, heißt hebräisch Barmizwa. In Alt-Israel war diese Mündigkeit wohl nicht nur eine religiöse, sondern zugleich eine bürgerliche. Der Knabe wurde in einem öffentlichen Akt zum Mann erklärt und in die bürgerlichen Pflichten eingeführt. Heute freilich ist die bürgerliche Mündigkeit um Jahre hinausgeschoben – doch religiös wird der Knabe an der Schwelle seiner Jünglingszeit in Pflicht genommen. Er hat die heiligen Schriften und das Religionsgesetz zu kennen oder zu studieren, an den Fest- und Fasttagen aktiv teilzunehmen und, wenn er dem orthodoxen Judentum angehört, sich der religiösen Rechtsprechung zu unterwerfen. Die Barmizwafeier bildet darum eine wahrhaft entscheidende Zäsur im Leben des jüdischen Jünglings. Mitten in der Pubertät verspürt er erstmals jene Zügel, die ihn in seinem Mannesleben als Jude leiten werden. Doch dieser schattige Teil des Mündigkeitsfestes wird überglänzt durch das Festmahl, die Glückwünsche und die zahlreichen Geschenke, mit denen der Junge geradezu überschüttet wird. Er ist der verhätschelte Held des Tages, und dies besonders, wenn er die Tischrede vor der versammelten Verwandtschaft, der sich unter Umständen der Rabbiner als Gast zugesellt, als die erste seiner neuen Pflichten in Ehren besteht. Nun erst ist er als neuer Zweig in die alte Volkswurzel eingepflanzt. Von nun an wird in steigendem Maße von ihm erwartet, daß er nach dem Ende seiner Lehrzeit das Seine zur Wohlfahrt und zum Bestand nicht nur der Familie, sondern darüber hinaus des jüdischen Volkes beitragen werde.

Auch für mich war mit dem dreizehnten Geburtstag die Barmizwafeier gekommen. Mein unmittelbarer Anteil an ihr bestand darin, daß ich erstmals zur Schar der Zehnmänner gehörte, die vom Rabbiner aufgerufen wurden, die Segenssprüche vor und nach der Verlesung des Wochenabschnittes aus der pergamentenen Thorarolle zu rezitieren, nachdem diese aus ihrem Schrankbehälter genommen, auf den Almemortisch gelegt und dort vom Kantor oder dem Rabbiner aufgerollt worden war. Zudem sollte ich zum ersten Male wie ein Mann lange Hosen und als Requisit der Feierlichkeit einen Zylinder tragen.

Aber meine Eltern widersetzten sich solcher pseudofeierlicher Maskerade, sie setzten die kurze Hose und anstatt des Zylinders einen Koks oder eine Melone als Kopfbedeckung durch. – Ist aber die Verlesung des Wochenabschnittes und die Rezitierung der Gebete beendet, hat sich der Junge vor die Kanzel zu stellen, und der Rabbiner hält eigens für ihn, freilich im Angesicht der versammelten Gemeinde, eine Predigt, durch welche er mit der Süßigkeit und der Last der religiösen Pflichten vertraut gemacht wird. Dann wird dem Jungen entweder ein Gebetbuch oder der Tenach, das ist die grundlegende Offenbarung der fünf Bücher Mose, überreicht.

Da stand ich schmales, bleiches Bürschchen mit dem steifen Koks auf dem Kopf zwischen den kräftigen Männern, die, anders als ich, einen festen Stand auf der Erde innehatten, bangen Herzens auf meinen Auftritt wartend. Um es vorwegzunehmen – ich bestand meine Aufgabe; auch die Predigt, die ich zwischen Kanzel und Gemeinde unbeschützt stehend anhören mußte, ertrug ich in einer äußerlich annehmbaren Haltung. Aber zugleich ereignete sich, während ich auf der erhöhten Plattform des Almemors auf meinen Auftritt wartete, etwas Umstürzendes, das meinem bisherigen Knabenleben ein Ende setzte: Als ich über die versammelten Männer der Gemeinde, die in ihre weißen seidenen oder wollenen, an den Enden mit schwarzen Querstreifen versehenen Gebetsmäntel oder -tücher gehüllt waren, und die geputzten Frauen auf der Galerie hinblickte, durchfuhr es mich wie ein Blitz. Ich erkannte in plötzlicher Hellsichtigkeit, daß ich zu diesen Männern und Frauen und darum auch zu dem Judentum, das sie samt dem Kantor und dem Rabbiner repräsentierten, nicht mehr zugehörig war. Dies war eine niederschmetternde Erkenntnis. Ich fühlte, wie die Mauern, in denen ich bisher wohnte und die mich beschützt hatten, einstürzten und ich ins Nichts hinausgeschleudert wurde. Wohin ich von nun an eigentlich gehörte, war mir völlig dunkel. Ich war über diese gänzlich unerwartete Einsicht derart bestürzt, daß ich mich am Nachmittag meines Festtages zum ersten Male betrank, um der Verzweiflung zu entgehen – als angehendem Mann waren mir ja die alkoholischen Getränke nicht mehr verwehrt.

Dies Ereignis war für mich nicht vorhersehbar gewesen. Denn gerade in den zwei Jahren vor meiner Barmizwa war es mein dringender Wunsch gewesen, über die liberale Religionspraxis meines Vaters, eines Mannes von seltener Noblesse, hinauszukommen. Ich nahm an jedem Sabbat am Synagogengottesdienst teil, was mein Vater mißbilligte. Um tiefer in die Geisteswelt des Judentums einzudringen, begann ich unter Führung des Religionslehrers der Gemeinde mit anderen Jungen zusammen das Talmudstudium. Nun muß man wissen, daß der Talmud eine Sammlung der Religionsdispute in den Lehrhäusern der Rabbis während tausend Jahren darstellt – endlose und oft haarspalterische Dispute, die an Abstraktheit und oft an Unsinnigkeit etwa der christlichen Spätscholastik entsprechen. Gewiß gibt es in den etwa sechstausend Seiten des Talmuds auch Perlen und Edelsteine, aber sie sind äußerst selten. So mußte ich, der ich erhofft hatte, der Geist werde mich im Talmud, diesem zweiten heiligen Buch der Judenheit, auf fette Weide führen, bitter enttäuscht werden. Ich wurde in meiner Sehnsucht, in die Tiefe der Überlieferung eingeführt zu werden, gänzlich auf mich selber zurückgeworfen und mußte mir mühsam einen Weg durch das Gestrüpp der Unwissenheit suchen. Zuerst wurden Spinoza und Nietzsche, deren Werke ich mir als Barmizwageschenk gewünscht hatte, meine Führer durch das Niemandsland. Aber manches blieb dem Jüngling begreiflicherweise unverständlich.

Wenn ich mich aber schon dem Judentum aus innerster Nötigung entziehen mußte, so hätte es nach logischer Regel nahegelegen, daß ich mich seinem Gegenpol, dem Christentum, zugewandt hätte. Aber davon konnte keine Rede sein. Denn das Christentum kannte ich nicht, auch hatte ich im zweiten Jahrzehnt meines Lebens keinerlei Bedürfnis, es kennenzulernen: Ich betrat keine Kirche, sei es nun aus Scheu oder Interesselosigkeit – es kam mir einfach nicht in den Sinn. Ein aus christlichem Geist geschriebenes Buch wäre mir zudem unverständlich gewesen. Wahrscheinlich wirkte in mir noch die typisch jüdische Einstellung zum Christentum unbewußt nach, die zumeist zwischen Scheu und Abscheu schwankt. Das Christentum ist für die Mehrzahl der Juden die Religion und die Lebenshaltung der anderen, der Gojim, der feindlich Gesinnten, die Religion des falschen Messias. Die Juden leben, auch wenn das Phänomen zuweilen durch hohe Bildung und echtes Interesse für die Gestaltungen des Geistes gemildert wird, im Schatten des Kreuzes. Und ähnlich mag es mir auch damals ergangen sein.

Doch was nützt im Augenblick der Not nachträgliche Erkenntnis! In dem schmerzhaften Ausgespanntsein zwischen

Nichts und Nichts begann mein Lebenslicht mehr und mehr zu flackern – ich wurde ernstlich krank, so daß ich einige Monate im Krankenhaus verbringen mußte. Wieder in die Welt entlassen und noch schwanken Fußes dämmerte mir ein Ausweg: der Buddhismus. Sein »Weder dies – noch das«, seine Aufhebung der Gegensätze, seine Verneinung der Affekte und jeglicher historischen Bindungen schienen meinen Zwiespalt aufzulösen. Eine Entscheidung war dann nicht mehr notwendig, weil nach der Lehre des Buddhismus keine der gegensätzlichen Möglichkeiten das Eigentliche und Wesentliche sein konnte. Das buddhistische »Weder-Noch« war Balsam für den Zwiespalt des heimatlos Gewordenen – heimatlos, denn der Jude wurzelt weder in seiner Umgebung noch in den historischen Umständen, sondern in der Geschichte seines Volkes, die zugleich religiös und profan ist, wie dies sonst kaum bei einem Volk der Fall ist. Gewiß kann er versuchen, dem Bannkreis der von den Hütern der Tradition als heilig erklärten Geschichte zu entrinnen. Aber allermeist wird ihm diese wie ein Schatten folgen. Es gibt nur eine Macht, die ihn aus ihr zu lösen, ihn zu erlösen vermag: das ist Jesus als Erstling jener Lebenden, die frei wurden von der Dämonie der Geschichte, deren Gefangener und Träger jeder Jude ist. Das sollte sich an mir erweisen.

Der Buddhismus beruhigte und entspannte aber nicht nur meine heimatlos gewordene und im Zwiespalt brennende Seele, er führte mich auch in eine Art Stoizismus, der ein Versiegen der Gefühle bewirkte. Mein inneres Leben erstarrte im Gleichmaß von »nicht dies – nicht das«. Glücklicherweise begegnete ich auf dem Höhepunkt meiner buddhistischen Periode dem ostjüdischen Chassidismus in der Fassung Martin Bubers, wodurch ich in Kontakt geriet mit den einst vergeblich gesuchten Tiefenschichten der jüdischen Überlieferung. Dadurch wurde mir erneut die Schöpfung in ihrem Geheimsinn und ihrer Heiligkeit bewußt, wodurch der buddhistische Stoizismus allmählich in den Hintergrund trat. Zudem lernte ich im Chassidismus die Glaubensweise und Lebensgestimmtheit meiner östlichen Vorfahren kennen, wovon ich durch Familienüberlieferungen andeutungshaft Kenntnis gehabt hatte.

Doch während mir all dies geschah, bahnte sich in den Zwanzigerjahren die grauenhafte Verwesung, Demoralisierung und Verarmung Deutschlands durch Inflation, Auflösung der Sitte, politische Zersetzung und Verwilderung an. Ich litt wie alle – ausgenommen die Raffer und die Nationalsozialisten

– unter diesem Niedergang des Volkes. Da ich voraussah, daß diese Auflösungserscheinungen in eine Katastrophe münden würden, beschloß ich in der Mitte der Zwanzigerjahre, mich dem Kommen dieses Unheils zu entziehen. Ich brach alle Brükken und Bezüge zu den Menschen meiner Umgebung ab und wanderte ins Ungewisse, in die Fremde. Ohne mein Zutun und durch unvorhersehbare Fügungen gelangte ich schließlich auf die Insel im Wörthsee bei München, die damals noch unberührt und unbeschädigt war. Ich half mit, das ruinöse Schlößchen auf der Insel wieder instand zu setzen, die Erde zu bearbeiten und die Tiere zu betreuen. Dort schlug ich Wurzel und verblieb als Handwerker und Bauer für zehn Jahre in der dort werkenden Familiengemeinschaft.

Mein geistiges Gepäck war aber nur klein und darum auf die Dauer nicht ausreichend. Erinnerungen an den temperierten Erlösungsweg des Buddhismus und an die Diesseitsmystik des osteuropäischen Chassidismus begleiteten mich und hielten mich innerlich aufrecht. Die Arbeit auf der Insel, durch welche wir die von uns so sehr geliebte Freiheit verteidigten, war hart und zugleich köstlich. Sie brachte mich Stadtmenschen an intensive und kontinuierliche Berührung mit den Elementen und den Grundbedingungen des irdischen Daseins und wandelte mein Verhältnis zu allen Lebensbezügen. Dort lernte ich danken für das tägliche Brot, das wir uns mit unserer Hände Arbeit mühsam-tüchtig erwarben. Doch im Unbewußten bohrte die drängende Frage nach Sinn und Weg, nach der Erkenntnis der Wahrheit weiter. Aber da war in der Einsamkeit der Insel niemand, der mir hätte hilfreich sein können. Doch wenn der Mensch schweigt, fangen die Steine an zu reden. So fand ich eines Tages in einem Schutthaufen, der aus Abfällen der Restaurationsarbeit im Schlößchen bestand, ein zerschlissenes Neues Testament. Ich hatte noch nie eines gelesen. Nun aber war die Stunde der Öffnung gekommen. In einer einzigen Nacht verschlang ich die vier Evangelien wie jenes Büchlein, das der Apokalyptiker Johannes essen sollte. Hatte mich in meinem dreizehnten Jahr der Blitz getroffen und mich von aller Herkunft getrennt, so eröffnete mir diese Nacht eine neue, nicht mehr irdische Heimat. Inhalt und Sinn der Evangelien verdichteten sich mir zu einem leibhaft verspürten Bild: Jesus als Feuerflamme inmitten der Welt. Diese Feuerflamme hat manche der dunklen Nächte meines späteren Schicksals erhellt und mich nicht mehr verlassen.

Seit jener Feuernacht betrachtete ich mich als Christ – ich bedurfte hierzu nicht der Taufe, nicht des Segens und der Ordnung der Kirche. Insbesondere die Kirche blieb mir lange fremd und schien mir überflüssig zu sein. Jedenfalls hatte ich keinen Zugang zu ihr. Was mich aber brennend interessierte, war die theologische Deutung der Evangelien, die sich mir eingebrannt hatten. So besorgte ich mir während Jahren aus der Staatsbibliothek in München Stöße von theologischer und exegetischer Literatur. Im Winter, wenn die Bauernarbeit auf der Insel notgedrungen ruhte, fuhr ich davon ganze Lasten auf dem Schlitten über den gefrorenen See. Freilich las ich diese Literatur wahllos, da kein Mensch vorhanden war, der mich zu einer Auswahl angeleitet hätte, wie auch in dem ganzen Prozeß der Christwerdung kein Mensch helfend oder hemmend mitgewirkt hat, selbst nicht meine Freunde, mit denen ich auf der Insel lebte. Obwohl katholischen Glaubens, standen sie seiner Praxis ferne, ja sie mißbilligten meinen Weg, den sie nicht begriffen.

Trotz der Verdüsterung des Zeithorizonts – schwarzer Freitag, Zerfall der Staatsautorität, Terror der nationalsozialistischen Banden – und der damit auch für uns verbundenen wirtschaftlichen Schwierigkeiten verlebte ich von da an auf der Insel glückliche Jahre, in denen mein Bewußtsein des Christlichen sich mehrte und festigte. Und als schließlich sich das teuflische Regime installierte und von ihm Nichtjuden und Juden voneinander getrennt wurden, wehrte ich micht nicht dagegen, daß ich nun zu den Juden, zu denen ich sonst keine Beziehung hatte, gesellt wurde. Ich faßte die Arbeit mit den Juden als Auftrag auf. Freilich ließ ich nichts von meinem innersten Geheimnis, der Feuertaufe durch Jesus, verlauten. Denn ich war mir klar, daß dies bei den Juden, aus deren Volk ich herausgewachsen war, nur verstörend gewirkt hätte. Die Juden, die durch den Tyrannen bedrängt wurden, waren in jener Epoche ja eben im Begriff, ihre Identität wiederzugewinnen, die sie großenteils durch die Bestrebungen der Aufklärung und der Emanzipation verloren hatten. Durch mein Leben unter den Juden, die ich in ihrem Eigensten zu stärken versuchte, war ich sodann auch vorbereitet und eingeübt für die Leiden der Emigration in Zürich.

Naturgemäß führte mich auch dort der Weg zur jüdischen Gemeinde. Mir fielen damals gewisse Führungsaufgaben zu – waren doch viele jüdische Bürger der Schweiz vor der drohenden Gefahr aus Nazi-Deutschland nach den USA ausgewichen, und so konnten manche Aufgaben innerhalb der Gemeinde nicht mehr wahrgenommen werden. Seltsamerweise kam der Kontakt, der sich dann über Jahre hin erstreckte, durch das Buch des bedeutendsten jüdischen Esoterikers des 20. Jahrhunderts, Oskar Goldberg, zustande, dessen Werk ich eingehend durchforscht hatte. Ein jüdischer Lesezirkel beschäftigte sich damit, ohne den Schlüssel dazu zu finden. Als ich hinzukam und das Werk zu deuten wußte, wurde ich mit offenen Armen aufgenommen. Ich veranlaßte sodann, daß Goldberg aus Deutschland geholt, so gerettet und in die USA in Sicherheit gebracht wurde. Meine Arbeit für die Gemeinde war vielfältig – einerseits künstlerisch, ich schuf unter anderem die Glasfenster für den neuen großen Gemeindesaal und den großen Vorhang für die Thoralade der Synagoge. Andererseits hielt ich Vorträge und Lehrzirkel über jüdische Probleme. Und dies, obwohl ich im Herzen vorbehaltlos Christ war und mich für diesen Weg durch theologische Vorlesungen an der Universität weiterbildete. So lebte ich mein oft schwieriges Emigrantendasein gleichsam auf zwei Ebenen: den Juden dienend, wie und soweit ich es mit den mir verliehenen Gaben vermochte, und andererseits bestrebt, durch alle Fallstricke der Theologie hindurch immer tiefer in das Mysterium Christi zu dringen. Diese Haltung entstammte aber keineswegs einem Doppelspiel. Für mich waren die Juden mein Herkunftsvolk und in diesen Jahren auch mein Schicksalsvolk. Mein Weg war aber nicht der ihre.

Allerdings war mir durch langes Beobachten und Nachdenken bewußt geworden, daß sich für die Juden Volksexistenz und Glaube nicht trennen lassen, daß sie als Volk nur auf Grund ihres Glaubens vorhanden sind, der ihnen bestätigt, daß sie, im Gegensatz zu jedem anderen Volkstum, unmittelbar von Gott berufen und daß sie darum gleichsam ihres Gottes Hätschelkind seien. Gewiß fallen seit der Aufklärung immer wieder Teile des jüdischen Volkes, das ja mehr ist als nur eine Glaubensgemeinschaft, von diesem Glauben ab. Aber ein Rest, der berühmte Rest der biblischen Bücher, wahrt die Grundsituation und erneuert von Zeit zu Zeit die nur gedachte Verbindung von Volksexistenz und Glaubensüberlieferung. Solches geschah in der Zeit der Verfolgungen durch die Nationalsozialisten – es war dies ein gewaltiger Prozeß der Umkehr. Im späteren Staate Israel vollzog sich dann eher eine umgekehrte

Entwicklung: eine Scheidung von Existenz und Glaube durch erneute Säkularisation – ein Prozeß, der gewiß eines Tages wieder seine Umkehrung erfahren wird.

In jenen Jahren flackerte die Angst, daß die Schweiz durch die nationalsozialistischen Heeressäulen besetzt werden würde, immer wieder auf. Da die Möglichkeit dazu real bestand, erwachte in mir der Wunsch, daß, wenn es so kommen sollte, ich nicht als Element eines lästigen Volkes beseitigt werde, sondern daß ich, wenn schon der Tod unausweichlich werden sollte, wenigstens als Märtyrer des Glaubens sterben dürfe. Darum forderte ich von meinem Lehrer- und Pfarrerfreund die Taufe, die mir bisher, da ich auf der Insel die Feuertaufe empfangen, gänzlich überflüssig erschienen war. Jetzt aber wollte ich *sichtbar* eingegliedert werden in die Gemeinde der Christen, auch wenn ich mir über ihre Reformbedürftigkeit, die ich später in einigen Büchern dargestellt habe, keine Illusionen machte. Damit aber wurde meine Glaubenshaltung öffentlich, und ich hatte die sozialen Konsequenzen daraus zu ziehen, wozu ich auch bereit war. Dies mußte zudem zu Weiterungen führen, weil ich in jener Zeit mein erstes Buch »Wirklichkeit« zu veröffentlichen gedachte, eine Sammlung von Aufsätzen über Religion und Kunst, durch welche meine vorbehaltlos christliche Gesinnung offenbar wurde.

Es drängte mich jedoch, den Juden, ehe ich sie verließ und sie mir zu Feinden machte, ein Geschenk oder vielmehr ein Mahnmal zu hinterlassen. Darum schuf ich, im Auftrag der Gemeinde, die ich darum gebeten hatte, eine große Ausstellung als Panorama ihrer Geschichte vom Wüstenzug bis zur Gegenwart. Dies war wohl die größte Ausstellung jüdischer Altertümer und Gegenwartskunst vor der noch größeren »Synagoga« in Köln. Noch einmal wollte ich für die Juden als Lehrer ihres geistigen Eigentums wirken, bevor ich von ihnen verfemt werden würde. Ich wünschte nichts anderes, als daß Juden, die unfähig waren, sich Christus zuzuwenden, wenigstens ernsthaft Juden sein sollten. Das Lehrstück gelang, der Erfolg war groß. Aber noch größer war der Skandal, der ausbrach, als ich danach in einem öffentlichen, sorgsam vorbereiteten Vortrag Abschied nahm vom Judentum, indem ich mich in jeder Dimension zu Christus bekannte. Die Gemeinde ergriff aus Furcht, es möchten mir noch andere nachfolgen, ungerechtfertigte Maßnahmen gegen mich. Aber der Geist dessen, dem ich mich ergeben hatte, bewahrte mich vor einem innerjüdischen Martyrium. Ich verlor zwar alle meine jüdischen Freunde – was viel besagt –, aber ich gewann neue, mir innig zugewandte Freunde aus der reformierten Kirche.

Ich war glücklich. Endlich war ich frei und durfte ungescheut der Sache Christi dienen. Zudem war mir längst klar geworden, daß Jesus in einem Doppelsinn Erlöser der Juden ist: Er erlöst sie von einer antiquierten Religiosität, die ihre Wurzeln in einem vergangenen Weltalter hat, und er erlöst sie als Menschen. Und so war ich auch in diesem Doppelsinn erlöst, zur voraussetzungslosen Freiheit befreit. In der evangelischen Michaelsbruderschaft fand ich eine geistige Heimat und erfuhr dort zum ersten Male das Charisma christlicher Brüderlichkeit. Ich bin diesen Brüdern, ihren Stiftern und ihrem segensreichen Wirken noch heute zu tiefem Dank verpflichtet. Dennoch führte mein Weg in die katholische Kirche – durchaus wider Willen. Mein Fortschreiten gab mit Anlaß zur Entstehung der ökumenischen Bewegung der Schweiz, zu welcher so vortreffliche Männer wie Otto Karrer, Werner Meyer, Gebhard Frei und Walter Grimmer Wesentliches beigetragen haben. Und heute darf ich mich als freier Christ im Rahmen der katholischen Kirche bekennen, mit inniger Liebe zu allen Brüdern und Schwestern, welcher der christlichen Kirchen sie auch angehören. Denn erst alle Kirchen und Gemeinschaften zusammen bilden die eine, auf Jesus Christus gegründete Kirche.

Darf ich sagen »mein Judentum«? Ist mir durch meine radikale Wendung überhaupt noch etwas vom Judentum geblieben? Das werden mir gewiß die jüdischen Theologen und Lehrer bestreiten. Und dennoch blieb mir das Judentum als Fundament – nicht weil ich dies gewollt habe oder daran hänge, sondern weil sich das Judentum nicht einfach ablegen läßt wie eine Staatsangehörigkeit oder eine Konfessionsform. Es ist eine unheimliche Macht, die ihre Wurzeln sowohl im Geiste wie im Blute hat. Gerade das letztere unterscheidet es grundlegend vom Christentum. Auch die jüdischen Forscher wissen, daß das jüdische Volk eines der gemischtesten der Erde ist: Ägypter, Assyrer, Hethiter, Araber, Philister, Westgoten, Chasaren und viele andere haben Anteil daran. Und dennoch bildet dies seltsame Volk eine Einheit, geprägt durch eine geistige Macht, die man wechselweise metaphysisch oder dämonisch nennen kann. Und diese Macht, die vom Hirn und Blut der Glieder dieses Volkes tyrannisch Besitz ergriffen hat, ist nicht zu tilgen, sie folgt jedem Juden wie ein Schatten, wohin er sich auch wenden mag, und sie bildet gleichsam den Malgrund, auf dem der einzelne das Bild seiner individuellen Frömmigkeit zu malen vermag. Aber wie oft schimmert doch der »Malgrund« durch die Übermalung durch! Ich denke dabei zum Beispiel an den großen Wissenden und Mahner zum rechten Menschsein in der Nachkriegszeit, Max Picard, der, von Haus aus Jude, ein Glied der katholischen Kirche wurde, der aber im Alter unter Schmerzen und Bedenklichkeiten wieder in das Judentum seiner Herkunft zurückkehrte. Ich konnte in seinen letzten Jahren diesen Prozeß beobachten, sehen, wie das eindrucksvolle Bild, das er mit seinem Geiste in Jahrzehnten gemalt, und das so tief treffende Wort, das er verkündet, dünner und dünner wurden, so daß der alte dunkle jüdische Untergrund wieder sichtbar wurde. Am Grab dieses Christen war auf seinen Wunsch ein Rabbiner anwesend.

In einer ähnlichen Situation befindet sich ein jeder Jude, der der Erleuchtung durch Christus teilhaftig geworden ist. Er ist nicht, wie man ihm vorwerfen mag, abtrünnig geworden, sondern er ist, wie einst der historische Jesus, aus der kleinen Welt der völkisch-religiösen Exklusivität in die Freiheit und Verpflichtung eines größeren Brudertums vorgeschritten. Freilich kann er sich auch in dem größeren Freiheitsraum verlieren; es gibt dafür heutzutage Beispiele genug. Ein größerer Freiheitsraum erfordert auch eine tiefere Bindung. Ein Jude aus dem Geiste Christi ist darum der denkbar gebundenste Mensch. Denn ihm ist vonnöten, sich jeden Tag neu zu bekehren. Wenn er dies nicht vermag, dann wird bald der jüdische Untergrund seinen Glauben durchdringen, und er wird heimkehren ins Abgelebte und Gewesene.

Darum ist »mein Judentum« nicht bloß Erinnerung, nicht nur Rückschau ins Gewesene; es gleicht vielmehr einem Grundwasser, das in der Tiefe fließt, zwar befruchtend, aber auch hinabsaugend. Wenn es an die Oberfläche dringt, dann bringt es zwar Blumen zum Erblühen und Kräuter zum Wachsen. Was aber derart, von unten her befeuchtet, heranwächst, verdankt seine Gestalt nicht den Mächten der Vergangenheit, sondern vielmehr dem Licht, dem »ziehende Kraft« eignet und das zudem Farbe und Form verleiht. Es ist jenes Licht, das sowohl geistig wie physisch in die Finsternis scheint.

Manès Sperber

Schriftsteller und Psychologe, lebte in Paris.
Geboren 1905 in Zablotow/Ostgalizien; gestorben 1984.
Jugend und Studium in Wien.
1933 Emigration nach Jugoslawien, 1934 nach Frankreich.
Veröffentlichte u. a.:
Die Tyrannis und andere Essays aus der Zeit der Verachtung;
Wie eine Träne im Ozean (Romantrilogie);
All das Vergangene (Autobiographie in drei Teilen).

Ich schreibe diese Zeilen in der Stadt, deren Namen ich als Kleinkind im gestammelten Gebet täglich wiederholte, noch ehe ich den Namen meiner Familie oder den meines Geburtsortes kannte. Jeruschalajim – diese fünf Silben, die für mich noch während langer Jahre ihren seltsamen Klang behalten sollten, glichen jenen Gelöbnissen, die uns zuweilen viel stärker an das Leben binden als ihre Erfüllung. So wußte ich denn wie alle meinesgleichen, daß Jerusalem die Stadt war, in die wir eines Tages zurückkehren würden: »Im nächsten Jahr!«, so hieß es in einem oft wiederholten Wunsch, der zugleich die messianische Hoffnung ausdrückte.

Ich lernte die Propheten übersetzen, vor allem Jesaja, dessen Botschaft mich Ungläubigen noch heute angeht, und Jeremia, dessen Leiden am eigenen Volke mich entdecken ließ, daß Liebe eine unversiegbare Quelle von Unglück sein kann. Jeremia, in dessen Reden ich zum ersten Mal der großen rhetorischen Poesie begegnete, klagte: »Sie sagen: 3Frieden, Frieden, aber es ist kein Friede!‹« Während der 65 Jahre, die seit meiner ersten Begegnung mit den Propheten verflossen sind, hat mich diese Klage wie der bedrängende Kehrreim eines Liedes begleitet, das seit Jahrtausenden nutzlose Mahnung bleibt.

Gott sandte die Propheten, um dem von ihm auserwählten Volke abwechselnd strafendes Unheil anzudrohen und das Glück des sich unaufhaltsam vermehrenden Lebens zu versprechen. Zornig oder erbarmungsvoll, stets sagte er ihnen die Dauer, die unverlierbare Dauer zu und das Land Kanaan, die erst zu erobernde und immer wieder verlierbare Heimat.

Jerusalem ist eine sehr alte Stadt, aber es ist nicht Jeruschalajim, das hat Nebukadnezar zerstört; es ist auch nicht die Stadt des zweiten und nicht die des herodischen Tempels, welche im Jahre 70 von Titus erobert und im zweiten Jahrhundert, nach dem endgültigen Sieg der Römer über das rebellische Gottesvolk dem Erdboden gleichgemacht wurde. Aëlius Hadrianus ließ den Boden ihrer steilen Hügel und ihrer engen Täler umpflügen, um die nach ihm benannte Aëlia Capitolina aufzubauen. Sie hat sodann nur die spärlichste Spur hinterlassen: einen in manchen Geschichtsbüchern kleingedruckten Namen.

Seither ist diese Stadt oft genug neu erbaut und wieder zerstört worden, zumeist mit Berufung auf den gleichen Gott, den Gott meiner Ahnen. In den zwei Jahrtausenden unserer Zeitrechnung haben das gelobte Land und seine Hauptstadt das seltsame Schicksal erlitten, von seinen Eroberern stürmisch begehrt und gerühmt, aber nicht geliebt zu werden. Man lese die Berichte glaubwürdiger Reisender aus den vergangenen Jahrhunderten, etwa den Chateaubriands, und man wird erfahren, wie die Stadt der heiligen Stätten verkam, welch barbarischer Verwahrlosung das Land von seinen Eroberern ausgeliefert wurde. Es ist allerdings wahr: Diese schnell versteinte, versandete, versumpfte Erde mußte man immer wieder urbar, die Scholle ohne Aufhören mit Wasser betrunken machen, damit sie vergesse, undankbar zu sein. Solches aber kann nur zustande bringen, wer dieses Land so liebt, wie man ein von tödlicher Krankheit bedrohtes Kind umsorgt. Das haben in den letzten achtzig Jahren junge Juden, nur sie, zustande gebracht. Die zwar stets gefährdete und dennoch bewahrte Dauer genügte ihnen nicht mehr; sie wollten, daß ihr Volk wie jedes andere seinen Bestand fortab nicht nur in der stets wechselnden Zeit, sondern in seinem eigenen, unverwechselbaren Raume gründe.

Während nun mein Blick auf den Wällen ruht, welche die viel umstrittene Stadt umschließen, suche ich ohne Hast, mit Gleichmut zu erforschen, welcher Art mein Judesein ist, mir selbst darüber Aufschluß zu geben, was mir heute und hier das Judentum bedeutet, zu welchem ich nicht nur durch die Geburt, sondern weit mehr noch deshalb gehöre, weil ich es auch in den schlimmsten Bedingungen stets so gewünscht habe. Und das geschah von Anbeginn nicht wegen, sondern *trotz* seiner Auserwähltheit. Ob diese nun eine unentrinnbare Gnade oder eine zu schwere Bürde ist – diese Frage hat mich nur in jungen Jahren bekümmert, denn früh genug entdeckte ich, daß die Gnade uns anhaftet wie ein Höcker den Schultern – nicht leichter als von diesem kann man sich von der Gnade, der erdrückendsten aller Lasten, befreien.

Auch weil ich die Bedrohlichkeit solcher Gnade nie vergessen konnte, wollte es mir nicht gelingen, das einzigartige Schicksal des jüdischen Volkes mit vernünftigen Gründen zu erklären. Und weniger als je wüßte ich heute zu sagen, warum gerade wir alles überdauern konnten, alle überlebt haben. Seit langem scheint mir der Preis viel zu hoch für solche Dauer in der Zeit und das ungewollte Überall und Nirgendwo im Raum. Obschon dieses Schicksal ein historisch und philosophisch unentwirrbares Problem bleibt, dessen Lösung weit mehr Fragen aufwirft als beantwortet, ist mir das Judesein so natürlich wie etwa einem Tiroler Bauern die Gewißheit, daß er gerade dort hingehört, wo sein Dorf liegt. Somit ist mein Selbstverständnis eine alltägliche Selbstverständlichkeit gegenüber Juden und Nichtjuden, gegenüber dem Glück und dem Unglück, ein Jude zu sein – im Jahre 70 der christlichen Zeitrechnung oder im Jahre 135 oder ein Jahrtausend später, in der Epoche der Kreuzzüge oder schließlich nach der bürgerlichen Emanzipation und dem Beginn der Taufepidemien, der ebenso stürmischen wie erfolglosen Versuche recht vieler deutscher oder französischer Juden, sich selbst zu entfliehen.

Ein tätiger Zeitgenosse im zwanzigsten Jahrhundert, bleibe ich so ein Gefährte meiner Ahnen auf all ihren Wegen und Zeuge der Freveltaten, deren auserwählte Opfer sie wurden, wie der Wunder, die sie schließlich vor der völligen Ausrottung bewahrt haben.

Um so unverständlicher mag es scheinen, daß mir die als Klagemauer des Tempels bezeichnete Westwand des Tempelhofes, dieses Ziel so vieler Pilger, nicht viel bedeutet. In der Tat weniger als zum Beispiel die Akropolis von Athen. Um es deutlicher zu sagen und zu erklären: Nicht nur den Bestand des jüdischen Volkes, sondern auch seinen Glauben und alles, was an ihm erhaltenswert sein könnte, hat der Verlust des Tempels und mit ihm die Abschaffung der Priesterschaft nachhaltig, ja entscheidend gefördert. Der Judaismus wurde gerettet, weil er fortab an keinen Raum und an keine Institution, weil er an nichts Verlierbares mehr gebunden war.

Man denke an die Akropolis: Sie drängt ihren Bewunderern keinerlei Glauben an Zeus auf oder an Athene oder die anderen Bewohner des Olymps. In ihren Tempeln überlebt nur der schöpferische Mensch, die Götter aber sind da nach dem Ebenbilde des Menschen geformte Werke, denen unser Blick ein Dasein verleiht.

Erst als Gott seinen Tempel verlor und heimatlos wurde wie sein Volk, triumphierte er über die heidnischen Götter und die Lockung des Götzendienstes, der die Nachfahren Jakobs in Kanaan zu oft erlagen. Erst in der Diaspora verringerte sich diese Anfechtung, sie verschwand schließlich ganz, als der Christianismus, in eine Kirche verwandelt, unter anderem durch den Marienkult und die Vergötzung der parochialen Schutzheiligen heidnisch wurde.

Nicht nur, weil ich ungläubig bin, sondern weil ich zum Judentum gehöre, wittere ich in allen heidnischen Praktiken die feige Selbsterniedrigung des Menschen vor Tieren, Ungeheuern und idolisierten Mitmenschen. Und darin bin ich gewiß strenger als viele orthodoxe Juden, die sich in ihrem Glaubensdurst manchen Aberglauben der Wirtsvölker zu eigen gemacht haben.

Gäbe es einen Gott, so wäre er, meine ich, zweifellos der jüdische. Habe ich mich im dreizehnten Lebensjahr vom Glauben an ihn gelöst, so ist jedoch mein ketzerischer Werdegang von Anbeginn durch den Widerwillen gegen jede Idolisierung bestimmt gewesen; deshalb wurde ich wie so viele meinesgleichen ein unversöhnlicher Feind Stalins, der seinerseits zum Judenfeind wurde, als er sich anschickte, die Anbetung seiner Vollkommenheit mit unbegrenzter Gewalt zu erzwingen.

Um diese einleitenden Bemerkungen abzuschließen, erinnere ich daran, daß der Judaismus auf der Unmittelbarkeit der Beziehung zwischen Gott und den Menschen beruht. Dieses Verhältnis wurde durch die Priesterkasten verschleiert und immer wieder gestört; nicht sie, sondern die Propheten waren es, die selbst in Lebensgefahr die Wahrheit des Judentums verkündeten und jene Hoffnungen begründeten, dank denen die Juden, ob schon immer wieder geschlagen, stets unbesiegt geblieben sind. Die Propheten forderten von ihnen weit mehr, als sie versprachen, und luden ihnen die Bürde des Menschseins auf, als ob sie eine Gnade wäre, die man durch eine ständig bewährte Mitmenschlichkeit verdienen könnte, ja müßte.

Nie erfaßt das Wirtsvolk klar genug das Wesen, die bestimmenden Gründe des Andersseins der Minderheit, die in seiner Mitte und doch stets nur am Rande lebt, indes die Minderheit ihrerseits unbedingt seine jeweils bestimmenden Beweggründe rechtzeitig erkennen und richtig deuten muß, um alles zu vermeiden, was bei der Majorität Mißstimmungen hervorrufen könnte. Diese betrachtet es als selbstverständlich, daß nur ihre Art, zu sein und zu handeln, daß nur ihre Wertmaßstäbe natürlich, daß sie die sittlicheren sind und dem allgemeinen Interesse am förderlichsten. Auch wenn die Koexistenz allen zur Gewohnheit geworden ist, so bleibt doch stets ein Restproblem, das scheinbar plötzlich, jedenfalls unerwartet das friedliche Miteinander der ungleichen Gemeinschaften zu beeinträchtigen droht.

Das geschieht, wenn sich der Autochthonen der Verdacht bemächtigt, daß die anderen insgeheim darauf sinnen, die Vormachtstellung der Majorität zu erschüttern und damit den etablierten Selbstverständlichkeiten alle Geltung zu bestreiten. Man denke daran, wie unvereinbar das katholische Selbstverständnis mit dem Geltungsanspruch einer lutheranischen Minderheit werden kann. Oder man denke an die in Stein gemeißelte *»beschämte Synagoge«* an der Fassade des Straßburger Münsters; sie trägt ein Band vor den Augen und macht sich so selber blind, weil sie es vorzieht, das Licht der unanfechtbaren Wahrheit nicht zu erblicken – daneben sieht man die *beschämende Ecclesia*, die triumphierend verfolgende Unschuld.

In der Mehrheit aufzugehen und so die eigene Identität zu verlieren, ist je nachdem die Befürchtung oder das Begehren vieler Angehöriger einer Minderheit, sofern diese nicht die herrschende Schicht ist. Beherrscht, erniedrigt, entrechtet und verfolgt, blieben jedoch die Juden zumeist frei von jener Befürchtung wie von jenem Begehren, denn für sie war es selbstverständlich, daß sie ihrem Gott und damit sich selbst unter allen Umständen treu bleiben müßten. Später, im vierten Jahrhundert ihres Exils, wurde ihnen diese Treue zum Verhängnis, das ihnen auf der christlichen Erde wie der eigene Schatten überallhin folgte. Damals verflüchtigte sich die bis dahin gehegte christliche Hoffnung auf eine zweite Parusia, auf eine Wiederkehr des Heilands, »ohne die« – so hieß es in einer Schrift – »es nicht möglich ist, an die erste zu glauben, weil diese nicht alle Prophezeiungen erfüllt hat . . . Aus diesem Grunde« – hieß es da weiter – »weigern sich die Juden zu glauben, daß es der Messias war, der damals gekommen ist.«

Ein Zeitgenosse des Autors dieses vor 1600 Jahren geschriebenen Textes, der Kirchenvater und Kirchenheilige Johannes Chrysostomos, der »Redner mit dem goldenen Munde«, predigte daher den erbarmungslosen Krieg gegen die Juden, um durch deren Ausrottung die Legitimität des christlichen Erlösungsanspruchs zu retten. Die Juden sollten Jesum als Messias endlich anerkennen oder ausgelöscht werden, wenn sie in ihrer christfeindlichen Verstocktheit zu verharren wagten. Dieser Priester, der ebenso unversöhnlich wie erfolglos die Paganisierung der Kirche bekämpfte, war der bedeutendste Initiator des organisierten Hasses gegen die Juden, der sich aus einer funktionellen Feindseligkeit in einen *totalen Haß* verwandeln sollte. Wer solches Gefühl hegt, bringt es zustande, den Gehaßten hemmungslos zu verachten und ihn dennoch so maßlos zu überschätzen, als ob er über eine geheime und um so gefährlichere Macht verfügte.

Seit meiner Kindheit weiß ich, daß »in jeder Generation Hasser aufgestanden sind, um uns zu vernichten«: von den Amalekitern bis zu den Verleumdern des französisch-jüdischen Offiziers Dreyfus und bis zu jenen meistens theologischen Antisemiten, die noch zu Beginn dieses Jahrhunderts in Ritualmord-Prozessen als Fachleute des Judenhasses auftraten und zu Pogromen hetzten. Man hat mich früh gelehrt, den offenen und den verhohlenen Haß zu durchschauen, und mir zugleich eingeschärft, mich niemals zum Hassen hinreißen zu lassen. Eine Romanfigur, einen Wunderrabbi, lasse ich sagen, daß wir, wir allein, trotz allen Niederlagen nur deshalb unbesiegt geblieben sind, weil wir uns stets davor bewahrten, im Kampfe dem Feind zu gleichen. Wir durften Haman, Titus oder den Zaren verabscheuen, aber nicht das persische, das römische oder das russische Volk. In einem Essay über den Haß habe ich zwar die Judenfeindschaft als psychologisch aufschlußreiches Beispiel analysiert, jedoch nicht vom jüdischen Standpunkt aus, sondern im Hinblick darauf, daß niemand dauerhaft hassen kann, ohne den Gehaßten zu entmenschen und sein Bild bis zur Unkenntlichkeit zu entstellen. Das tut man, um in der totalen Negation des andern die absolute Bestätigung des eigenen Wertes zu finden und so den Zweifel an ihm zum Schweigen zu bringen.

Mehr als der Glaube an ihre Auserwähltheit hat die Juden ihr Martyrium zu einem judaeozentrischen Selbstverständnis gedrängt. Ohne diese Leidensgeschichte je zu vergessen, bewahre ich mich entschieden davor, judaeozentrisch zu denken. Wie so viele meinesgleichen habe ich ohne Rückhalt an Bewegungen und Aktionen teilgenommen, die keinerlei jüdischen Bezug hatten. Seit meiner frühen Jugend fühle ich mich mitbetroffen, herausgefordert, persönlich angefordert durch die Ereignisse unserer Zeit, durch Hoffnungen und Leiden überall in der Welt – dies in nicht geringerem Maße als meine nichtjüdischen Freunde.

Die Antisemiten werfen den Juden seit jeher ihre zu rege Beteiligung an allen emanzipatorischen Bewegungen vor. Und es trifft in der Tat zu, daß ihr Anteil an den Befreiungsbewegungen unserer Zeit relativ größer gewesen ist als der anderer Intellektueller. Dies erklärt sich daraus, daß die Intelligenz fast aller religiösen oder nationalen Minoritäten sich zu den Malkontenten hingezogen fühlt, sofern sie für das Recht der Entrechteten und gegen jegliche Diskrimination einstehen. Andererseits fördert die biblische Erziehung tatsächlich das Streben nach Gleichheit und ungeschmälerter Gerechtigkeit für alle.

Die allgemeine bürgerliche Emanzipation, die allen Minoritäten die Gleichberechtigung zusicherte, rief damit assimilatorische Neigungen bei jenen Juden hervor, die sich keineswegs mehr an den jüdischen Glauben gebunden fühlten. Dies geschah genau in dem Maße, wie sich die moderne Gesellschaft von der Herrschaft der institutionalisierten Konfessionen befreite und alle Verhältnisse verweltlichte. Die Juden, mit seltenen Ausnahmen Städter, säkularisierten sich weit schneller als ihre christlichen Nachbarn und glaubten nun, sich ungehindert der Umwelt integrieren zu können, da ja die Verschiedenheit des Glaubens fortab keine Schranke mehr zwischen ihnen und den Christen bilden sollte.

Um aber alle Bande mit der Vergangenheit sofort und unwiderruflich zu lösen, ließen sich manche dieser Assimilanten taufen. Der Fall Heine ist bis auf den heutigen Tag aufschlußreich geblieben, ebenso der des Konvertiten Karl Marx. Im Gegensatz zum Dichter, der trotz der Taufe sein Judentum weder verleugnete noch herabsetzte, war Karl Marx ein rabiater, ja extremer Antisemit, der aufs energischste seine unableugbare Abstammung zu verleugnen suchte, indem er sein Volk und dessen Gott in Wort und Schrift gehässig verleumdete.

In der Tat gelang die völlige Assimilation selbst den aus Mischehen hervorgegangenen Nachkommen zumeist erst in der zweiten, dritten oder gar vierten Generation. Die säkularisierten Antisemiten ihrerseits ersetzten mühelos die traditionelle religiöse Begründung ihres Judenhasses durch eine rassisch, national oder sozial begründete Ideologie. »Die Gründe des Hasses erschöpfen sich niemals; die von ihm inspirierten Taten und deren unvermeidliche Folgen vermehren im Gegenteil beinahe täglich seine Vorwände ... Der Mensch, der gehaßt wird, vermag nichts gegen den totalen Haß. Es ist nicht einmal sicher, daß dieser erlöschen würde, wenn sein Opfer sich selbst vernichtete.« Diese Zeilen, die ich meinem vor fünfundzwanzig Jahren veröffentlichten Essay über den Haß entnehme, sind nicht unter dem Eindruck der organisierten Judenausrottung geschrieben worden. Als Psychologe, der die seelischen Voraussetzungen des totalen Hasses prüfte, gelangte ich zum Ergebnis, daß der Hasser, dieser rastlose Hetzer und Verfolger, von einer Angst verfolgt wird, die ihn auch noch dann beklemmen würde, wenn er endlich auf dem Massengrab seiner Opfer tanzen könnte.

Für mein Sein als Jude und für mein weltliches Sein und Tun hat der Haß stets nur eine geringe Bedeutung gehabt – vielleicht eben deshalb, weil sich mir der Judenhaß recht früh als ein extrem aggressiver Verfolgungswahn enthüllt hat, als eine völlig falsche, daher stets mißlingende Überkompensation einer Geist und Gemüt beherrschenden Allophobie, einer amokläuferischen Angst vor den andern, die der Hassende jedoch vor sich selbst zu verheimlichen sucht. In seiner monomanischen Feindschaft redet er sich ein, daß er den Gehaßten unerreichbar überlegen ist und sie verachten, sie aber auch fürchten muß, weil sie von *teuflischer* Schlauheit sind.

Der oft zitierte und noch öfter mißdeutete Selbsthaß von Juden, der die endlose Flucht vor der eigenen Identität begleitet und bald ihre Ursache, bald ihre Folge sein kann – dieser Selbsthaß ist keineswegs spezifisch jüdisch, denn er bemächtigt sich eines jeden, der sich mit seinen Verächtern identifiziert, weil er wähnt, er könnte sie so nicht nur entwaffnen, sondern sogar zu seinen Gunsten umstimmen. So handeln Menschen, die das Urteil über sich selbst von dem des andern, eben des Feindes, abhängig machen. Von einem das seelische Gleichgewicht erschütternden Unsicherheitsgefühl bedrängt, fragen sie sich immerfort, was wohl der Gegner über sie denken mag; sie fürchten am meisten, jenen zu mißfallen, von denen sie sich angefeindet oder verachtet fühlen. Aus Angst, unterworfen zu werden, unterwerfen sie sich im voraus; sie verachten sich selbst und werden verächtlich in der Hoffnung, so der Verachtung zu entgehen. Sie verpfänden dem Feinde ihre Ehre und untergraben den eigenen Daseinsgrund.

Juden meiner Art werden in ihrem Selbstwertgefühl durch die antisemitische Entwertungs- und Erniedrigungstendenz keineswegs betroffen; sie durchschauen die Motive der Verächter und verachten sie. Es fällt mir zum Beispiel leicht, Dostojewskis Antisemitismus zu mißachten, aber zugleich sein Werk zu bewundern und den unglücklichen Menschen zu bemitleiden, der er gewesen ist. Wende ich zwar meine Augen von jedem in dem Augenblick ab, da er sich beschämt fühlt, so blicke ich jedem ins Gesicht, der mich oder meinesgleichen beschämen will. Ich rühme mich nicht der beispielhaften, wahrhaft beispiellosen Glaubenstreue meiner Ahnen – sie ist nur mein Erbe, nicht mein Verdienst –, jedoch bringt mir jeglicher antisemitische Spott sofort in Erinnerung, daß ich deren Nachkomme bin, indes die Spötter mit seltenen Ausnahmen von Leuten abstammen, die im Laufe der Jahrtausende ihren Glauben oft und stets opportun gewechselt haben. Sie verbrannten, was sie vorher angebetet, und beteten an, was sie verbrannt hatten.

Die Juden sind insgesamt nicht intelligenter, nicht klüger als ihre Nachbarn; sie sind nicht besser, sie sind nicht ärger; nicht geiziger, obschon häufig hilfreicher, auch nicht großzügiger als andere; nicht hochmütiger und nicht bescheidener. Aber sie allein sind durch Jahrtausende vor allem jenen ihrer Lehrer, so den Propheten, treu geblieben, von denen sie mit schmerzlicher Strenge gerichtet und häufig verurteilt worden sind. Nein, ich vergesse nicht, wie oft meine Ahnen ihre Rücken erniedrigend tief beugen mußten, um ihr nacktes Leben zu retten. Aber sie blieben stets das Volk des harten Nackens, von dem die Bibel spricht. Und wäre es nicht verkehrt, auf etwas stolz zu sein, das man nicht selbst bewirkt, sondern nur erhalten hat, so würde ich mich dieses harten Nackens rühmen. Er mag – halb im Ernst gesprochen – der einzige Lohn sein, der uns für die fordernde Gnade der Auserwähltheit zuteil geworden ist.

Dem eingangs erwähnten Unverständnis, mit dem das Wirtsvolk den Eigenheiten der eingesessenen Minderheit begegnet, entspricht eine mehr oder minder verfehlte Reaktion, ein spezifisches Unverständnis, mit dem die Minorität ihrerseits ihre Nachbarn zuweilen betrachtet. Es handelt sich insbesondere um folgende Mißdeutungen: Die religiöse oder ethnische Minderheit neigt dazu, ihre eigene Wichtigkeit zu überschätzen, und verkennt deshalb, daß die Mehrheit ihre Entscheidungen im Hinblick auf ihre eigenen Interessen schafft, daß sie also nicht, um die anderen zu verkürzen, sich selbst die meisten Vorteile zu sichern sucht. Jede Majorität ist egoistisch, jede Minorität wird es, sobald sie zur Mehrheit wird oder sich dieser einverleibt. Wer vor langer Zeit aus der Fremde gekommen ist, mag vergessen, daß er ein Zugewanderter ist, die Einheimischen aber vergessen es nie.

Die Juden bilden überall (außer in Israel) nicht nur eine ethnische, sondern auch eine konfessionelle Minderheit, die das verbriefte Recht ausübt, ihren Traditionen treu zu bleiben. Jedoch wittern sie Feindseligkeit, so oft man auf ihre Besonderheit gerade dann hinweist, wenn die nationale Zugehörigkeit erörtert wird. Diesem nur scheinbaren Widerspruch suchen, wie gesagt, viele Juden durch einen Bruch mit aller Tradition und unter Umständen durch die Taufe zu entgehen. Nun, ich bin solch ungläubiger Jude. Kein einziger der zahllosen Riten, die den Alltag und den Festtag der Gläubigen beherrschen, hat für mich noch Geltung. Desungeachtet habe ich nie die geringste Neigung empfunden, mein Judesein zu verleugnen oder mich ihm zu entfremden. Nicht religiös und nicht ein Israeli – was bin ich denn für ein Jude? Diese Frage läßt nur eine persönliche Antwort zu, gilt also jeweils nur für den Einzelnen, in diesem Falle nur für mich, aber nicht für andere Juden, die in meiner Lage sind.

Ich bin ein Jude, weil ich in meiner Kindheit von einer alles umfassenden, alles durchdringenden jüdischen Erziehung geformt worden bin. Man lehrte mich, alles im Hinblick auf Gottes Gebote zu erkennen, zu verstehen und zu deuten; noch vor dem Schulalter las ich die Bibel im Original, daneben auch deutsch, etwa Grimms Märchen und die Zeitung, die aus Wien kam. Man belehrte mich aufs eindringlichste über die von der biblischen Ethik angeordneten Lebensregeln, deren gebieterischste für mich unabänderlich geblieben ist: den Einklang von Glauben und Tun, von Theorie und Praxis zu erlangen und in seinem Sinne zu leben. Ich wage nicht zu behaupten, daß ich dieses Gebot stets befolgt habe, aber ich habe nie aufgehört, an jenen Lebensregeln zu ermessen, ob ich jeweils meinem Leben einen Sinn gab oder in Gefahr geriet, es sinnwidrig zu vergeuden. So handeln, wie es gut wäre, daß alle handeln sollten; nie vergessen, daß man nicht nur für das eigene Tun verantwortlich ist, sondern für alles Übel, das man verhindern oder zumindest vermindern könnte; immer gemäß dem Rat handeln, den uns Rabbi Hillel hinterlassen hat: »Was du nicht willst, daß man dir antue, tue auch keinem andern an!« Und schließlich sich zu dem bekennen, was man als Wahrheit erkannt zu haben glaubt – und bliebe man mit ihr ganz allein. Doch sollte man, wenn möglich, nie allein bleiben und stets solidarisch sein.

Als ich wenige Jahre später auf Dostojewskis reumütig herausfordernden Satz stieß: »Wir alle sind an allem schuld!«, dünkte er mich im ersten Augenblick so übertrieben, als träte in ihm ein verkehrter Größenwahn zutage. Dann aber erkannte und fühlte ich zugleich, daß der Dichter recht hatte. Am Ende war es mir, als wiederholte er eine Botschaft, die ich bereits in meiner Kindheit empfangen hatte. Denn das ist mein Judaismus seit jeher: Solidarität mit den Juden, eindeutige, unanzweifelbare Identifikation mit ihnen – wie sollte es auch nach allem, was ihnen in diesem Jahrhundert angetan worden ist, anders sein?

Und auch das ist mein Judaismus: Solidarität mit allen, denen Unrecht getan wird. Das ist seit jeher mein Sozialismus gewesen; er ist es geblieben wie die häufig genug erfolglose und dennoch ungeduldige Bemühung um eine Welt, in der Theorie und Praxis sich versöhnen und für immer vereint sein würden. Ich fühle mich keineswegs verpflichtet, zu allem, was die Eigenen tun, *ja* zu sagen, sondern eher im Gegenteil dazu berechtigt, schärfer als sonst zu kritisieren, was bei ihnen ungerecht, unwürdig, zu anspruchsvoll oder opportunistisch und daher unecht sein kann. Solche Strenge habe ich selbst erfahren und sie mir ohne Zögern zu eigen gemacht. Jedoch hat es seither Jahre gegeben, da Judesein unentrinnbares Leiden bedeutete und ein unaufhörliches Mitleiden; es blieb keine Strenge, nur ein winziger Rest von Zuversicht zurück und der Wille zum Widerstand, doch zumeist keine Möglichkeit, ihn zu leisten.

Seit Jahrzehnten vergeht mir kaum ein Tag, ohne daß ich jener Zeit gedenke, da mein Volk im Herzen Europas bis zur Entmenschung gedemütigt und von den herrschenden Mördern ausgerottet wurde. Mir vergeht kaum ein Tag, an dem ich die Gleichgültigkeit vergessen konnte, mit der die Welt dieses jahrelang geschehen ließ. Solche Einsamkeit nistet seither in meinesgleichen, im heitern Sonnenschein bricht vereisende Kälte herein, das Geschehene dringt in die Gegenwart ein, als ob es nicht Erinnerung, sondern eine unablässig wiederholte Gewalttat wäre.

Die Ereignisse, auf die ich hier anspiele, haben mein Judesein nicht verändert, aber sie haben – im Sinne des biblischen Gleichnisses – meinen Nacken noch mehr verhärtet, sie haben ihn versteinert. Die große Zuversicht, mit der ich eine alle Menschen und Völker versöhnende, verbindende Zukunft betrachtete – diese vertrauensvolle Erwartung hege ich zwar immer noch, aber recht oft fordere ich mit ihr den eigenen Spott oder eine böse Ungeduld heraus. Das Gedächtnis will nicht verkümmern, es erinnert an die Schiffe mit jüdischen Flüchtlingen, die auf den Ozeanen kreuzten und schließlich jämmerlich zugrunde gehen mußten, weil kein Hafen, kein einziges Land, nicht das mächtigste und nicht das schwächste, ihnen auch nur ein provisorisches Asyl gewähren wollte; es erinnert mich an die Aufständischen des Warschauer Ghettos, die wie in einer menschenleeren Mondlandschaft einen übermächtigen Feind herausforderten; sie erhofften nichts mehr, weil sich selbst die Verzweiflung diesen jungen Menschen versagte: Sie starben im Nirgendwo. Wir aber leben – hilflos, schuldlos schuldig an ihrem Untergang, an allem.

Die jedenfalls verspätete Antwort an diese Jungen konnte nicht aus Polen, nicht aus Europa kommen, sondern nur aus dem jüdischen Palästina, das seine staatliche und nationale Selbständigkeit in Kämpfen eroberte, die aussichtslos erschienen. Insgeheim, doch wirksam von der abgeschüttelten britischen Mandatsmacht unterstützt, griffen alle arabischen Armeen das Land an. Der über sie alle nicht nur mit Waffen errungene Sieg war nicht zuletzt der Erfolg all jener, die das verwahrloste Land in eine menschliche Erde, in eine Heimat verwandelt hatten. Ohne diese Wiedergeburt einer jungen Nation auf der alten Erde hätte das Judentum es nicht zustande gebracht, die von den Deutschen organisierte, von anderen Völkern tatkräftig geförderte, von der übrigen Welt gleichgültig beobachtete Katastrophe seelisch und geistig zu überwinden. Sein Unglück hätte sich in eine unheilbare Krankheit verwandeln, die vitale Kraft und mit ihr den Willen zu leben zerstören können. Dieser Sachverhalt wurde im Jahre 1967 noch einmal allen Zeitgenossen, den Juden wie den Nichtjuden, in den wenigen Wochen offenbar, die dem Sechs-Tage-Krieg vorangingen, als Nasser und alle anderen Führer der arabischen Staaten im voraus triumphierend verkündeten, daß ihre vereinten Armeen Israel, den Staat und das Volk, vernichten, ein für allemal aus der Welt schaffen würden. In jenen Wochen schienen die westlichen Mächte wie von einer Lähmung überfallen, sie bereiteten sich darauf vor, den Untergang Israels tatenlos, jedoch mit einem tiefen Bedauern zu überstehen. Damals, in jenen Maiwochen und in den ersten Junitagen, begriffen die Juden, auch die assimiliertesten unter ihnen, auch jene, die gemäß der Außenpolitik Moskaus antizionistisch waren, daß Israels Untergang ihrem eigenen Dasein gefährlich werden mußte. Mochte Israel ihnen mehr oder minder gleichgültig sein, die drohende Vernichtung zerstörte ihr Gleichgewicht, sie ahnten, daß sie der Ausrottung nur provisorisch entkommen könnten.

Es gibt eine Erniedrigung, die weder der einzelne noch ein Volk überleben kann, ohne daß ihm seine Existenz fragwürdig und seine Identität ebenso ungestehbar wie unverhehlbar würde. Die Aufständischen des Warschauer Ghettos hatten nicht um ihr Leben, sondern um die Würde ihres Volkes gekämpft. Israels Männer und Frauen haben sodann das alte Volk aus der tiefsten Demütigung erhoben und seinen beinahe völlig vernichteten Daseinsgrund wiederhergestellt.

Ich bin nie ein Antizionist gewesen und bin heute ein entschiedener Gegner der Antizionisten, ob diese sich nun sozusagen ideologisch auf Moskau, auf die pseudorevolutionären Terroristen Europas oder Arabiens berufen. Doch bin ich auch weiterhin kein Zionist, weil ich nach wie vor nicht glaube, daß der Bestand einer israelischen Nation die Judenfrage der Diaspora lösen kann. Indes schätze ich die zionistische Bewegung seit 1933 weit höher ein, weil sie so viele Menschenleben vor der Ausrottung in Europa zu einer Zeit gerettet hat, als es leichter war, tausend Juden sterben zu lassen, als auch nur einen einzigen den Mördern zu entreißen.

Ein anderer Grund bestimmt mich überdies, für den unter zionistischer Ägide geschaffenen, wahrhaft demokratischen Staat einzustehen: Hier konnte der Kibbuz entstehen, die einzige Gemeinschaftsform, die in diesem Jahrhundert des pseudokommunistischen Despotismus die Idee des Sozialismus mit der Praxis der Lebensgemeinschaft vereint hat. Der Kibbuz erbringt den klaren Beweis dafür, daß man, ohne an Gott und an den von ihm gesandten Messias zu glauben, gemäß den fundamentalen Lebensregeln des prophetischen Judentums sich zu einem dauernden Bunde vereinigen kann, in dem niemand ein Objekt der anderen ist, sondern stets der Gefährte aller bleibt. Setzt zwar ein solcher Verband die jüdische Abstammung seiner Mitglieder keineswegs voraus, so ist dennoch das Gelingen des Kibbuz nicht zuletzt aus dem Einfluß der gleichen Erziehung zu erklären, die auch mir zuteil geworden ist. Diese sozialistische Lebensgemeinschaft ist bislang ein jüdisches, ein israelisches Phänomen geblieben, indes so viele ähnliche Bemühungen, insbesondere in der ersten Hälfte des vorigen Jahrhunderts, nach kurzer Zeit elendiglich gescheitert, in ideologischer und persönlicher Zwietracht zusammengebrochen sind.

Mit diesen Bemerkungen über mein Judesein wende ich mich in erster Linie an deutsche Leser, dreiunddreißig Jahre nach dem Ende der Herrschaft Hitlers und seiner ungezählten Komplizen, denen Millionen Anhänger zur Seite standen. Gewiß, es wäre nicht unvernünftig, sich von der Vergangenheit völlig abzuwenden und dem zwar unausführbaren, aber verführerischen Rat zu folgen: »Laßt die Toten die Toten begraben!« Doch ist mein Wesen und besonders die Art meines Judeseins mit dem Vergessen unvereinbar. Ich muß meiner gottlosen Religion »des guten Gedächtnisses« treu bleiben. Das bedeutet weder Ranküne noch Rachsucht, sondern bewußtes Erleben der Zeit und Leben gegen die Zeit. Worum es mir hier im Zusammenhang mit der Judenfrage geht, das sollen die folgenden Auszüge aus einem Brief an einen christlichen Kollegen darlegen:

»Ja, Ihr Philosemitismus bedrückt mich, erniedrigt mich wie ein Kompliment, das auf einem absurden Mißverständnis beruht und das man überdies weder verdient hat noch verdienen möchte.

Sie überschätzen uns Juden in gefährlicher Weise und bestehen darauf, unser ganzes Volk zu lieben. Ich verlange nicht, ich will nicht, daß man uns oder irgendein anderes Volk in dieser Weise liebe ... Im übrigen ist der Kampf gegen den Antisemitismus Eure Angelegenheit. Bedroht uns dieser Haß manchmal aufs gefährlichste, so ist er doch Euere Krankheit, er ist das Übel, das Euch verfolgt. Zwar hat er uns unsägliche Leiden bereitet, doch besiegen wir ihn ohne Unterlaß. Dies beweisen wir auch dadurch, daß wir frei bleiben von jedem Haß und daß wir uns Euch brüderlich verbunden fühlen bei der Verteidigung aller Werte, die das Dasein des Menschen auf dieser Welt rechtfertigen.

›Die Welt gehört Euch, doch der Mord erfüllt die Welt. Warum? Gott ist gerecht: aus uns macht er Opfer, aus Euch aber Henker.‹

Sie werfen mir diese Worte vor, die ich einem jüdischen Jungen in den Mund lege, der von christlichen Waffenbrüdern tödlich verletzt worden ist. Sie rufen mir die Schreckenstaten in Erinnerung, die meine Ahnen im Lande Kanaan begangen haben. Ich habe nichts davon vergessen. Aus diesem Grunde habe ich nie auch nur einen einzigen Augenblick vermutet, daß mein Volk des totalen Hasses weniger fähig wäre als irgendein anderes. Jedoch haben wir niemals behauptet, neue, ›erlöste‹ Menschen zu sein; ganz im Gegenteil haben wir niemals aufgehört zu bezeugen, daß der Messias noch nicht gekommen ist.«

Kein Opfertod, keine Erlöser-Gnade vollbringt die so sehnlichst erwartete Wandlung, denn das Kommen des Messias hängt von uns selbst, von uns allein ab, von den Werken aller.

Ich bin nie einer Idee begegnet, die mich so überwältigt und meinen Weg so bestimmt hat wie die Idee, daß diese Welt nicht bleiben kann wie sie ist, daß sie ganz anders werden kann und es werden wird. Diese einzige fordernde Gewißheit bestimmt, seit ich denken kann, mein Sein als Jude und Zeitgenosse.

Schalom Ben-Chorin

Schriftsteller und Journalist, lebt in Jerusalem seit 1935.
Geboren 1913 in München;
gehörte zu den Gründern der ersten jüdischen
Reformgemeinde in Israel.
Veröffentlichte u. a.:
Jenseits von Orthodoxie und Liberalismus;
Im jüdisch-christlichen Gespräch; Die Heimkehr;
Bruder Jesus; Mutter Mirjam;
Weil wir Brüder sind.

Martin Buber schloß seine 1951 gehaltene Rede »Judentum und Kultur« im Blick auf die Wurzeln unserer jüdischen Existenz mit den Worten: »Erkennen wir uns selber: wir sind die Hüter der Wurzeln. Wir sind es. Wie können wir es werden? Wie werden wir, die wir sind?« Mit dieser Frage scheint mir die Existenz des heutigen Juden – und damit auch meine eigene – klar umrissen.

Mein Judentum habe ich im Laufe meines Lebens als das Vorgegebene und Aufgegebene empfunden. Jude ist man sicher von Geburt. Die Halacha, das kanonische Recht des Judentums, statuiert: Jude ist, wer von einer jüdischen Mutter geboren wird. Damit ist wohl die Herkunft, in mutterrechtlicher Urtümlichkeit, umrissen, aber noch nichts über die geistige Gestalt der Existenz ausgesagt.

Es mag frappierend wirken, daß das Gesetz die Volkszugehörigkeit zu Israel von den Müttern herleitet, wie dies auch Paulus in bezug auf Jesus tat: »Vom Weibe geboren und unter das Gesetz getan.« In dieser knappen Aussage des Pharisäers Saul aus Tarsus ist aber der zweite Teil nicht zu übersehen: unter das Gesetz getan, das meint der Thora unterstellt. Die Thora, sicher mehr als Gesetz, Weisung, Führung im Leben, will erlernt werden. Das war in den Jahrtausenden Israels primär das Männerwerk, so daß die geistige Existenz von den Vätern herrührt. Der betende Jude ruft den Herrn mit den Worten an: »Unser Gott und Gott unserer Väter.«

Ein großer jüdischer Dichter des Wiener Kreises, Richard Beer-Hofmann, schrieb in seinem berühmten »Schlaflied für Mirjam« im Jahre des ersten Zionistenkongresses 1897:

Ufer nur sind wir, und tief in uns rinnt
Blut von Gewesnen – zu Kommenden rollts.
Blut unsrer Väter, voll Unruh und Stolz.
In uns sind Alle. Wer fühlt sich allein?
Du bist ihr Leben – ihr Leben ist dein – –

In diesen Versen ist das Generationsbewußtsein artikuliert, das das Wesen jüdischer Tradition und damit jüdischer Existenz ausmacht. Das Tradieren eines Heilsgutes verbürgt allein die Dauerkraft des Judentums. Wo dieses Heilsgut aber aus dem Bewußtsein geschwunden ist, also bei dem assimilierten Diasporajuden unserer Zeit oder bei dem säkularisierten und »normalisierten« Israeli der Gegenwart (auch bei ihm!), wird diese Existenz fraglich, weil sie nicht mehr hinterfragt wird.

Das Volksbüchlein der Passah-Nacht, die Haggada, spricht gleichnishaft von vier Söhnen, vier Typen: dem Klugen, dem Bösen, dem Einfältigen und dem, der nicht zu fragen versteht. Dieser vierte Sohn der Haggada scheint mir typisch für die Situation des heutigen Judentums: der Jude, der nicht mehr zu fragen versteht, der nicht mehr die Grundfrage nach Sinn und Aufgabe seiner jüdischen Existenz stellt.

Vor einem halben Jahrhundert, in den Monaten August bis Oktober 1927, schrieb der französisch-jüdische Schriftsteller Edmond Fleg sein kleines Bekenntnisbuch »Warum ich Jude bin«. Es ist in der Form eines Schreibens an seinen noch ungeborenen Enkel gehalten, dem er das Vermächtnis der Väter weitergeben wollte. Flegs Fragestellung ist heute weithin unbekannt. Wir tragen an dem unseligen Erbe einer grauenvollen Vergangenheit des Holocaust, der NS-Verfolgungen von 1933 bis 1945, zu schwer. Die »Endlösung der Judenfrage« hat in den »Wohnungen des Todes«, in Auschwitz, Maidanek, Treblinka und all den anderen Schreckensorten, nicht nur Millionen Juden vernichtet, sondern für Millionen Juden das Judentum vernichtet. Diese Endlösung hat dem Juden sogar die Würde des Martyriums geraubt, die ihm noch die Kreuzfahrer und die Inquisition belassen haben. Die namenlose Masse, die für die Gasöfen bestimmt war, wurde nicht auf ihr jüdisches Bekenntnis hin befragt. Die Karmeliternonne Edith Stein wurde ebenso vergast wie ein chassidischer Rabbi, ein begeisterter Zionist oder ein deutscher Jude, der noch 1914 bekannte: »Deutschland muß leben, auch wenn wir sterben müssen.« Das Judentum wurde so zu einer ethnischen, ja »rassischen« Einheit degradiert, und das schlug nach innen, so daß viele Juden von heute ihr Judentum nur noch als das Vorgegebene und nicht mehr als das Aufgegebene erkennen.

Es ist aber nicht richtig, daß man Jude nur durch die Geburt wird. Die immer häufiger werdenden Fälle von Konversionen zum Judentum in Israel und in der westlichen Diaspora zeigen, daß es auch den Weg ins Judentum gibt, wobei dieses primär in seiner Sinnhaftigkeit erfaßt und erfahren wird. Für den Juden ist das Judentum die mit ihm geborene Aufgabe. Für den Nichtjuden *kann* das Judentum, dieses »unbekannte Heiligtum« (Aimé Pallière), eine ferne Möglichkeit sein. Ich spreche hier nicht theoretisch, sondern aus Erfahrung; ich kenne Menschen aus verschiedenen Völkern, Deutsche und Skandinavier, Holländer und Japaner, weiße und schwarze Amerikaner, die Juden wurden und ein erfülltes jüdisches Leben führen, dem lauen Juden zu Stachel und Vorbild. Auch das gibt es.

Was ist ihnen gemeinsam, den geborenen und den gewordenen Juden? Das Prinzip der Individuation. Es kommt darauf an, die Möglichkeiten zu entfalten, die in uns liegen. Das scheint mir der Sinn des Lebens zu sein. Des menschlichen Lebens im allgemeinen und des jüdischen Lebens im besonderen. Hier nun geht es um die Entfaltung der jüdischen Möglichkeit.

Israel ist das Bundesvolk Gottes. Der Bund ist Stern und Kern jüdischer Existenz. Die Legende spricht davon, daß beim Bundesschluß am Berge Sinai alle Generationen Israels versammelt waren: die früheren, bis zurück zu Abraham, dem Vater des Glaubens und des Glaubensvolkes, die damals lebende Generation des Exodus – und alle kommenden Geschlechter Israels bis in die Tage des Messias hin. Das ist die Una Sancta Israels, die als ein Objektives vorgegeben bleibt, die aber immer wieder in das Bewußtsein der jeweiligen Generation und jedes Juden gehoben werden muß. Aber am Sinai standen auch noch andere, ein bunter Haufe von Hergelaufenen, die sich den ausziehenden Stämmen Jakobs angeschlossen hatten. Auch sie wurden in das Licht des Bundes gestellt und tasten sich nun zurück zu dem Israelfunken, der noch heute (und gerade heute) in ihrer Seele glüht. In meiner Seele war der Funke *fast* erstickt. Aber der kalte Wind des Hasses auf uns Juden blies hinein und ließ den Funken auflodern und zu einem Feuer werden, das weiterbrennt und brennen wird, solange ich lebe.

Es war das Jahr 1923 in meiner Vaterstadt München, als der Hitlerputsch die Juden der Isar-Metropole erzittern ließ. Auch bei uns, in meinem kleinbürgerlichen Elternhaus, verschloß man Fenster und Türen, duckte sich, hielt sich still, bis der Sturm vorüber war. Ich war damals ein Knabe von zehn Jahren und erlebte diesen Schrecken tiefer, als mir zunächst bewußt sein konnte. Die Sinnfrage brach in mir auf: Warum? Warum werden wir gehaßt? Warum will man uns ans Leben? Warum sind wir anders als unsere Nachbarn? Fragen über Fragen drangen aus mir und in mich ein. Ich bekam keine zureichenden Antworten. Ich wußte wohl, daß wir Juden waren; aber das hatte wenig spezifische Inhalte. Ich habe Milieu und Situation im ersten Teil meiner Autobiographie »Jugend an der Isar« beschrieben und kann hier nur zusammenfassend sagen: Die Paradoxie der assimilierten deutschen Juden, die man spöttisch als Dreitagejuden bezeichnete, war auch der dialektisch spannungsreiche Grund und Hintergrund meiner Kindheitsjahre. Dreitagejuden sagte man, da Juden unserer Prägung sich praktisch nur an drei Tagen des Jahres, an den beiden Neujahrstagen im Herbst, Rosch Haschana genannt, und am darauffolgenden Versöhnungstag, dem Jom Kippur, ihres Judentums inne wurden. Im übrigen feierte man die Feste, wie sie fielen, die Feste der Umwelt, vor allem Weihnachten – und in der Weihnachtsnacht des Jahres 1928 fiel für mich die Entscheidung. Ich wollte dieses Fest, das für uns keineswegs die Botschaft von der Menschwerdung Gottes in der Krippe von Bethlehem beinhaltete (man stand dem Christentum wohl noch ferner als dem Judentum), sondern nur Ausdruck einer gedankenlosen Angleichung an die Formen der umgebenden Wirklichkeit war, nicht mehr mitfeiern. Ich hatte erkannt, daß ich den Weg nach innen anzutreten hatte, den Weg zurück ins Judentum.

Diese Rückkehr führte paradoxerweise in den Verlust des Heims. Ich verließ mein Elternhaus, stand ratlos in der Winternacht auf der Straße und fand Zuflucht im Hause einer jüdisch-orthodoxen Familie, mit deren Sohn ich befreundet war. Nun begann für mich das, was ein großer Heimkehrer in das Judentum, Franz Rosenzweig, den »Salto mortale in die Welt des Schulchan Aruch« genannt hat. (Der Schulchan Aruch ist der berühmte rabbinische Kodex des Joseph Karo aus Safed aus dem 16. Jahrhundert, der bis heute für die jüdische Orthodoxie als normativ gilt.) Ein Salto mortale ist immer ein halsbrecherisches Kunststück. Wenn ich mir dabei auch nicht den Hals brach, so doch gewisse Teile der Seele, falls man das sagen kann. Ich bin nicht ungebrochen aus diesem Versuch hervorgegangen.

Judentum, so ist oft gesagt worden, ist primär Religion der Tat. Der Glaube, der lebendige Glaube, ist zwar die unabdingbare Voraussetzung für alles religiöse Tun; aber er wird wenig diskutiert und fast nicht definiert; denn die Ausführung der Gebote und das Erlernen dieses Systems absorbieren die seelischen und geistigen Kräfte. Das gilt vor allem für einen Rückkehrer, wie ich es war, der von einer äußersten Randposition in das Zentrum der Gesetzesfrömmigkeit übersiedelte. Ich machte alles falsch; denn was für meine Umwelt in diesen Kreisen Selbstverständlichkeit war, mir erschien es als ein dorniges Gestrüpp von Paragraphen und Formeln, von Gesetzen und Bräuchen. Ich lebte mich ein, schmerzlich und nicht ohne Vorbehalte. Und doch bin ich dankbar, daß ich diese selbstgewählte harte Schule der Einübung ins Judentum mitgemacht und durchgemacht habe. Man kann das Judentum nicht nur aus Büchern kennenlernen, sondern muß es als gelebte Wirklichkeit erfahren, mit der Schönheit des Sabbats und der Feste und mit den Härten eines Anspruchs, der oft unsere Möglichkeiten übersteigt, und der Gefahr einer Erstarrung in Traditionen, die den lebendigen Glauben zu ersticken drohen.

Es war mir von Anfang an, das heißt seit meiner fragenden jüdischen Bewußtwerdung, klar, daß jüdische Existenz beides meint: Zugehörigkeit zur Bundesgemeinde des Glaubens und zum jüdischen Volk. Die Auseinanderreißung dieser beiden Elemente ist die permanente Gefahr der Mißinterpretation des Judentums. Ich habe später diese geschichtstheologische Erkenntnis in meinem Buch »Die Antwort des Jona« dargestellt. So ging bei mir der Rückweg in das Judentum mit der Hinwendung zum Zionismus Hand in Hand. Zum Mißvergnügen meiner orthodoxen Umgebung schloß ich mich gleichzeitig der »Kadima« an, einem nationaljüdischen Pfadfinderbund. Es war mir klar, daß die volle Verwirklichung jüdischen Lebens nur im Lande Israel (wir sagten damals noch Palästina oder aber unter uns schon Erez Israel, Land Israel)möglich ist.

Die Bewältigung jüdischer Existenz außerhalb der starren Form der Orthodoxie konnte ich nur in einem langen Prozeß von Bindung und Lösung und wieder neuer Bindung, in ständiger Beschäftigung mit dem Lehrgut des Judentums vollziehen. Auch heute noch, in der Mitte des siebenten Lebensjahrzehntes stehend, kann ich diesen Prozeß nicht als abgeschlossen bezeichnen. Ich meine, daß nur die immer weiter geführte Konfrontation der sich wandelnden Wirklichkeit mit den unwandelbaren Ansprüchen aus der Transzendenz der biologischen Evolution entspricht, der wir ohne unser Zutun ausgesetzt bleiben, solange Atem in uns ist.

Wer sich zu Israel bekennt, bekennt sich zu einem Volk und zugleich zu einem Gottesbund, der im Bewußtsein dieses Volkes geschlossen wurde. Das dritte Element aber ist: das Land. Im Bundesschluß verheißt Gott seinem Volk sein Land. So ist diese Dreiheit eine Einheit: Gott, Volk und Land Israel. Das war für mich nicht nur ein Theologumenon, sondern Leitwort meines Lebens. 1935 entschied ich mich. Es war mir nach mehreren Verhaftungen klar, daß ich in München, das nun »Hauptstadt der Bewegung« geworden war, nicht mehr länger bleiben konnte. Auch mein Studium hatte ich abbrechen müssen. Meine Schwester, die bereits in Argentinien Zuflucht gefunden hatte, sandte mir Visum und Schiffskarte nach Buenos Aires. Ich ließ beides zurückgehen; denn es wurde mir klar, daß meine Destination das Land Israel war.

Im zweiten Teil meiner Autobiographie »Ich lebe in Jerusalem« habe ich beschrieben, wie ich langsam in diese Stadt hineinwuchs und wie sie mir zuwuchs. Nun lebe ich seit über vierzig Jahren in Jerusalem; habe also ein Prozent ihrer Geschichte miterlebt, die bis in Urvätertage Abrahams zurückreicht, wo hier Melchisedek, der König von Salem (wohl eine Kurzform von Jerusalem), schon als Priester des höchsten Gottes waltete. Ich kann mit Paulus sagen, daß ich wie er in dieser Stadt in meinem Judentum gewachsen bin. Ihn führte der Weg dann freilich nach Damaskus. Ich verblieb in Jerusalem.

Noblesse oblige. Die Adresse wurde oft zur Aureole. Man muß sich bemühen, vor allem im Auslande, kreditwürdig zu bleiben. Dem Jerusalemer wird ein hoher jüdischer Kredit eingeräumt; denn von Zion geht die Lehre aus und das Wort des Herrn von Jerusalem. Sind wir daher wirkliche Botschafter dieser Lehre und dieses Worts, wenn wir aus Jerusalem kommen, hier zu Hause sind? Das wäre eine hybride Simplifizierung. Jerusalem, so habe ich es empfunden, wurde für mich nicht nur der Wohnort für den größten Teil meines Lebens, sondern zugleich auch eine Verpflichtung. Aus der Stadt und ihrer Geschichte erwuchs mir vieles, was Leben und Werk formte. Hier entstand vor allem meine Triologie »Die Heimkehr«, die die tragenden Gestalten des Neuen Testamentes, Bruder Jesus, Paulus und Mutter Mirjam, in meiner jüdischen Sicht darstellt und mit dazu beitragen durfte, das Gespräch zwischen Juden und Christen, vor allem im deutschen Sprachraum, anzuregen und zu vertiefen.

Im deutschen Sprachraum – das habe ich wahrheitsgemäß angemerkt, denn aus meiner Muttersprache bin ich nie ausgewandert. Sicher ist mir in den Jahrzehnten in Israel die hebräische Sprache, die Ursprache meines Volkes, zugewachsen, und doch blieb sie eine erlernte und leider nie ganz bewältigte. Nur wer sehr schlecht hebräisch spricht, behauptet, daß diese Sprache nicht ausreichend sei für alle Varianten moderner Terminologie. Sie ist unendlich reich und schön, diese Sprache – und wenn sie der Herr selbst zu seiner Selbstmitteilung wählte, dürfte sie auch für uns genügen. Aber wir genügen nicht immer der Sprache, können die feinsten Schwingungen nur dem Instrument der in uns gewachsenen Muttersprache entlocken. Ein Schriftsteller, sagte Thomas Mann in der Emigration, ist ein Mensch, der eine Sprache schwerer erlernt als andere. So gesehen darf ich das Prädikat des Schriftstellers voll für mich in Anspruch nehmen. Der Schriftsteller, der auf der Klaviatur seiner Sprache bereits zu gewisser Virtuosität gelangt ist, klimpert nur ungern auf den Tasten einer anderen. So blieb es vorrangig beim Deutschen für mich. Wenn ich auch in Alltag und Vortrag, in den Massenmedien und in der Literatur kein Fremdling im Hebräischen blieb und vor allem in den Bezirken der religiösen Tradition die hebräischen Quellen für mich erschloß, so blieb doch das Medium meiner schöpferischen Arbeit das Deutsche. Und dies wurde mir zum Schicksal, zum jüdischen Schicksal.

Als nach dem Ende des Zweiten Weltkrieges in Deutschland ein bisher ganz unbekanntes (und heute schon wieder fast vergessenes) Schuldgefühl aufbrach, erwuchs aus diesem Bewußtsein der Wunsch nach dem Gespräch mit dem Judentum. Ich habe es oft erlebt und gesagt, daß dieses Gespräch, das christlich-jüdische Gespräch in Deutschland, im deutschen Sprachraum, was noch mehr ist, als Gespräch aus der Schuld begann. So ergab es sich, daß ich in dieses Gespräch hineingezogen wurde, als ein Jude, der eine gemeinsame Sprache im philologischen Sinne mit dem Gegenpart sprach und nun eine gemeinsame Sprache in einem psychologischen Sinne finden mußte. Ob mir das gelungen ist, kann ich selbst nicht entscheiden. Ich habe aber viele Anzeichen dafür, daß der Versuch nicht mißlungen ist. Die Bereitschaft, die ich bei vielen Besuchen in der Bundesrepublik fand, etwas über das Wesen des Judentums nicht nur theoretisch, sondern aus der Existenz zu erfahren, war für mich beglückend, vor allem die Begegnung mit einer jungen, fragenden deutschen Generation, die mir sicher nicht weniger gegeben hat als ich ihr. Ich habe ihr etwas vom Geist des Judentums gegeben; sie hat mir den Glauben an den Menschen zurückgegeben.

Wieder war es Paulus, an den ich bei meiner Tätigkeit so oft erinnert wurde, so etwa als ich für ein Gastsemester im Sommer 1975 an der Universität Tübingen Vorlesungen hielt, die nun auch als Buch unter dem Titel »Jüdischer Glaube« vorliegen. Was ist das Paulinische an dieser Existenz? Die Aufgabe, jüdische Inhalte in einer anderen Sprache als der hebräischen zu referieren. Bei Paulus trat die Verfremdung durch das Medium des Griechischen ein. Ich spürte sie und spüre sie, bei aller Vertrautheit, im Deutschen. Franz Rosenzweig sagte: »Übersetzen heißt zwei Herren dienen. Also kann es niemand. Also tut es jeder.« Übersetzen ist in diesem Bereiche sicher weit mehr als ein philologischer Vorgang. Heterogene Denkstrukturen müssen übertragen werden. Das bleibt im Kern tragisches Unterfangen, eine Paradoxie, der wir uns nicht entziehen können.

Und nun muß ich meinen Hörern und Lesern meiner jüdischen Vorträge, Bücher und Aufsätze in deutscher Sprache noch einmal besonders danken. Dadurch, daß sie mich nötigten, jüdische Begriffe, die hebräische Begriffe sind, in deutscher Sprache aufzudecken, wurde *ich* genötigt, diese Positionen immer wieder neu und immer tiefer zu durchdenken. Nichts blieb mehr selbstverständlich, alles mußte ich mir selbst verständlich machen, um es anderen verständlich zu machen. So wurde mir im dialogischen Prozeß mein Judentum klarer, reiner, schöner und tiefer erschlossen, als es in monologischer Selbstbescheidung je möglich gewesen wäre. Von Martin Buber hatte ich die Dialogik, das dialogische Denken gelernt. Durch die mir zugewachsene Lebensaufgabe eines Dolmetschers zwischen Judentum und Christentum, zwischen Israel und Deutschland, ist die Dialogik unveräußerlicher Bestandteil meiner Existenz, meiner jüdischen Existenz, geworden. Buber hat uns in seinem philosophischen Hauptwerk »Ich und Du« diese Dimension erschlossen. Sie scheint mir eine wesentlich jüdische Dimension zu sein. Jüdisches Denken ist dialogisches Denken. Milan Machovec hat, wie ich meine, mit Recht darauf hingewiesen, daß der Gott Israels primär der *redende* Gott ist. Menschliche Rede ist, so gesehen, Antwort auf den göttlichen Anspruch und Zuspruch. Dialogische Existenz im zwischenmenschlichen Bereich kann so transparent werden zur Imitatio Dei. Das hat schon vor über dreihundert Jahren der christliche Mystiker Angelus Silesius erkannt:

Nichts ist als Ich und Du
Und wenn wir zwei nicht sein
So ist Gott nicht mehr Gott
und fällt der Himmel ein.

Es darf uns nicht wundernehmen, daß der schlesische Mystiker Johannes Scheffler, der ursprünglich Protestant und später Katholik war, etwas ausspricht, was mir für das Judentum, im Sinne Bubers, so wesentlich scheint. In der Konfrontation mit christlicher Frömmigkeit ist mir oft bewußt geworden, daß wir nicht nur von derselben Wurzel herkommen (das zu erkennen sollte eine Selbstverständlichkeit sein), sondern auch in späteren Phasen, ohne voneinander zu wissen, zu ähnlichen, oft zu gleichen Erkenntnissen gelangen, Erkenntnissen nicht nur des Intellekts, sondern des Glaubens und der Seele.

Meine Bemühungen gingen und gehen aber nicht nur nach außen. Was wäre das Judentum und damit mein Judentum ohne die jüdische Gemeinschaft? Jude kann man nicht allein sein. Es ist sicher nichts Zufälliges, daß das traditionelle Judentum den Minjan, die Zehn-Männer-Gemeinschaft, für einen vollen Gottesdienst fordert, daß die Liturgie vorwiegend im Plural gehalten ist. »Unser Gott« kommt viel häufiger vor als »mein Gott«, und auch Jesus lehrt seine Jünger beten: »Unser Vater im Himmel«. Aber sieht diese Gemeinschaft so aus, wie sie aussehen soll? Israel ist zweifellos ein überfordertes Volk. Ihm wurde gesagt: »Ihr sollt mir sein ein priesterliches Reich und heilig Volk.« Die Wirklichkeit Israels ist davon ebensoweit entfernt wie die Wirklichkeit der Kirche von der »Gemeinschaft der Heiligen«, die sie darstellen sollte. Es kann sich bei absoluten Zielsetzungen dieser Art im Prozeß der Konkretisierung immer nur um eine schrittweise Annäherung handeln, wobei sich der Jude bewußt sein soll, daß der Mensch des Weges geführt wird, den er wählt. Diese talmudische Paradoxie, die das Verhältnis von Wahl und Prädestination umkehrt, hat mich von Jugend an beherrscht. Ich wählte einen Weg, den ich in einem Frühwerk als »Jenseits von Orthodoxie und Liberalismus« bezeichnete, und wurde weiter auf diesem Wege geführt. Im Lande Israel habe ich bald erkannt, daß die Alternative: Zion ohne Gott, also ein rein säkulares Judentum, *oder* orthodoxe Gesetzesfrömmigkeit weder dem Wesen noch der Wirklichkeit entspricht. Es ging und geht mir darum, eine dritte Position *im* Judentum sichtbar und lebbar zu machen. Der lebendige Glaube, das bedingungslose *Vertrauen* in Gott, wie es in dem hebräischen Begriff Emuna zum Ausdruck kommt, ist weithin verschüttet. Lavamassen von intellektueller Dialektik einerseits und minutiöser Kasuistik andererseits haben sich über den Glauben Israels, die Quelle seines Lebens, gelegt. Man hat vergessen, daß nach einem talmudischen Wort alle 613 Gebote und Verbote des rabbinischen Kodex in *einem* Satz kulminieren sollen, der dem Propheten Habakuk entnommen ist: »Der Gerechte lebt seines Glaubens.« Wer im Glauben steht, in der Emuna, in diesem schlechthinnigen Vertrauen, der hat den Schlüssel zum Gesetz gefunden. Wie paulinisch hört sich das an und ist doch talmudisch, aber von den Hütern der talmudischen Tradition vergessen oder verdrängt.

Das Gebet ist weithin im Judentum zur Routine erstarrt und bedarf wieder der Verlebendigung, von der die Frommen früherer Generationen beredtes Zeugnis ablegten: »Wer sein Gebet zu etwas Statischem macht, dessen Gebet ist kein Flehen«, lesen wir in den Sprüchen der Väter und vergessen wir in den Taten der Söhne.

Das doppelte Liebesgebot, Gott und den Nächsten zu lieben, ist nicht eine neue Eigenforderung Jesu, sondern aus zwei Zitaten geformte Quintessenz der Thora. Das wissen wir alle – und haben es beiseite geschoben.

Die institutionalisierte Religion des orthodoxen Establishments in Israel hat das Judentum auf einen öden Ritualismus reduziert. Dagegen versuchte und versuche ich anzukämpfen. 1957 habe ich mit einigen Freunden Kreise zur religiösen Erneuerung in Jerusalem und anderwärts gegründet. Daraus haben sich die kleinen jüdischen Reformgemeinden in Israel entwickelt, die sicher nicht das darstellen, was wir uns erträumt hatten, und doch neue Ansatzpunkte für die Überwindung der falschen Alternative: Säkularismus oder Orthodoxie bilden.

Es gehört zu den Gnadengaben in meinem Leben, daß mein Sohn diese Arbeit nun als seine Lebensaufgabe weiterführt. Ich hatte ihm im Jahre 1939 meinen Versuch über die jüdische Glaubenslage der Gegenwart als »Antwort auf künftige Fragen« gewidmet. Er war damals ein dreijähriges Kind – aber er *hat* später diese Fragen gestellt und diese Antworten erwogen. Ich vermerke das dankbar; denn dieses Weitergeben vom Vater auf den Sohn bildet die Infrastruktur des Judentums. Wo die Kette der Tradition abgerissen ist, kann sie nur mühsam wieder aufgenommen werden, wenn überhaupt.

Mein Judentum? Ich kann nicht abgetrennt davon sprechen wie von einem bestimmten und bestimmbaren Bezirk in meinem Leben und meiner Person. Es durchdringt alle Phasen meines Seins, und jede Aufspaltung in das Jüdische zu Hause und das Humane in der Öffentlichkeit lehne ich als Schizophrenie der Diaspora-Existenz ab. Mein Judesein und mein Menschsein sind eine Monade. Das bedeutet aber nicht eine irgendwie geartete Überbewertung des Juden. Der Erwählungsbegriff könnte leicht in diesem Sinne mißdeutet werden. Ich glaube an die Erwählung Israels, aber nicht in dem dümmlichen und falschen Sinne einer Höherwertung des Juden gegenüber anderen Menschen.

Was meint Erwählung Israels? Dieses Volk hat Gott zum *Modellfall* für alle Völker erwählt. An ihm hat er Gericht und Gnade so deutlich, so sinnfällig vollzogen und in seinem Wort verkündigt, daß es die Völkerwelt vernommen und wohl zum Teil auch angenommen hat. Und doch sagt schon der älteste der Schriftpropheten, Amos: »Seid ihr mir denn besser als die Mohren, ihr Kinder Israels, habe ich nicht die Philister aus Kaphtor und die Aramäer aus Kir geführt . . .? Euch allein habe ich von allen Geschlechtern der Erde erkannt, damit ich an euch heimsuche alle eure Verfehlungen.« Das ist die Erwählung Israels. Es ist nicht besser als andere, aber mündiger und daher in der vollen Verantwortung stehend. Zwischen dem prophetischen Pathos und der Banalität der konkreten Judenheit klafft ein Abgrund. Er kann nur durch eine Doppelbrücke aus Glauben und Humor überdeckt werden. Franz Rosenzweig nannte den Humor den Milchbruder des Glaubens. Ausdruck solchen gläubigen Humors überliefert Friedrich Torberg im Namen Albert Einsteins in einem köstlichen Vierzeiler:

Schau ich mir die Juden an,
Hab ich wenig Freude dran.
Fallen mir die andern ein,
Bin ich froh, ein Jud zu sein.

Max Fürst

Schriftsteller, lebte in Stuttgart.
Geboren 1905 in Königsberg; 1933/34 KZ-Aufenthalt; 1935 Emigration nach Palästina; gestorben im Juni 1978.
Schrieb folgende Bücher:
Gefilte Fisch; Talisman Scheherezade.

Ich kann eigentlich über *mein* Judentum gar nicht schreiben, genausowenig wie über mein Deutschtum: Beide habe ich nicht, sondern sie haben mich. Man ist hineingeboren, hat eine Erziehung erlitten, und dann hat es einen, ohne daß man viel dazu tun muß. Gerade das Judentum ist sehr anhänglich, es klebt wie Pech, und es bedarf schon einer großen Anstrengung, um es loszuwerden; viele haben es ganz vergeblich versucht.

Ein Märchen aus Tausendundeiner Nacht berichtet von Abu Kasem, der seine Pantoffeln so lange getragen hat, bis die Fetzen an allen Seiten herunterhingen. Man sagt, aus Geiz, ich meine, aus Tradition. Als sich ihm die Gelegenheit zu bieten schien, sie gegen neue einzutauschen, begann die Tragödie. Die alten Pantoffeln rächten sich und stifteten Unfug, der Abu Kasem immer wieder in Schwierigkeiten brachte. Im Märchen wird er sie erst los, nachdem sie ihn ruiniert haben, in der Realität, die noch trotziger ist als ein Märchen, wird er sie wohl wieder zu sich genommen und bis an sein Lebensende getragen haben, auch wenn sie ihm die Füße noch so wund scheuerten.

Jedem Menschen hängt solch ein Pantoffel um den Hals, wenn er ihn schon nicht mehr an den Füßen trägt, und gibt ihm eine unbestimmte Farbe. Man nennt das Tradition, ein sehr vager Begriff. Sie kann alles zum Inhalt haben: Jugenderlebnisse, die Sippe, in die man hineingeboren ist, die Landschaft, aus der man stammt, und, manchmal erst im Alter, Erinnerungen und Verantwortlichkeit. Über wie viele Generationen bleibt ein Deutscher, der nach Amerika, Südafrika oder Australien ausgewandert ist, seinem Vaterland verbunden? Wie lange bewahrt er den deutschen Lebensstil? Bei den Juden ist die Verbundenheit mit dem Judentum immer wach. Einer mag ein großer Gegner aller jüdischen Institutionen sein und die Juden bekritteln, aber eben darum wird er immer aufmerken, wenn von Juden die Rede ist. Man ist in einer Art Sippenhaft mit ihnen verbunden, und es kann einem nicht gleichgültig sein, was sie irgendwo in der Welt tun. Das ist wohl älter als die Hitlerbewegung, dieses Aufmerken, wenn ein Jude – oder nur ein Name, hinter dem man einen Juden vermutet – genannt wird. Ich will nicht übergehen, daß ich die Juden zählte und an ihnen Anteil nahm, die zur Russischen Revolution gehörten, und noch heute nehme ich Anteil, wenn ein Jude in der amerikanischen Regierung ist, auch wenn ich alles verdamme, was er tut. Ja, als kürzlich ein Mörder in den Staaten gefaßt wurde, gab es mir einen Stich, als ich den Namen hörte, der jüdisch sein konnte.

Man soll sich aber nicht täuschen lassen, es ist nicht so, daß das Judentum mein Denken beherrschte und der Maßstab meines Lebens wäre. Es ist ein Teilaspekt, der überbetont erscheint, wenn man ihn nicht im komplexen Zusammenhang eines Lebens akzeptiert. Manche anderen Probleme rücken tatsächlich dichter an mich heran. Wenn ich nun aber über »mein« Judentum schreibe, so ist es eine Gelegenheit, hinter meinen Gedanken zu forschen, und da sieht manches anders aus, ob es mir lieb ist oder nicht.

Man spricht oft von »wurzellosen« Intellektuellen. Es hat seine Schwierigkeiten mit dem Vergleich zwischen Menschen und Bäumen, obwohl es für die Menschen ein sehr schmeichelhafter Vergleich ist. Was gibt es Schöneres als Bäume. Hackt man einem Baum die Wurzeln ab, so wird er wohl eingehen, sicher ist es jedoch nicht, man hat schon von dürren Stöcken gehört, die immer wieder neue Wurzeln hervorbrachten. Ich selbst habe einmal in Palästina einen dürren Kaktusstab, den die Kinder mir brachten, ein Jahr liegen lassen, dann dauerte er mich, und ich pflanzte ihn ein, und siehe, er wurde ein großer Baum. Wurzelschlagen nennt man das. Der Mensch steckt mit seinen Wurzeln nicht in der Erde, oder doch, und man sieht es nur nicht? Jedenfalls ist ein Mensch leichter zu verpflanzen als ein Baum, und sicher wird er am neuen Platz gedeihen, wenn er nur irgendwelche Möglichkeiten findet. Er ist sogar fähig, in der harten Landschaft einer Großstadt Wurzeln zu schlagen, und es ist glaubhaft, daß er zu ihr eine stärkere Bindung entwikkelt als zu seiner ersten Heimat. Der Mensch ist eben nicht nur ein Objekt seiner Herkunft, sondern wird zum Subjekt mit freier Entscheidung, und er ist weniger standortgebunden als Bäume oder Pflanzen es sind. Auf mein Buch hin schrieb mir eine kluge Frau aus Israel über die Schwierigkeiten deutscher Juden, dort eine Heimat zu finden, und sagte: »Viele deutsche Juden sind daran gescheitert, davon zeugen nicht nur die Abgewanderten, sondern auch manche von denen, die hier geblieben sind, sei es aus Inertion, oder weil sie keine andere Möglichkeit hatten. Vielleicht, weil ihnen der vorauszusetzende Entschluß gefehlt hat. Die Ostjuden dagegen waren wie die Schnecke, deren Heimat war nicht diese oder jene Landschaft, diese oder jene Kultur, sondern die eigene Tradition, die sie dann ohne das große Trauma mit sich nehmen konnten. Vergleichbar zwei Bäumen, der eine hat ein weitverzweigtes Wurzelnest unter der Oberfläche, der andere eine in die Tiefe reichende Pfahlwurzel, und nur dieser kann dem Sturm standhalten.«

Man soll Bilder nicht überziehen, aber die Erlebnisse der Kindheit wirken fort, weit ins spätere Leben hinein. Mir ist das erst bewußt geworden, als ich begann, meine Erinnerungen aufzuschreiben. Heute spielt das Judentum bei mir nur die Rolle, die ihm durch Hitler aufgezwungen worden ist. Man lebt als Jude verbunden mit, aber auch abgesondert vom Volk. Erst beim Überdenken der Vergangenheit entdeckte ich wieder, welch breiten Raum die Religion in meiner frühen Jugend einnahm. Ungewollt habe ich das Bild verschoben, das ich mir von mir machte. Da schildere ich ebenso minutiös wie die ostpreußische Heimat die Feste mit ihren Vorbereitungen und die Bar Mizwa (Konfirmation), die mir so klar im Gedächtnis geblieben ist wie kaum etwas. So bildhaft standen Heimat und Kindheit vor mir, daß ich im Erzählen auch anderer Leute Erinnerungen wecken konnte. Ich bekam Hunderte von Briefen, viele von Leuten, die gleich mir in Königsberg aufgewachsen waren; mehr noch aber rührten mich die Briefe von ostpreußischen Juden aus aller Welt. Leute, die in den vierzig Jahren eine andere Heimat gefunden zu haben schienen, waren berührt von meinen Erzählungen und begannen nun ihrerseits zu erzählen. Briefe aus aller Welt, aus Australien, Amerika, Südafrika und aus Israel. Die erste Heimat, die Heimat der Jugend, scheint unvergeßbar zu sein.

Für mich gehörte zur Heimat auch die Synagoge, von der ich mich bald darauf für immer lossagte. Als meine Kinder mein Buch lasen, wunderten sie sich: Von Ostpreußen hatte ich immer viel erzählt, nie aber von der Synagoge gesprochen, wohl, weil die Religion zu jener Zeit für mich keine Rolle spielte, ja nach der Emigration nach Palästina war sie mir ein Stein des Anstoßes geworden.

Der erste Anlaß, mich von der Institution der jüdischen Religion , der Gemeinde, zu lösen, ist heute kaum noch nachvollziehbar, aber damals, 1923, mußte jede Freiheit erkämpft werden. Wir hatten mit unseren Gruppen, Jungen und Mädchen, nackt gebadet. In dem Wunsch, ohne Lappen sich ins Meer zu stürzen und am Strand zu toben, fand unser neues Lebensgefühl einen Ausdruck, ein Gefühl, das es aber auch nicht zugelassen hätte, die Kinder zum Schweigen zu verpflichten. So ging der Klatsch durch die ganze Gemeinde, und der Rabbiner hielt es für nötig, öffentlich vor uns zu warnen. In der Jom-Kippur-Predigt – ich stand neben meinem Vater in der brechend vollen Synagoge – sprach er von den verabscheuungswürdigen Taten junger Führer, von der Verletzung des Schamgefühls der jungen Mädchen. Erstaunlicherweise stellte sich mein Vater hinter seine Kinder. Nach einigen bärbeißigen Bemerkungen, es sei eben nicht üblich, nackt herumzulaufen, fand auch er, daß die Synagoge für dieses Thema nicht der Ort sei. Wir aber hatten gelernt, daß wir dort nicht mehr hingehörten, und nach einem Jahr heftiger Zusammenstöße mit dem Rabbiner zogen meine Freunde und ich die Konsequenz, aus der Gemeinde auszutreten.

Der nächste Zusammenstoß war anderer Art. Es mag heute lächerlich und kleinlich erscheinen, wie sehr wir uns damals über die Grundlagen unseres jüdischen Wanderbundes erhitzten, aber es ist ja heute nicht anders, betrachtet man nur die Zersplitterung der Linken. Schließlich sind es gerade die Nuancen eines Programms, welche die Glaubwürdigkeit bestimmen und die Freiheiten ausmachen. Das ist wichtig für eine Jugend, die das Leben und jede Äußerung ernst nimmt und nicht dulden will, etwas im Ungefähren zu lassen. Es ging, wie gesagt, um die Grundlagen des Bundes und wer in ihn aufgenommen werden sollte. Es galt, einen minimalen gemeinsamen Nenner zu finden, der jedem einzelnen und jeder Gruppe die Möglichkeit bot, nach eigenen Erkenntnissen darauf aufzubauen. Die Mehrheit forderte, die jüdische Religion in diese Grundlage einzubeziehen; wir sträubten uns dagegen, wollten niemanden hindern, sein Judentum religiös zu begründen, aber die anders Gesinnten nicht ausschließen. Über dieser Kontroverse spaltete sich der Bund. Unversehens waren wir zu einer Grundlagendiskussion vorgestoßen, der Frage nämlich, was ein Jude ist, wodurch er sich von anderen Menschen unterscheidet, und welche Konsequenzen sich hieraus ergeben, eine Diskussion, welche in Deutschland seit der Emanzipation geführt wird und selbst in Israel noch nicht abgeschlossen ist. Heinrich Heine und Karl Marx, beide getaufte Juden, blieben in ihrem Bewußtsein dennoch Juden, wenn sie auch aus dieser Tatsache keinerlei Verpflichtungen für sich akzeptierten.

Heine und Marx sind Randerscheinungen des Judentums, ebenso wie Moses Mendelssohn und Spinoza. Überall, wo Juden wirklich mit einer anderen Kultur zusammenstießen und sie in sich aufnahmen, neigten sie dazu, ihr Judentum aufzugeben. Die Emanzipation der Juden in Deutschland hätte unweigerlich zu einer Auflösung des Judentums geführt, wenn nicht die stete Nachwanderung aus Osteuropa die Tradition immer wieder erneuert hätte. Ohne den Antisemitismus und die Hitlerzeit wäre die vollständige Assimilation nur eine Frage der Zeit gewesen. Stellt eine Gemeinschaft erst einmal die Frage nach ihrem Wert, so ist sie auch schon beantwortet. Zweitausend Jahre lang lebte dieser Stamm, aus seinem Heimatland vertrieben oder freiwillig fortgezogen, zwischen den Völkern der Welt und bewahrte seine Eigenart. Perioden geistiger Blüte erheben sich aus den langen Zeiten, in denen es ums schiere Überleben geht. Merkwürdigerweise sind die Perioden der Blüte Zeiten der Auflösung der Gemeinschaft. Man muß schon an Gott glauben, will man die Geschichte der Juden verstehen. Der biblische Befehl zu überleben wurde befolgt, zeitweise stumpf, zeitweise mit Wissen. Dieser Gehorsam steht am Anfang einer langen Geschichte voller Leiden und Unterdrückungen; wie viele jedoch umkamen, die Gemeinschaft überlebte. Für unseren heutigen sachlichen Verstand bleibt die Frage nach dem Wert dieses Überlebens, danach, was es uns heute bedeutet.

Die Glorifizierung der Vergangenheit ist das beste Mittel, um das nationale Selbstbewußtsein in einer öden Gegenwart zu heben. Jemandem, der Kriege haßt und nicht daran glauben will, daß Mannesmut sich nur in Kriegen beweisen könne, genügt die Geschichte der Juden in den zweitausend Jahren des Exils, um sein Selbstbewußtsein zu bewahren. Für die Welt war sie ein Grund zur Verachtung. Kein Volk hat so unter der Verachtung gelitten wie die Juden; seit der Emanzipation, seit sie überhaupt wahrnahmen, was die Welt von ihnen dachte, befanden sie sich in ständiger Selbstverteidigung. Von daher ist die große Begeisterung über die Existenz des Staates zu verstehen, der die Legende widerlegt, daß Juden nicht sein könnten wie andere Völker, ein Land aufbauen, Kriege führen. Nie stand Israel, standen die Juden höher in der Gunst der Welt als nach dem Sechs-Tage-Krieg. Die tragische Verstrickung, die Unmöglichkeit, ein Land aufzubauen als Asyl für die aus Europa Vertriebenen, ohne andere zu vertreiben, hat ihnen mehr Lob eingebracht als alles andere, was sie für die Welt geleistet haben.

Geht man der jüdischen Vergangenheit nach, so war das

Volk schon vor der endgültigen Auswanderung wohl trainiert für seine spätere Aufgabe. Der jüdische Glaube ist Stammesreligion, zugeschnitten auf *ein* Volk, ohne den Willen zur Ausbreitung. Die Reinheit der Lehre, frühzeitig in der Bibel festgelegt, ist auf ein Land und ein Volk bezogen, und erst die Kompromisse, die das Christentum erarbeitete, konnten sie zur Weltreligion machen. Ist es nicht merkwürdig, daß schon im Beginn die Wanderung des Erzvaters Abraham von Mesopotamien nach Palästina steht, die Geschichte des Volkes also nicht auf das Land Palästina festgelegt ist? Daß zwar das Land verheißen, jedoch wieder zu einer langen Wanderung nach Ägypten verlassen wird, und erst später nach mühevoller Wüstenwanderung werden die Ureinwohner verdrängt, wird das Land erobert und besiedelt. Bis zum babylonischen Exil, der Generalprobe für späteres Verhalten, währt dann die Periode, in der die Juden in einem Lande seßhaft sind. Wahrscheinlich wurden nur die Stadtbevölkerung und die obersten Schichten nach Babylon verschleppt, während die Bauern im Lande blieben und sich mit den Eroberern arrangierten. In Babylon wird das Muster aller späteren Judenverfolgungen vorexerziert. Es ist im Buch Esther ausführlich geschildert. Haman, der Minister des Königs, beklagt sich deutlich über die Unassimilierbarkeit der Juden, sie gehen nicht im Schmelztiegel des Großreichs auf, sondern führen mit ihrer Religion und ihrer unstillbaren Sehnsucht nach der Heimat ein Sonderdasein. Das ist bemerkenswert, da es ihnen im Exil gut ergeht; andere Völker waren unter ähnlichen Umständen durchaus bereit, ihre Identität aufzugeben. Bei der Rückkehr aus dem Exil – das Wort »Galut«, Zerstreuung, wird geprägt – stellt es sich heraus, daß die Fremde die Bande der religiösen Überzeugung verstärkt hatte. Die im Lande Zurückgebliebenen müssen erst mit Gewalt an der Assimilation gehindert werden. »An den Wassern Babylons, da saßen wir und weinten.« Das Modell Babylon, das in vielfacher Form in der Bibel geschildert wird, ist zum Prototyp späterer Vertreibungen und Neuansiedlungen geworden. Ich sehe manche Parallelen zum modernen Zionismus. Da gibt es eine wohlhabende Oberschicht, ja selbst jüdische Minister, die imstande sind, den König zu bewegen, nicht nur die Rückkehr zu erlauben, sondern auch noch eine Armee zur Verfügung zu stellen, um die assimilierten Einwohner des Landes zum rechten Glauben zurückzubringen.

Übrigens, es kehren keineswegs alle zurück, eine große

Gemeinde bleibt in Babel; sie assimiliert sich nicht, sondern greift im Laufe der Geschichte kraftvoll in die Entwicklung der Religion ein. Auch in Alexandria hat sich schon damals eine bedeutende jüdische Kolonie gebildet, wohin sich nach der Eroberung Jerusalems ein Teil der Bevölkerung geflüchtet hatte. Zwar bleibt Jerusalem noch das Zentrum der Religion – dort steht der Tempel –, aber die Exilgruppen spielen eine stetig wachsende Rolle. Zur Zeit, als die Römer Palästina besetzten und schließlich den Tempel zerstörten und die Juden vertrieben, bestanden in Rom und den anderen Städten der damals bekannten Welt bereits jüdische Gemeinden und Kolonien. Nur so ist es zu verstehen, daß das jüdische Volk nicht vom Erdboden verschwand, wie es anderen Völkern erging, die vom gleichen Schicksal betroffen wurden. Nicht der Heldenmut der Verteidiger Jerusalems und Massadas rettete die Juden vor dem Untergang: die jüdischen Kolonien außerhalb waren es.

Diese jüdischen Kolonien überlebten auch den Ansturm des Christentums und des Islams, wiewohl sie dadurch dezimiert und immer mehr ins Abseits gedrängt wurden. Seit die bekannte Welt nicht mehr die Vielfalt der Religionen zuließ, seitdem das Christentum und später der Islam Staatsreligionen geworden waren und mit Feuer und Schwert andere Glaubensbekenntnisse auszurotten begannen, blieben die Juden die einzigen Dissidenten in diesen Machtbezirken. Sie wurden abwechselnd bekämpft oder mißmutig geduldet. Ihre Überlebenskraft ist das Bewunderungswürdige. Sie breiten sich noch aus, kommen mit den Römern nach Gallien und Germania, mit den Arabern in die Länder der Mittelmeerküste bis nach Spanien. Tatsächlich war der Islam duldsamer gegenüber den beiden anderen monotheistischen Religionen, dem Judentum und dem Christentum. So kam das Judentum in Spanien zu neuer Blüte, wohl zur schönsten, die es in seiner langen Geschichte erlebte. Jüdische Gelehrte, Ärzte, selbst Minister wetteiferten mit Handwerkern und Handelsleuten. Als die Christen Spanien zurückeroberten, setzten sie dieser Kultur ein Ende. Die spanische Inquisition vernichtete die blühenden Gemeinden, zwang die Juden zur Bekehrung oder auszuwandern. Viele ließen sich zum Schein taufen, und es ist zu bewundern, wie sich auch unter diesen Umständen das Judentum noch erhalten konnte. Tausende kamen durch die Inquisition und auf der Flucht um, aber Tausende überlebten und gründeten neue Gemeinden in aller Welt.

Über die gescheiterte Emanzipation in Deutschland und die Folgen brauche ich nichts zu sagen, sie ist uns noch gegenwärtig und allzugut in Erinnerung. Die Geschichte des Judentums lehrt, daß Tradition und Religion es bis heute erhalten haben. So ist mein Text in sich widersprüchlich, weil ich meine, daß Tradition und Religion sich überlebt haben. Ich gebe zu, gerade jetzt läuft der Trend umgekehrt, noch nie kämpften so viele Minoritäten um ihre Existenz. Die Ursachen hierfür sind nicht leicht zu analysieren; das Bewußtsein wirtschaftlicher Ungleichheit mischt sich mit religiösen Überzeugungen. Lange geduldete Unterdrückung ist wohl das Hauptmotiv. Vielleicht hätten die Juden ein Beispiel setzen können, wären sie nicht durch den Nationalsozialismus in eine so schreckliche Notsituation getrieben worden. Ihr verdankt der Staat Israel seine Existenz; er wurde gegründet als Zufluchtsort und um ein neues geistiges Zentrum zu schaffen. Es hat sich jedoch herausgestellt, daß die Judenfrage durch die Existenz des Staates noch nicht gelöst ist. Ein neuer Nationalismus ist ausgebrochen, fanatischer und unduldsamer, als wir es erwartet hatten. Tradition und Religion erzeugen politische Brisanz. Solange Israel ein Zufluchtsort für vertriebene und gequälte Juden war, genoß es die Sympathie der Welt. Aber die Dinge haben ihre Eigengesetzlichkeit, und die Entwicklung zeigt, daß alle Befürchtungen, die wir gegen das Experiment hatten, eingetroffen sind.

Ein Staat »wie alle anderen« will Israel heute sein. Aber gerade das ist er nicht. Die Welt war schon vergeben, als er gegründet wurde, und der Aufbau bedingte die Verdrängung der bisherigen Bewohner. Es zeigt sich, zu welch extremen Ausdeutungen die jüdische Religion fähig ist. Es klingt wie ein Ton aus einer ganz anderen Welt, wenn zur Begründung für Ansiedlung und Verdrängung Gott ins Spiel gebracht wird: Gott habe den Juden Palästina als Land versprochen. Damit ist jede logische Argumentation ausgeschlossen. Religion und Tradition erscheinen nun in ganz anderem Licht, bilden zusammen mit dem Nationalismus ein explosives Element, an die Urzeiten erinnernd, in denen Gott den aus Ägypten kommenden Juden befahl, das Land zu erobern und nicht Mann, Frau, Kinder noch das Vieh zu schonen: eine der barbarischsten Stellen der Bibel. Und hier zeigt sich die Kehrseite der über die Zeiten mitgetragenen Religion. Juden, die 2000 Jahre um Toleranz für sich warben, üben Intoleranz und begründen sie mit der Bibel. In diesen Zwiespalt gerät jeder Jude, der außerhalb Israels lebt.

Einerseits wird er den Mut und die Tatkraft anerkennen, mit der ein bis dahin vernachlässigtes Land aufgebaut worden ist, und er wird wünschen, daß der Staat Israel Bestand habe; andererseits wird er nicht die Augen davor verschließen können, welches Unrecht der vorgefundenen Bevölkerung zugefügt wurde. Die Folgen waren vorhersehbar. Die Situation der Juden in der Welt hat sich mit der Gründung des Staates Israel entscheidend verändert. Sie müssen, ob sie wollen oder nicht, den Staat unterstützen, sie können immer wieder Mäßigung empfehlen, aber die Entwicklungen haben ihre eigene Logik. Jeder hat Verwandte und Freunde dort, um deren Zukunft er bangt. Am konsequentesten wird der Staat Israel von den amerikanischen Juden unterstützt. Sie haben jeden Zweifel an der Rechtmäßigkeit der Situation beiseite geschoben. Der Zahl nach sind sie die größte außerhalb Israels lebende Gemeinde; für sie vermischt sich der amerikanische Imperialismus, der rücksichtslos alles möglich macht, mit ihrer religiösen Überzeugung. Sie sind auch die größten Geldgeber, ohne die Israel nicht existieren könnte, es sei denn, ein Friede brächte den freien Wirtschaftsaustausch mit den Ländern des Nahen Ostens! Sie exportieren aber nicht nur Geld, sie exportieren auch chauvinistische Ideen in religiöser und politischer Hinsicht. Für sie ist Israel das Herz der Welt, ein Gottesstaat, der religiös erhalten bleiben muß.

Als ich 1935 nach Palästina einwanderte, konnte man noch die Illusion haben, am Aufbau eines besonderen Landes voller sozialrevolutionärer Elemente teilzunehmen. Bestechend die Kibbuzbewegung, die dem Land einen eigenen Nimbus gab. Man konnte sich noch der Illusion hingeben, daß man in einem Land arbeitete, das wenig Klassenunterschiede kannte, und daß die Araber, wenn es auf diesem Wege weiterging, an der Entwicklung teilhaben würden. Zwar gab es schon damals Konflikte zwischen Arabern und Juden, aber man konnte sie für überwindbar halten, eine gemeinsame Zukunft im Auge behalten. Der extreme Nationalismus in den Kibbuzim verbot es mir, mich ihnen anzuschließen, aber die Bewunderung für ihr Aufbauwerk blieb ungeschmälert. Hier schien etwas Neues geschaffen zu werden, was Weltbedeutung hatte und in der kommenden Zeit als Beispiel wirken würde. Es ist kein Zweifel daran, daß die Israelis auf Grund ihrer Erfahrungen im Aufbau eines Landes die besten Entwicklungshelfer in Afrika waren. In den Jahren, die ich in Israel verbrachte, stand das Land den größten Teil der Zeit noch unter englischer Verwaltung, und es gab einige Hoffnung, daß Juden und Araber nach dem Rückzug der Engländer zu einem friedlichen Zusammenleben finden würden. Es ist nicht nur Schuld der Juden, daß es dazu nicht gekommen ist. Beide Volksgruppen hatten extreme Vorstellungen, und die Reihe der mit dem Abzug der Engländer begonnenen offenen Kriege wurde bisher nur von Perioden des Waffenstillstands unterbrochen. Der konstante latente Kriegszustand hat Emotionen genährt, die schwer wieder abzubauen sein werden. Dreißig Jahre lang steht der Staat Israel auf des Messers Schneide.

Das sind alles Gedanken, die mir durch den Kopf schießen, wenn ich nach »meinem« Judentum gefragt werde. Ich sträube mich, sie aufzuschreiben. Ich bin hineingeboren worden, und wie jeder, der einer Minorität angehört, fühle ich mich davon gleichermaßen bedrückt und erhoben, weil man eine besondere Aufgabe zu erfüllen hat. Man entwickelt eine zusätzliche Empfindlichkeit und Verantwortung, ständig wird man nach seinen Brüdern gefragt, die man nicht verleugnen darf, und es fällt schwer, sie nach einer Zeit der Verfolgung auch kritisch zu sehen. Sagt man heute ein Wort gegen sie, kommt man sich wie ein Verräter vor. Man muß lernen, den Kopf über Wasser zu halten, und nie vergessen, daß es noch andere Menschen auf der Erde gibt.

Isca Salzberger-Wittenberg

Sozialwissenschaftlerin und Psychotherapeutin
an der Londoner Tavistock Clinic.
Geboren 1923 in Frankfurt/M.;
1939 Auswanderung nach Großbritannien.
In Deutsch erschien bisher ihr Buch:
Die Psychoanalyse in der Sozialarbeit.

Mein Judentum? Das wurde erst in späteren Jahren eine komplizierte Frage. Am Anfang, da gab es gar keine Zweifel. Wie konnte man auch anders denken, wenn man wie ich in eine Rabbinerfamilie geboren wurde. Als ich am ersten Tag meines Lebens, im März 1923, die Augen öffnete, da fiel mein Blick auf drei Lorbeerbäume, die zum Empfang des Brautpaares aufgestellt waren, das mein Vater an diesem Sonntagmorgen zur religiösen Trauung in unserer Wohnung erwartete. Bald auch erklangen die vom Vorbeter gesungenen Segenssprüche. So wurden mir schon in der Wiege die Melodien und anschaulichen Symbole der jüdischen Tradition eingeflößt. Sie waren mir wohl vertraut, lange bevor ich die Sprache erlernte, geschweige ihren Sinn verstehen konnte.

Meine Eltern erhielten nach meiner Geburt mehr Mitleidsbriefe als Glückwünsche: eine dritte Tochter! Meine Mutter behauptete zwar, Töchter seien ihr lieber, weil sie mehr ans elterliche Haus gebunden bleiben; aber mein Vater hätte sicherlich gerne einem Sohn das Rabbineramt übertragen. Sein Vater war als junger Mann von einem ungarischen Dorf nach Wien gewandert, um dort die Hochschule und später in Breslau das Rabbinerseminar zu besuchen. Er amtierte viele Jahre in Erfurt. Von ihm hatte mein Vater die Liebe zur Religion, von seiner Mutter die dichterisch-sprachliche Begabung. Lebhafter sind meine Erinnerungen an meiner Mutter Eltern, die in Posen lebten, das damals noch zu Deutschland gehörte. Der Großvater Caro – die Familie stammte ursprünglich aus Spanien – war Professor der Medizin, und wenn er seine Patienten besuchte, zu denen sowohl polnische Grafen wie auch Bauern gehörten, so durften wir mit in der Kutsche fahren. In jeder Weise großzügig, hielt er sich nur zu Hause der Großmutter zuliebe an rituelle Gesetze. Meine Mutter hatte gehofft, mich im Ebenbild dieser sehr schönen, zarten, blonden, blauäugigen Großmutter zu erschaffen; aber das einzige, was ich von ihr ererbte, war der biblische Name Isca. Selbst der machte Schwierigkeiten. Als mein Vater meine Geburt anmeldete, wollte der Beamte ihn nicht annehmen: »Isca ist kein deutscher Name«, meinte er und trug mich ohne weitere Erörterung als Franziska ein. Später, zu Nazizeiten, war dies allerdings zu deutsch, und man fügte im Paß Sara hinzu, um mich als Jüdin identifizieren zu können!

Jude und Jüdin: Das sind Bezeichnungen, die mir heute noch unangenehm im Ohr klingen – so eng sind sie mit »Saujude« und dem Haß, den man uns in meiner späteren Kindheit entgegenbrachte, verbunden. Als ob man Menschen in eine Rubrik nach Rasse oder Hautfarbe einteilen könnte: es ist so gefährlich einfach! Vielleicht als Gegenreaktion entwickelte sich bei mir früh das Interesse für die ach so komplizierte individuelle menschliche Natur.

Jüdisch und Judentum, das klingt ganz anders und erweckt einen Reichtum an Gefühlen, Erinnerungen und Bindungen. Ich wuchs in einem liberal gesinnten Hause auf, wo sich jüdische Tradition mit der Kultur der Umwelt verband. Mein Vater lehrte uns hebräisch, erzählte uns biblische Geschichten, las uns am Sabbatnachmittag aber auch aus Shakespeares und Lessings Werken vor und konnte stundenlang Goethes und Schillers Gedichte zitieren. In seinen Predigten verflocht er Poesie und Philosophie. Für die langen Gottesdienste brachte ich zwar wenig Geduld auf, und manche Gesetze schienen mir allzu streng, doch liebte ich den Chorgesang und sang aus voller Kehle mit. Dann horchte ich auf Vaters Stimme, seine Worte, die von Herzen kamen und mich mitrissen. Es war eine sehr persönliche, mir durch meinen Vater offenbarte Begegnung mit Gott und Judentum. Er ließ die großartige Idee des Sabbats, an dem der Körper und die Seele sich erfrischen, vor uns erstehen. Und dann als Gipfel des jüdischen Jahres: den Versöhnungstag, an dem das Fasten es erlaubt, einen ganzen Tag der Rückkehr, Einkehr und Umkehr zu erleben, zur Aussöhnung zwischen Mensch und Mensch, Mensch und Gott. Innerlich gereinigt verließen wir das Gotteshaus mit dem Entschluß, im kommenden Jahr bessere Menschen zu sein.

Auf materielle Dinge legten die Eltern wenig Wert, um so mehr auf guten Charakter und Bildung. Als der Jüngsten wurde mir aber mein ungezogenes Benehmen und mangelhaftes Interesse an Schularbeiten verziehen. Ich bereue es sehr, daß ich noch zu kindisch war, von den interessanten Persönlichkeiten, die zu Besuch kamen, zu profitieren. Dazu gehörte Franz Rosenzweig, den mein Vater nach Frankfurt berufen hatte, Leo Baeck, den ich erst später in London schätzen lernte, und Martin Buber, der mich damals nur wegen der ungeheuren Zukkermengen, die er zu sich nahm, beeindruckte. Aber unser Kreis war durchaus nicht nur jüdisch. Wir verkehrten mit Schuldirektoren, Universitätsprofessoren, christlichen Theologen, mit denen mein Vater durch seine Lehrtätigkeiten Beziehungen anknüpfte. Ich erinnere mich noch an eine herrliche Nacht, als wir einmal, von den Ferien zurückgekehrt, die Fenster öffneten: Da erschollen fünfzig tiefe Stimmen aus der Dunkelheit des Hofes. Es war der evangelische Männerchor, der meinem Vater ein Ständchen brachte, zum Dank für seine Leistungen zur Erhaltung der deutschen Kriegsgräberstätten.

Eine meiner intimsten Freundinnen war die evangelische Hannelore, die eine Etage über uns wohnte. Auch hatten wir meist christliche Hausangestellte. Die machten mir manchmal Angst, wenn sie von Himmel und Hölle im späteren Leben sprachen. Als ich es meinen Eltern erzählte, hieß es: Vom Leben nach dem Tod wissen wir nichts. Uns ist auferlegt, in diesem Leben auf der Welt Frieden unter den Menschen zu schaffen. Eine gutmeinende Krankenschwester schickte einmal einen Weihnachtsmann zu mir, dem sollte ich ein Gedicht aufsagen. Ich zitterte an allen Gliedern aus Furcht, er würde herausfinden, daß ich nur an den Geschenken interessiert war, aber gar nicht an Jesus glaubte. Eindruck machten mir die katholischen Prozessionen, die zu Ostern durch die Straßen zogen. Auch den schönen Weihnachtsliedern lauschten wir gern.

Jüdisches Leben: das bedeutet mir enge, menschliche Beziehungen zur Familie und der Gemeinschaft, von Herzlichkeit erwärmt und von Debatte gewürzt. Aber auch die Dankbarkeit für das Schöne im täglichen Leben: den Mond, die Sterne, die wir zählten, um zu sehen, ob es Zeit sei, die Sabbat-Kerzen anzuzünden. Bei ihrem sanften Glanz legte der Vater die Hände auf uns, um uns zu segnen, wir sagten die Segenssprüche über Wein und Brot und freuten uns an dem guten Essen, der guten Unterhaltung mit Freunden und den gesungenen Gebeten nach Tisch. Wenn der Vater am Ende des Sabbats die Kerze in Alkohol tauchte, so daß die blaue Flamme noch eine kurze Weile lustig auf- und niedertanzte, dann hüpften auch wir herum und wünschten einander »Gute Woch!«. Und erst der aufregende Betrieb zu Feiertagen! Zu Pessach, dem Osterfest, durften wir ausnahmsweise backen und Klöße rollen helfen. Aber erst wurde das Geschirr in großen Körben auf die Mansarde geschleppt und das besondere, von Brot und Hefe unberührte Porzellan aus Kisten ausgepackt. Diesmal brannten vier Kerzen, wie an allen Feiertagen. Immer wieder diese halb lustig tanzenden, halb traurig flackernden Kerzenlichter, in deren Schein Gegenwart und Vergangenheit des jüdischen Volkes aufleuchteten und miteinander verschmolzen. Wir saßen mit vielen Gästen an der langen Tafel, lasen und sangen bis tief in die Nacht von der Befreiung Israels aus der Sklaverei. Da heißt es: »... und jeder soll sich in dieser Nacht so fühlen, als habe Gott *ihn selbst* aus Ägypten befreit.« Geschichte? – und Warnung zugleich, denn da heißt es weiter: »Nicht einmal, sondern in jeder Generation ist man gegen uns aufgestanden.« Das Mitfühlen, das Verständnis für körperlichen und seelischen Schmerz – das ist wohl etwas, das wir durch jahrtausendlang sich wiederholendes schweres Schicksal erlernt haben. Vielleicht gibt es deshalb so viele gute jüdische Ärzte, Fürsorger und Psychiater? Es führt auch zu dem Einfühlungsvermögen, der Sensitivität, die so sehr viele hervorragende jüdische Musiker, Schauspieler und Künstler jeder Art hervorgebracht hat.

Es ist Sitte am Pessachfest, zum Abendmahl auch Fremde einzuladen. Da erinnere ich mich an einen Mann, der von den Pogromen in Rußland erzählte, von seiner Flucht bei Nacht und seiner Wanderung in die unsichere Existenz nach Palästina. Später waren es die Polen, die bei uns vorbeizogen . . . All dies war beängstigend, und ich konnte oft nicht einschlafen, bis ich meine Mutter gezwungen hatte, mir fest zu versprechen, daß sie mich vor Krieg und Verfolgung bewahre. Oft war sie später traurig, daß sie mir diese kindlichen Wünsche nicht erfüllen konnte.

Ich war zehn Jahre alt, als Hitler zur Macht kam. Es wollte kaum jemand glauben, daß Juden, die hier so assimiliert waren, ihre Stellen verloren und verhetzt wurden. Meinen Vater, der wie viele andere jüdische Menschen Deutschland als sein Vaterland ansah und im Ersten Weltkrieg sich das Eiserne Kreuz verdient hatte, traf es tief. Als man ihn einmal in den dreißiger Jahren fragte, wieso Juden sich so oft in schwarz kleideten, antwortete er: »Wir trauern um unsere Brüder und Schwestern.« Der bekannte Theologe Professor Otto wollte ihm Mut zusprechen: »Es wird für Ihr Volk wieder anders kommen, es kann nicht immer so weitergehen.« Aber die Lage spitzte sich von Jahr zu Jahr mehr zu. Wir gingen jetzt alle in jüdische Schulen. Auf dem Weg dorthin spuckten uns andere Kinder an und riefen uns Schimpfworte nach. Wir schämten uns für sie, und auch, daß wir uns nicht dagegen wehren durften. Trotz Verbot schlich ich mich noch einmal in die Oper, und da man mir nicht ansah, daß ich jüdisch war, passierte mir nichts. Ich drängte darauf, meine Bat Mizwa (Konfirmation) vorzuverlegen, damit wir sie, wie bei meinen Schwestern, noch mit vielen Verwandten und Freunden mit Gedichten und Aufführungen feiern konnten. Die Einsegnung meiner Gruppe im Jahre 1937 war dann auch die letzte. Bald war alles normale Leben für uns vorbei.

Die schlimmste Zeit folgte dem 9. November 1938. Fast alle jüdischen Männer wurden ins Konzentrationslager verschleppt, mein Vater natürlich auch. Meine Mutter blieb mit uns drei Mädels allein im großen Haus. Hannelores Familie sowie andere christliche Mieter waren längst ausgezogen. Ein jüdisches Ehepaar unter uns beging Selbstmord. In der Nacht kamen SS-Männer, holten uns aus den Betten und zwangen uns, die großen hebräischen Folianten von Vaters Bibliothek aus dem dritten Stockwerk in den Hof zu werfen. Man drohte, meine Mutter zu verhaften, schnitt das Telefon ab . . . Meine Mutter bewies sich als sehr mutig und tatkräftig. So gelang es ihr mit Hilfe von Freunden in Amerika und England, die nötigen Unterlagen zur Auswanderung in kürzester Zeit zu erhalten, und daraufhin konnte sie die Entlassung meines Vaters aus Dachau einreichen. Der Vater kam zurück; aber es folgten noch vier schreckensvolle Monate, bevor wir endlich, am Ostersonntag 1939, den Flug nach London antreten konnten. Mit ein paar Koffern, meinem Cello und je zehn Mark kamen wir dort an. Wir wurden von Freunden aufgenommen und atmeten auf. Aber die Sorge um Zurückgebliebene und die Alpträume blieben.

Zuerst fühlte ich mich in England sehr fremd. Bisher war ich im Schoße der Familie und einer jüdischen Gemeinde aufgewachsen. Von nun an bewegte ich mich meist in nicht-jüdischer Umgebung. Wir hatten kaum Verwandte in England, und obwohl mein Vater bald Rabbiner einer Flüchtlingsgemeinde wurde, so waren deren Mitglieder doch weit und breit über die Großstadt London zerstreut. Nach kurzer Zeit wurde ich von der Flüchtlingshilfe zur Ausbildung als Säuglingsschwester in ein Heim im Norden Englands geschickt. Daß man mich schon auf der Straße an meinem Akzent als Deutsche erkannte, war peinlich. Ich wollte mich weder mit dem guten noch mit dem schlechten Deutschtum identifizieren lassen. Sollte ich also jedem Fremden meine ganze Geschichte erzählen? Das ging nicht! Die englischen Jugendlichen meines Alters waren sich des Ernstes des Lebens noch gar nicht bewußt, sie beschäftigten sich mit mir oberflächlich erscheinenden Dingen. Aber die Naivität hatte auch oft etwas Beglückendes. So, zum Beispiel, als wir kurz nach Kriegsausbruch vor ein Tribunal geladen wurden, das prüfen sollte, ob wir »gefährliche Ausländer« seien.

Da sagte der Richter: »Rabbi, Sie haben sich wohl damals nicht als Geistlicher zu erkennen gegeben, sonst hätte man Sie doch bestimmt nicht ins Konzentrationslager gebracht!«

Nachdem wir mehrmals in London ausgebombt waren, nahm uns eine vornehme englische Familie auf ihren Landsitz auf. An Mr. Micklem lernten wir einen richtigen englischen Gentleman kennen und schätzen. Bescheiden, reserviert, höflich brachte uns das alte Ehepaar Güte und Großherzigkeit entgegen. Jeden Abend wurden wir zum Tee und den Neun-Uhr-Radio-Nachrichten in den Salon gebeten. Wir waren wohl die einzigen Juden, die sie und der kleine Ort je näher kennenlernten. Für das Volk der Bibel hegte man tiefen Respekt, und nach ein paar Monaten bat man meinen Vater, doch auch einmal in der Kirche zu sprechen. Mr. Micklem schüttelte jedesmal erstaunt den Kopf, wenn er von unseren Fortschritten hörte: zuerst als meine älteste Schwester eine Freistelle auf der Universität gewann und später Lektorin in Cambridge wurde, dann meine zweite Schwester ihr Doktorat in Oxford erhielt und zuletzt auch ich meine Universitäts-Laufbahn antrat. »A remarkable people«, sagte er immer wieder und meinte wohl damit den Lebenstrieb des jüdischen Volkes, das besonders durch Erziehung und Lernen die Menschen vorwärts treibt.

Ganz aufgeblüht bin ich erst im Quäker College, wo ich während der Studienjahre lebte. Vom ersten Moment an spürte ich, daß hier eine besonders liebevolle Atmosphäre herrschte. Feinde gab es nicht, nur Menschen in aller Welt, denen man den Frieden durch Nächstenliebe bringen wollte. Auch die stille Morgenandacht, in der nur jemand das Wort ergreift, wenn ihn etwas inspiriert, sprach mich an. Kein Wunder, daß so mancher jüdische Student Quäker wurde. Auch ich hätte es gern getan, aber an eine Religion, die einen zum Menschen gewordenen Gott anbetete, konnte ich nicht glauben. Ich wollte statt dessen das Gute, was ich hier erlebte, im Rahmen meiner jüdischen Zugehörigkeit weiterführen. Das war im Woodbrooke College leicht, denn hier sah man in der Verschiedenheit der Menschen einen Reichtum, hier wurde internationale und interreligiöse Verständigung gepflegt. Gerade weil ich anders war, konnte ich zu der Gemeinschaft etwas Eigenes beitragen. Ich war stolz, als mich die Studentengruppe als Repräsentantin wählte. Es war eine glückliche Zeit, in der ich anfing, mich als deutsche Jüdin in England wirklich zu Hause zu fühlen, in dem Bewußtsein, daß ich meine Individualität entfalten durfte zu meinem und dem allgemeinen Guten. Obgleich ich nie wieder die Versuchung spürte, mein Judentum aufzugeben, sondern es fortan um so bewußter lebte, war doch eine Wandlung in mir vorgegangen. Hatte ich früher gehofft, daß durch ein religiöses Erlebnis der Gott meiner Väter zu meinem eigenen werde, so suchte ich nun das Göttliche in all seinen Manifestationen: in den verschiedensten Religionen, in der Mystik, in stiller Meditation, in der Natur.

Daß Millionen meiner Glaubensgenossen dem Leben entrissen wurden, gab mir damals wie auch heute das Gefühl, mein Leben um so mehr ausnützen zu müssen, hauptsächlich dafür, um anderen Menschen zu helfen. So studierte ich Sozialwissenschaften und arbeitete als Sozialfürsorgerin. Aber natürlich wollte ich auch etwas für meine eigenen Leute tun. Bald nach dem Krieg half ich im Suchbüro des Jüdischen Weltkongresses. In ganz seltenen Fällen gelang es uns, verschollen geglaubte Familienmitglieder wieder miteinander zu vereinigen. Obwohl wir ja meist traurige Nachrichten zu vermitteln hatten, waren die Angehörigen doch dankbar, wenigstens zu erfahren, wo und wann ihre Lieben umgekommen waren. Selbstverständlich zog es mich später nach Israel, den Emigranten zu helfen, die überlebt hatten. Da lernte ich erst, wie lächerlich es war, von nur einem jüdischen Typ zu reden. Bei jedem konnte man am Aussehen und an den Gesten gleich erkennen, wo er herkam: aus Amerika, Nordafrika, Jemen, Deutschland, Indien. Ich konnte es kaum glauben, daß das alles Juden waren. Aber es verband uns der brennende Wunsch, ein Land aufzubauen, das eine Zuflucht für alle Verfolgten bieten könne, damit nie wieder das Furchtbare geschähe. Überall in der Welt, aber hier natürlich besonders, war man stolz auf das, was jüdische Menschen leisteten – und wieviel Erstaunliches wurde hier in kurzer Zeit geleistet! Aber man ärgerte sich auch, schämte sich jeder schlechten Tat. Wir selber und andere Völker verlangen, daß wir besser als andere sein sollen, und legen einen strengeren Maßstab an. Überhaupt fühlt man sich als einzelner jüdischer Mensch immer für die Gesamtheit verantwortlich und weiß auch zugleich, daß Nicht-Juden sagen werden: »Das war ein Jude.«

Ich wäre möglicherweise in Israel geblieben, hätten Familienpflichten mich nicht nach England zurückgerufen. Das Leben in Israel war schwer und sorgenvoll; aber man fühlte doch, daß man am Aufbau eines Landes teilnehmen durfte, das religiöse und soziale Ideale verwirklichte. Daß es auch hier in dem jungen Land politische und religiöse Fanatiker gab, war zwar leicht erklärlich, aber doch besonders schmerzlich. Ich stellte mit Wehmut fest, daß mir überhaupt manches fremd war. So gab es also nirgends einen Platz, wo ich ganz und gar daheim war: weder in Deutschland noch in England und nicht einmal in Israel. Durch meine Arbeit habe ich seitdem eine Anzahl Länder und Erdteile bereist und dabei festgestellt, daß vielerlei meiner Natur entspricht, aber immer ist es doch nur eine Saite, nicht die Ganzheit meines Wesens, die anklingt. Vielleicht hat das trotz allem etwas Gutes für sich; denn es zwingt einen aus der Bequemlichkeit des Familiären zu immer neuen Auseinandersetzungen mit der Umwelt. So war es ja stets in der langen Geschichte des jüdischen Volkes: Immer wieder wurde es aus der Heimat herausgerissen und mußte in der Fremde von neuem beginnen. Vielleicht weil sie ausgestoßen waren, hatten sie die Anregung und den Mut, auf geistigen Gebieten neue Wege einzuschlagen, in den Wissenschaften, in Philosophie, Soziologie und Psychologie.

Zeit, über all dies nachzudenken, hatte ich genug, als mein aktives, unruhiges Leben durch eine langwierige Krankheit unterbrochen wurde. Meine Mutter brachte mich zur Kur in die Schweiz, und dort in den Bergen kam ich zum ersten Mal wieder mit Menschen aus Deutschland in Berührung. Zuerst wollte ich nichts mit ihnen zu tun haben, konnte man doch nicht wissen, ob dieser oder jener sich an einem meiner Verwandten vergangen hatte. Ich wurde mir auch bewußt, wie schwer es für die anderen war, mich als Jüdin nicht zu meiden. Aber dann kam ich doch mit einer Gruppe junger Theologiestudenten ins Gespräch. Sie baten mich, ihnen hebräischen Unterricht zu geben, und oft gab es eifrige Diskussionen über religiöse Einstellungen. Mit einem von ihnen kam es zu einer engen Freundschaft. Dabei fragte ich mich immer wieder: Wie hätte ich wohl gedacht, wie gehandelt, wenn ich nicht das Glück gehabt hätte, zu Nazizeiten als Jüdin gar nicht vor die Wahl gestellt zu werden?

Die Beobachtungen an mir selber und anderen führten mich schließlich zum Studium der Psychoanalyse. Ich wollte die Natur des Menschen, das Gute und Böse in ihm besser verstehen. Hatte Freud nicht von dem ewigen Konflikt zwischen dem aufbauenden und zerstörenden Trieb gesprochen? Wie diese Mächte stets miteinander kämpfen, wie leicht Haß und Neid siegen, wenn es an Liebe und Mut fehlt, wie oft unerträgliches Schuldgefühl zur Oberflächlichkeit oder gar Brutalität führt, dies sehe ich täglich in meiner Tätigkeit als Psychotherapeutin. Aber gleichzeitig erlebe ich den Drang nach Wahrheit, die Bewunderung des Schönen und die Sehnsucht, liebevolle Bindungen einzugehen. Die Erfahrung lehrt mich, daß der Mensch nur glücklich ist, wenn er in Liebe und gewisser Harmonie mit sich selbst und der Umwelt verbunden ist. So gibt es also ein moralisches Gesetz im Menschen selber. Dies scheint mir nicht nur rein humanistisch, es verbindet sich in mir mit meinen Gedanken über das Judentum, dem Glauben an etwas Übermenschliches, das wir nur erfühlen, nicht begreifen können. So wie sich das jüdische Volk in der Wüste zur Idee einer Verpflichtung, eine bessere Welt zu erbauen, durchgerungen hat, so sehe ich im einzelnen Menschen aus der Verzweiflung Hoffnung und neues Bestreben erstehen.

Es ist sicherlich kein reiner Zufall, daß mein Mann auch aus einer Rabbiner-Familie stammt und in Deutschland aufgewachsen ist. Später hat er viele Jahre in Israel gearbeitet. Für ihn und unsere Söhne haben rituale Formen mehr Bedeutung als für mich. Dennoch glaube ich, daß viele der jüdischen Bräuche äußerst sinnvoll sind und dazu dienen, uns an das Wunderbare sowohl wie an das Traurige in der Gegenwart und der Vergangenheit zu erinnern. Mehr noch: Sie sollen der engen Beziehung zwischen Körper, Geist und Seele, zwischen Denken, Fühlen und Tun Ausdruck verleihen. Wo diese Einheit erreicht wird, geben sie dem jüdischen Menschen Vitalität, Wärme und Halt. Deshalb freue ich mich, daß in meiner Familie der Sabbat, die Feiertage und andere jüdische Traditionen weiterleben, und hoffe, daß sich dies auch in den nächsten Generationen fortsetzen wird.

Stets hatte ich den Wunsch, mich mit Andersgesinnten zu verständigen. Dies heißt sowohl, mich in ihre Situation einzufühlen, wie auch meine jüdische Eigenart ihnen verständlich zu machen. In meinem beruflichen Leben interessiert und befriedigt es mich ganz besonders, wenn ich die Verbindung zwischen meinem und anderen Gebieten verstehen kann. So habe ich mich in den letzten Jahren mit der Anwendung der psychoanalytischen Grundbegriffe auf andere Gebiete beschäftigt, schon deshalb, weil ich ein Buch über die menschlichen Beziehungen in der Sozialarbeit und im Lehrberuf geschrieben habe. Rückblickend glaube ich, daß die Befriedigung, die mir dieses Brükkenbauen gibt, mit meiner eigenen Geschichte zusammenhängt: mit dem Bedürfnis, meine Erfahrungen als jüdischer Mensch in christlicher Umwelt zu verstehen und die verschiedenen Komponenten meines Lebens sinnvoll miteinander zu verbinden.

György Ligeti

Professor für Komposition an der Musikhochschule Hamburg.
Geboren 1923 in Dicsöszentmárton/Siebenbürgen;
verließ 1956 Ungarn und lebt seither in Wien und Köln.
Schrieb Klavier- und Kammermusik,
Lieder, Chorwerke und Orchesterstücke,
z. B. »Atmosphères« für Orchester;
»Requiem« für drei Sänger und sieben Instrumentalisten
und die Oper »Le grand Macabre«.

Ich bin 1923 in Siebenbürgen als rumänischer Staatsangehöriger geboren. Doch als Kind sprach ich kein Rumänisch, auch waren meine Eltern keine Siebenbürger. Sie zogen aus Budapest in die Siebenbürgische Kleinstadt Dicsőszentmárton, als die Provinz noch zu Ungarn gehörte. Meine Muttersprache ist Ungarisch, ich bin aber kein ganz echter Ungar, denn ich bin Jude. Doch bin ich kein Mitglied einer jüdischen Religionsgemeinde, also bin ich assimilierter Jude. So völlig assimiliert bin ich indessen auch nicht, denn ich bin nicht getauft. Heute, als Erwachsener, lebe ich in Österreich und Deutschland und bin seit langem österreichischer Staatsbürger. Echter Österreicher bin ich aber auch nicht, nur ein Zugereister, und mein Deutsch bleibt lebenslang ungarisch gefärbt.

Meine Vorfahren lebten in der Gegend des Plattensees in Westungarn sowie in Böhmen und gehörten zum kleinen und mittleren Bürgertum. Die Juden in Böhmen und Ungarn waren im 19. Jahrhundert deutschsprachig und hatten deutsche Familiennamen. Der Vater meines Vaters hieß Auer, der meiner Mutter Schlesinger. Erst gegen Ende des Jahrhunderts, in der Zeit der Assimilation und nationalistischer Magyarisierung, nahmen viele Juden und auch in Ungarn lebende Deutsche ungarische Familiennamen an. So wurde Ligeti aus Auer abgeleitet, nicht ganz korrekt, denn das ungarische Wort Liget bedeutet Hain, nicht Au. Mein Vater und seine drei Brüder hießen seit ihrer Gymnasialzeit zu Beginn des Jahrhunderts Ligeti – die Magyarisierung der Familiennamen wurde von der Schulbehörde eifrig gefördert –, mein Großvater und die Schwester meines Vaters blieben Auer. Mein anderer Großvater Schlesinger magyarisierte zu Somogyi, nach dem Namen des südwestungarischen Komitats Somogy.

In der Familie meines Vaters gab es einen berühmten Musiker, Leopold Auer, der aus dem nördlich vom Plattensee gelegenen Städtchen Veszprém nach St. Petersburg gelangte, vom Zaren geadelt wurde und als bedeutendster Geigenlehrer der Jahrhundertwende galt. Mein Großvater Soma Auer war Maler und Dekorateur im südwestungarischen Städtchen Kaposvár, dann in Budapest. Er wurde vermögend als Freskenmaler, dann bettelarm, nachdem ein Sturm 1896 seine Dekorationen zur Jahrtausendfeier des Ungarischen Reiches zerstörte. Er starb frühzeitig, als er beim Malen eines Freskos vom Gerüst stürzte, und ließ einen Berg von Schulden zurück. Außer seinem ältesten Sohn, der damals schon an der Budapester Technischen Hochschule studierte, mußten seine Kinder die Hoffnung auf das Studium aufgeben und schleunigst Geld verdienen, um die Schulden zu begleichen. Mein Vater Alexander, geboren 1890 in Kaposvár, war sein dritter Sohn. Er galt als mathematisch hochbegabt, wollte Chemie und Medizin studieren und träumte von einem eigenen riesigen biochemischen Laboratorium auf einer österreichisch-ungarischen Adria-Insel. Nun wurde nichts daraus, und er trat als kleiner Büroangestellter in die Anglo-Ungarische Bank in Budapest ein. Schließlich schickte ihn die Bank an die Universität, so konnte er trotz allem studieren, wenn auch nicht im Fach seiner Träume: er promovierte in Nationalökonomie und politischen Wissenschaften.

Da brach der Erste Weltkrieg aus, mein Vater wurde sofort eingezogen, feuerte als überzeugter Pazifist keinen einzigen Schuß ab, wurde dennoch hoch dekoriert und zum Leutnant befördert. Er kam schwer verletzt ins Kriegslazarett und heiratete meine spätere Mutter, die als junge Ärztin im selben Lazarett ihr Praktikum machte. Meine Mutter, Ilona Somogyi, Augenärztin, ist 1893 in Budapest geboren. Ihr Vater war Herrenschneider. In der aus der Plattensee-Gegend stammenden Familie gab es Handwerker, Gutsverwalter und auch einen Wasserbauingenieur, der bei den Regulierungsarbeiten des Flusses Theiß in den Fluten umkam.

Nach seiner Genesung, noch während des Krieges und als Invalide, wurde mein Vater von der Anglo-Ungarischen Bank nach Siebenbürgen geschickt, um die Leitung einer Bankfiliale in der Kleinstadt Dicsőszentmárton zu übernehmen. Als 1920 Siebenbürgen Teil Rumäniens wurde, verlor er seine Stellung, wurde dann aber von einer rumänischen Bank als Filialleiter angestellt – so blieb er in Dicsőszentmárton. Da er kein Rumänisch sprach, war die Annahme dieser Stellung ein Wagnis, gemildert nur durch die Tatsache, daß auch die übrigen Bewohner der Stadt kein Rumänisch verstanden – die Gegend war ungarisch- und deutschsprachig.

Als Kind, im Vorschulalter, war es mir nicht bewußt, daß ich Jude bin. Zwar war mein Vater Mitglied der jüdischen Gemeinde, doch hielt er nichts von Religion. Er war Atheist und Sozialist und glaubte nur an die Naturwissenschaften und die Macht der Vernunft. Trotzdem pflegte er freundschaftliche Beziehungen sowohl zum Rabbiner der Stadt als auch zum calvinistischen Pfarrer. Die Synagoge lag gleich in der Nachbarschaft, doch wir besuchten sie nie, jüdische Feiertage wurden nicht gehalten, Ruhetag war der Sonntag. Ich spielte als Kind ebenso mit den Kindern des Rabbiners von nebenan wie mit ungarischen Kindern, darunter mit denen des Barons Pekry und des Grafen Béldy. Bestimmt waren die ungarischen Aristokraten antisemitisch eingestellt, ich nehme an, daß weder der Baron noch der Graf mich gern als Spielkameraden ihrer Töchter und Söhne sahen. Doch war zunächst der gegenseitige chauvinistische Haß zwischen Ungarn und den rumänischen Behörden so vorherrschend, daß der Judenhaß – jedenfalls zu der Zeit – nicht so ganz im Vordergrund stand. Sonntags wurde ich von unserer Köchin Zsuzsi, einem ungarischen Bauernmädchen, zur Messe in die katholische Kirche mitgenommen. Die Orgelklänge und die bunten Kirchenfenster beeindruckten mich, doch vor dem Pfarrer hatte ich Höllenangst: Die Zsuzsi redete mir ein, daß er mir die Zunge abschneiden werde, wenn ich schon wieder gelogen hätte.

Als ich sechs Jahre alt war, übersiedelten wir nach Klausenburg. Ursprünglich beabsichtigte mein Vater, mich von Dicsőszentmárton aus nach Hermannstadt in die deutsche Schule zu geben. Doch 1929 gab es die Wirtschaftskrise, damit das plötzliche Aufflackern des Antisemitismus, und da die Siebenbürger Sachsen, von wenigen Ausnahmen abgesehen, mit Hitler sympathisierten, kam der Eintritt in die Hermannstädter Schule nicht mehr in Frage. So ging ich in Klausenburg in die ungarischsprachige Volksschule der liberalen – wie es in Siebenbürgen hieß, neologen – jüdischen Gemeinde. Die staatlichen Volksschulen waren rumänischsprachig, die ungarischen konfessionell gebunden, katholisch, calvinistisch und Unitarier, und nur getauften Juden zugänglich. Für ungarisch-jüdische Kinder gab es die Alternative, entweder die religiös betonte Schule der orthodoxen Gemeinde zu besuchen oder die der liberalen, weltlich ausgerichteten, mit sehr wenig Religionsunterricht. Immerhin erlernte ich da die hebräischen Buchstaben und erhielt ein, wenn auch sehr oberflächliches, Wissen über die Geschichte und Kultur des Judentums. Die hebräische Sprache wurde nicht unterrichtet, ebenso blieben meine Kenntnisse der jüdischen Religion spärlich: Es wurde von der Schule keinerlei Druck ausgeübt, die Synagoge zu besuchen oder sich sonstwie an die Religion zu halten. Die Welt des gläubigen Judentums mit seinen Bräuchen und Vorschriften blieb für mich verschlossen.

Die vier Volksschuljahre verbrachte ich relativ geschützt, ohne das Anwachsen des Antisemitismus zu spüren. Um so bestürzender war die Begegnung mit dem Judenhaß, als ich zehnjährig ins Gymnasium kam, das war genau im Jahr 1933. Ähnlich wie die Volksschulen waren auch ungarische Mittelschulen Juden nicht zugänglich, und da es ein jüdisches Gymnasium nicht gab, ging ich in ein rumänisches. In der Schulklasse waren etwa 25 Kinder, davon etwa 20 Rumänen, ein Deutscher, ein Ungar und drei ungarische Juden. Nach einem Jahr konnte ich bereits rumänisch, nach zwei–drei Jahren sogar perfekt. Dennoch blieb ich ungarischer Jude: doppelt hassenswert, denn schon als Ungar wurde man diskriminiert. Siebenbürgen mit mehrheitlich rumänischer Bevölkerung gehörte jahrhundertelang zum Ungarischen Reich, und der nationalistischen ungarischen Obrigkeit galten die Rumänen als Untermenschen. Nach dem Ersten Weltkrieg, als Siebenbürgen an Rumänien angegliedert wurde, durfte die ungarische Bevölkerung von der nicht weniger nationalistischen rumänischen Obrigkeit kaum Besseres erwarten. Und Ungarn wie Rumänen, ebenso die Siebenbürger Sachsen waren einig in ihrer antisemitischen Gesinnung. Nicht daß ein jeder die Juden abgelehnt hätte, wahrscheinlich war die Mehrzahl der Bevölkerung eher gleichgültig der jüdischen Minorität gegenüber. Doch nach der Etablierung der Nazi-Macht im Deutschen Reich gehörte es auch in Osteuropa zum guten Ton, rechtsradikal zu sein. Hitler war erfolgreich, und Erfolg hat Prestige. Chauvinismus und Rechtsradikalismus galten als fortschrittlich, der Nationalsozialismus und die neue europäische Ordnung als Leitbild für eine angeblich bessere Zukunft. Die rechtsextreme, mystisch-nationale Bewegung der Eisernen Garde übte unwiderstehliche Anziehungskraft auf die Mehrzahl rumänischer Intellektueller aus, und die Hochschülerschaft gehörte fast vollständig zur Garde, deren Blut-und-Boden-Jargon zu benutzen als schick und zeitgemäß galt. Gegen meine Klassenkameraden konnte ich mich einigermaßen wehren, doch besonders in den ersten zwei bis drei Gymnasialjahren wurde ich von Jungen der höheren Klassen, die viel kräftiger waren, oft verprügelt. Bei den Lehrern sich zu beschweren galt als unwürdig, außerdem war die Mehrzahl der Lehrer ebenfalls antisemitisch; eine gerechte Behandlung war nur von wenigen zu erwarten. Mit Rührung denke ich an meine beiden Mathematik-Lehrer Ionescu und Murariu: Sie gehörten zur schwindend kleinen Minderheit rumänischer Intellektueller, die ihre Integrität bis zuletzt bewahrt haben. Wie in Ungarn, so gab es auch in Rumänien eine der Anzahl ihrer Angehörigen nach allerdings allzu dünne Schicht kultivierter und aufgeklärter Bürger, die gegen den Nationalsozialismus immun blieben.

Als Reaktion auf den schockhaft erlebten Antisemitismus trat ich in der dritten Gymnasialklasse der linkssozialistischen zionistischen Jugendbewegung Habonim bei. Mein Vater, politisch ebenfalls links engagiert, hatte aber wenig Verständnis für den zionistischen Verein, er war gegen jede Spielart des Nationalismus. Ich befand mich jedoch dreizehnjährig mitten in der Pubertät und lehnte mich auf gegen die väterliche Autorität. Bald sah ich aber die Dinge anders: Die kollektivistischen Ideen der zionistischen Linken blieben mir fremd, und mit dem Fortschreiten der Pubertät konnte ich mir kaum vorstellen, Landarbeiter in einem Kibbuz zu sein; ich dachte eher, ich werde Wissenschaftler. So trat ich mit sechzehn, nach langem Zögern, gequält von Selbstvorwürfen der Treulosigkeit, aus dem zionistischen Verein aus und betrachtete mich nunmehr als bürgerlichen Individualisten mit sozialistischen Neigungen.

1940 wurde die nördliche und östliche Hälfte Siebenbürgens wieder Ungarn angegliedert, Klausenburg fiel in die ungarische Zone, die Bevölkerung erhielt automatisch die ungarische Staatsbürgerschaft. Für die Lage der Juden hatte das keine entscheidende Auswirkung: Sowohl Ungarn als auch Rumänien hatten rechtsnationale Regierungen und waren Hitlers Verbündete, wenn sie auch erst ein Jahr später, nach dem Beginn des Rußlandfeldzuges, an der Seite des Deutschen Reiches in den Krieg eintraten. Erst die Zukunft sollte zeigen, daß die in Rumänien gebliebenen Juden das weniger verhängnisvolle Los gezogen haben; denn das Judentum Süd-Siebenbürgens wurde dezimiert, das der Nordosthälfte vernichtet.

Aus dem rumänischen Gymnasium kam ich nun in das staatlich ungarische und konnte 1941 noch gerade das Abitur machen, was nicht selbstverständlich war, da für jüdische Schüler schon der Numerus clausus galt. An die Klausenburger Universität, an der ich Physik studieren wollte, wurde ich wegen der Sperre und trotz des erforderlichen Abiturs mit Auszeichnung nicht aufgenommen; ich konnte jedoch am Konservatorium Kompositon, Orgel und Cello studieren. Heimlich freute ich mich sogar darüber, denn damals wollte ich doch schon eher Komponist werden als Wissenschaftler; für meinen Vater war aber diese durch die politischen Umstände erzwungene Berufswahl schmerzlich: seinen Traum, Forscher zu werden, hätte sein erster Sohn verwirklichen sollen.

Der Lebenslauf meines Vaters war ohnehin vom anhaltenden Abstieg gekennzeichnet. In Dicsőszentmárton war er noch Filialleiter einer Bank. 1929, kurz vor der Wirtschaftskrise, wurde ihm in Klausenburg eine vorteilhaftere Stellung angeboten als Direktor einer kleinen Privatbank, und diese scheinbare berufliche Besserstellung war der Grund unserer Übersiedlung in die Siebenbürgische Hauptstadt. Doch kaum daß mein Vater die Stelle antrat, wurden infolge der Wirtschaftskrise die Privatbanken in ganz Rumänien per Gesetz abgeschafft, das heißt, pro forma blieben sie bestehen, nur durften sie keine Bankgeschäfte mehr abwickeln. So wurde die Bank, die meinen Vater zum Direktor berufen hatte, kurzerhand in eine Verkaufsstelle für die rumänische Staatslotterie verwandelt: Staatliche Lotteriescheine durften private Aktiengesellschaften immerhin verkaufen. Mein Vater behielt zwar seinen Direktorentitel, doch war er nunmehr de facto Lotterieverkaufsstellen-Leiter, wesentlich schlechter gestellt als vorher in Dicsőszentmárton und mit halbiertem Gehalt.

Als Klausenburg zu Ungarn kam, blieb die Verkaufsstelle bestehen, nur war es von nun an die ungarische Staatslotterie, deren Scheine verkauft wurden. Nach Ungarns Kriegseintritt 1941 kamen die verschiedenen, graduell härter werdenden anti-jüdischen Gesetze: Zunächst schränkten sie lediglich die wirtschaftliche Tätigkeit der Juden ein – die das Leben gefährdenden Verordnungen kamen erst später, im letzten Kriegsjahr. Diese eher schleichende Verschlechterung der Lage der Juden bewirkte, daß nur sehr wenige die volle Konsequenz zogen und emigrierten. Auch lebten die Juden in der vagen Hoffnung, in Ungarn bloß ihre Habe zu verlieren, doch mit dem nackten Leben davonzukommen; denn die Überzeugung, daß Hitler den Krieg verliert, war unerschütterlich, und man versuchte, sich in die erwartete bessere Zukunft hinüberzuretten. Auch waren seit der amerikanisch-britischen Landung in Italien die Hoffnungen auf eine Invasion am Balkan rege, und heimlich gab es vage Informationen über den Kriegsaustritt Ungarns und die Besetzung des Landes durch britische Fallschirmjäger. Als dann im Mai 1944 die tödliche Falle unerwartet zuschnappte und die ungarischen Juden in der großen Mehrheit nach Auschwitz deportiert wurden, war es zu spät für die Flucht.

Durch die ersten anti-jüdischen Wirtschaftsgesetze 1941 verlor mein Vater seinen Posten, aber nicht ganz: Ein Strohmann, ein ungarischer Aristokrat, wurde als nomineller Leiter der Lotterie-Verkaufsstelle eingesetzt, die eigentliche Arbeit verrichtete weiterhin mein Vater in einem für die Kunden nicht sichtbaren Hinterzimmer. Nur arbeitete er jetzt ohne richtige Anstellung und erhielt eine illegale Bezahlung, einen Bruchteil seines früheren Gehalts. Doch kamen dann behördliche Kontrollen, und mein Vater verlor auch diese letzte, illegale Einnahmequelle.

Die Büroarbeit diente bloß der Erhaltung der vierköpfigen Familie, seiner eigentlichen Beschäftigung ging mein Vater abends und nachts nach: Im Laufe der Jahre veröffentlichte er drei Bücher, eine Theorie der Nationalökonomie, eine Geschichte der Ethik, schließlich einen utopisch-sozialistischen Roman über eine Gesellschaft ohne Geldverkehr. Er, der Bankangestellte, war überzeugt davon, daß die Menschen ohne Geld glücklicher leben würden. Ein viertes Buch, eine theoretische Abhandlung über Politik, hat er nur begonnen, die Ereignisse ließen die Vollendung nicht zu. Seine ersten zwei Bücher schrieb er noch in Dicsőszentmárton, das allnächtliche Klappern seiner Schreibmaschine diente mir als beruhigendes Wiegenlied. In der Pubertät, dann als junger Mann, war ich von den politischen und wirtschaftswissenschaftlichen Theorien meines Vaters sehr beeindruckt und war, genau wie er, überzeugter Sozialist. Heute, erwachsen, bin ich es nicht mehr; die Erfahrungen mit der sowjetischen Variante des Sozialismus waren kaum besser als die mit dem Nationalsozialismus, und auch gegenüber der westlichen Variante bin ich allmählich immer skeptischer geworden – sozialistische Vorstellungen klingen ja im Prinzip so schön, doch bei ihrer Verwirklichung wird für eine illusorische Gleichheit die reale Freiheit geopfert.

Im Januar 1944 wurde ich zum Arbeitsdienst in die ungarische Armee eingezogen, es war ein Mittelding zwischen Militärdienst und Arbeitslager. Nicht nur Juden, auch Rumänen, Ukrainer und Serben, also alle unzuverlässigen Minoritäten, wurden statt des Kriegsdienstes mit Gewehr zum Arbeitsdienst einberufen, man wohnte kaserniert, zusammen mit dem ungarischen Militär, und wurde von ungarischen Unteroffizieren befehligt. Ich kam zuerst nach Szeged, der großen Agrarstadt in der ungarischen Tiefebene, und arbeitete als Sackträger in den Getreidesilos der Armee. Die Arbeitskompanien wurden immer wieder aufgelöst, umgruppiert, zusammengelegt, in andere Gegenden versetzt, wie das in der Militärbürokratie nun einmal üblich ist. So wurde ich im März 1944 mit einigen anderen Kameraden in die Festung Großwardein versetzt, was sich später als lebensrettend erweisen sollte: Die Szegediner Arbeitskompanie kam in die Kupferminen im serbischen Bor und wurde nach aufreibender Arbeit in den Minen von der SS beim Rückzug aus Jugoslawien bis zum letzten Mann erschossen.

Am 19. März 1944 wurde Ungarn, Deutschlands Kriegsverbündeter, von deutschen Truppen besetzt. Aus der Sicht der Nazis mit gutem Grund, denn Ungarns beabsichtigter Kriegsaustritt und die Erwartung britischer Fallschirmjäger waren keine Legende. Ein Teil der Regierung wurde verhaftet und eine neue, Hitler vollends ergebene Regierung eingesetzt. Die neue Regierung mit dem Ministerpräsidenten Sztójai befolgte nun auch die Nazi-Verordnungen zur »Endlösung«. Ab dem 4. April 1944 mußte die jüdische Bevölkerung den Judenstern tragen, es wurden strenge Ausgeh-Zeiten festgelegt, und ab Anfang Mai wurden alle sterntragenden Juden – zunächst außer Budapest und außer den Arbeitsdienstlern – in Ghettos konzentriert. Die Ghettos lagen ausnahmslos in der Nähe von Güterbahnhöfen, und Ende Mai bis Anfang Juni wurden alle Ghetto-Insassen in Viehwaggons nach Auschwitz gebracht. Bis Mitte Juni gab es mit der Ausnahme der Arbeitsdienstler keine Juden mehr in der ungarischen Provinz, nur ganz vereinzelt gab es mutige, die sich versteckt hatten, doch wurden sie später entdeckt und erschossen. Die ungarische Bevölkerung war eben nicht der holländischen oder dänischen ähnlich, eher der österreichischen und süddeutschen. Die meisten verhielten sich neutral, und viele stimmten dem Abtransport der Juden zu. Ausgebombte bekamen nun leicht Wohnungen, und die Habe der Juden verschwand im Nu: in den Händen der Polizisten, der SS-Leute, auch der guten Nachbarn in den Wohnungen nebenan. Das Verstecken von jüdischen Mitbürgern wurde mit der Todesstrafe geahndet, und nur als ganz große Ausnahme hat jemand dieses Risiko auf sich genommen.

In der Millionenstadt Budapest mit über hunderttausend Juden dauerte die Zwangsübersiedlung ins Ghetto länger, die Juden wurden provisorisch in »jüdischen Häusern« konzentriert. Ein Teil kam in Lager, nicht mehr nach Auschwitz, da sich inzwischen die sowjetischen Truppen näherten, doch nach Mauthausen und Bergen-Belsen. Ein anderer Teil wurde von den Pfeilkreuzlern erschossen. Üblich war, nach der Machtübernahme durch die Pfeilkreuzler im Oktober 1944, daß uniformierte Pfeilkreuzler-Einheiten schlagartig ein »jüdisches Haus« besetzten, die Bewohner gefesselt zum Donau-Ufer führten und mit Maschinengewehren auf die Weise auf sie schossen, daß die Leichen gleich in den Fluß fielen. Schließlich wurde ein großes Ghetto errichtet und gleich unterminiert: Da sollte der Rest der Juden in die Luft gesprengt werden. Wegen der Einnahme der Stadt durch die Sowjetarmee im Januar 1945 wurde die Sprengung nicht mehr ausgeführt, und einige zehntausend Juden überlebten.

Auch der Arbeitsdienst in der Armee bot einige Chancen zum Überleben. Das hing auch vom Jahrgang ab: Die 1942 und 1943 einberufenen Arbeitsdienstler erfroren und verhungerten fast ausnahmslos in der Ukraine, nicht ausgerüstet für den russischen Winter; viele kamen auch um bei der Vernichtung der ungarischen Armee bei Woronesch am Don. Die Arbeitsdienstler von 1944, zu denen auch ich gehörte, haben das bessere Los gezogen: Der damalige ungarische Heeresminister, Nagybaczoni Nagy, zwar Mitglied der Sztójai-Regierung, dennoch heimlicher Nazi-Gegner, hielt einen schützenden Arm vor die Arbeitsdienstler. Während der Innenminister Endre die jüdische Bevölkerung übereifrig nach Auschwitz verschleppen ließ, erklärte Nagybaczoni Nagy, die Armee könnte die Arbeitsdienstler vorläufig nicht entbehren.

Im Mai 1944 befand ich mich in der Festung Großwardein. Von einem Tag zum anderen veränderte sich der Status der Arbeitsdienstler: Vorher erhielten wir noch wöchentlich einen Tag Urlaub, nun durften wir die Festung nicht mehr verlassen und wurden wie Gefangene behandelt. Das bedeutete aber nur scheinbar eine Verschlechterung, denn gleichzeitig wurden wir von der Militäradministration auch geschützt, in den Militärkasernen hatte die Gendarmerie des Innenministeriums keine Zugriffsgewalt. Erwischte ein Gendarm einen Arbeitsdienstler auf der Straße – es gab andauernd Straßenkontrollen und umfangreiche Razzien –, wurde dieser sofort ins Ghetto und von dort mit den anderen Ghetto-Insassen nach Auschwitz gebracht. Zur Arbeit außerhalb der Festung wurden wir unter Militärschutz geführt, es sah aus wie eine Kriegsgefangenenkolonne, und die Soldaten ahnten nicht, daß sie uns nicht nur bewachten, sondern auch beschützten.

Die Front kam näher, wir wurden am 23. September 1944

aus Großwardein evakuiert und arbeiteten zeitweilig am Bahnknotenpunkt Berettyóújfalu in der Tiefebene, unmittelbar hinter der Front. Es war immer dasselbe, Tag und Nacht, fast ohne Schlaf, das Umladen von Schrapnells aus Zügen in Lastwagen. Die reale Gefahr, die sowjetischen Luftangriffe gegen die munitionsbeladenen Züge, empfanden wir gar nicht als bedrohlich – wir lebten nicht in der Realität, seit der Verschleppung unserer Angehörigen waren uns Leben und Tod ziemlich egal. Wer starb, der starb, wer zufällig am Leben blieb, blieb am Leben.

Am 10. Oktober 1944 gelang es mir zusammen mit mehreren Kameraden, mich in einem Wald zwischen den Tiefebenen-Dörfern Konyár und Hencida zu verstecken und die sowjetischen Truppen abzuwarten. Das war lebensgefährlich, als Deserteur wurde man, sobald aufgefunden, sofort erschossen. Doch das Weiterziehen mit der Armee war nicht weniger lebensgefährlich. Nach dem 15. Oktober, als die Pfeilkreuzler die Regierung übernahmen, wurde auch Nagybaczoni Nagy abgesetzt, den relativen Schutz der Arbeitsdienstler gab es nicht mehr. Der Rest der Arbeitskompanie, zu der ich damals gehörte, landete nach dem Rückzug nach Westungarn im KZ Mauthausen.

Ich ging zu Fuß im sowjetisch besetzten Siebenbürgen nach Klausenburg zurück, ohne zu ahnen, daß ich in jedem Augenblick in russische Gefangenschaft geraten konnte, ich ging einfach weiter, wie ein Mondsüchtiger. Meine Eltern und mein Bruder waren verschleppt, in der Klausenburger Wohnung hausten Fremde, unsere gesamte Habe war verschwunden. Ich erhielt in der Wohnung ein Zimmer und ein Bett. Im April 1945 kam meine Mutter, die als Ärztin im Frauenlager Auschwitz-Birkenau überlebte, nach Klausenburg zurück. Mein Vater kam über Auschwitz nach Buchenwald, von dort nach Bergen-Belsen, er überlebte nicht. Angeblich starb er im April 1945, kurz vor dem Einmarsch der Amerikaner nach Bergen-Belsen, an Flecktyphus oder an Unterernährung. Mein um fünf Jahre jüngerer Bruder Gábor machte im Januar 1945 nach der Evakuierung des Lagers Auschwitz den berüchtigten Wintermarsch durch und kam, zum Teil erfroren, in das KZ Mauthausen. Sein Name befindet sich auf der Liste der Toten in Mauthausen, als Todesursache wurde Herzversagen genannt, das bedeutet, wie wir es nachträglich wissen, Phenolspritze oder Erschießen. In der Familie meines Vaters blieben zwei ältere Brüder im Budapester Ghetto am Leben, ein jüngerer Bruder wurde samt Frau von den Pfeilkreuzlern erschossen. Die jüngere Schwester meines Vaters wurde samt Ehemann in Auschwitz vergast. Ebenso die ältere Schwester meiner Mutter, samt Ehemann. Die zweitälteste Schwester meiner Mutter kam im KZ Ravensbrück ums Leben, durch medizinische Experimente, wie es hieß. Zwei jüngere Brüder meiner Mutter, die in Hamburg lebten, entkamen jedoch noch rechtzeitig nach England.

Nach Kriegsschluß ging ich von Klausenburg nach Budapest, um dort an der Musikakademie zu studieren. Da ich nicht in der Tradition der jüdischen Religion aufwuchs, bin ich der jüdischen Gemeinde nicht beigetreten. Selbstverständlich fühlte ich mich aber als Jude und litt, wie viele andere, die am Leben geblieben waren, unter Schuldgefühlen: Warum habe gerade ich überlebt, mit welchem Recht? Später, in den fünfziger Jahren, hatte ich starke Gefühle der Solidarität zu einigen katholischen Freunden. Die Religion sagte mir auch in diesem Fall nicht zu, doch die Katholiken wurden mit besonderer Vehemenz von der stalinistischen Diktatur verfolgt. Nach dem ungarischen Aufstand, im Dezember 1956, floh ich zusammen mit meiner zweiten Frau Vera nach Österreich. Vera hatte in der Nazi-Zeit schlimmere Verfolgungen erlebt als ich, sie war zusammen mit ihrer Mutter monatelang in Budapest illegal untergetaucht, ihr Vater wurde im KZ Buchenwald getötet. Darüber hinaus wurde sie als Kind sogenannter kapitalistischer Abstammung auch in der kommunistischen Diktatur diskriminiert.

Nach der Flucht dachte ich eine Zeitlang daran, zum Katholizismus überzutreten, und als Heimat- und Staatenloser neigte ich auch eine Zeitlang dazu, mein Judentum abzuleugnen oder es jedenfalls nicht zu erwähnen. Das war Folge der Flüchtlings-Neurose und der damaligen großen Unsicherheit. Auch war die Beziehung zur Bevölkerung in Österreich und Deutschland von der jüngsten Vergangenheit allzu stark belastet: Den auffallenden Philosemitismus, der mir begegnete, empfand ich als befremdend, unaufrichtig, ebenfalls aus Schuldgefühlen stammend. Etwas später gab ich den Gedanken, zu konvertieren, auf. Die Unaufrichtigkeit eines solchen Schrittes wurde mir mit dem Abklingen der großen Flüchtlings-Verwirrung deutlich. Ich blieb, was ich war, mitteleuropäischer Jude, halbwegs assimiliert und religiös nicht gebunden. Aus beruflichen Gründen lebte ich in Österreich und Deutschland, ich blieb hier, mit dem Bewußtsein, daß die Verkrampfung und die Ressentiments, die wir alle, Juden und Nichtjuden, seit der Hitler-Zeit mit uns schleppen, unheilbar sind – sie sind psychische Fakten, mit denen wir leben müssen.

Hans Mayer

Professor, Literaturwissenschaftler, lebt in Tübingen.
Geboren 1907 in Köln;
von 1933 bis 1945 im Exil: Straßburg, Paris, Genf, Zürich.
Zahlreiche Veröffentlichungen, u. a.:
Deutsche Literatur seit Thomas Mann;
Goethe im 20. Jahrhundert; Außenseiter;
Die umerzogene Literatur. Deutsche Schriftsteller und Bücher 1945–1967;
Die unerwünschte Literatur. Deutsche Schriftsteller und Bücher 1968–1985.

Man wird erzählen müssen, statt zu diskutieren. Zuerst glaubte ich, an die Formel mich halten zu können: »Weder Shylock noch Nathan«. Die Formel aber, die sich zwischen Shakespeare und Lessing durchzumogeln versucht, war allzu literarisch. Sie mochte vielleicht Konstellationen der Geschichte und besonders auch der Emanzipationsgeschichte treffen, doch nicht den besonderen Fall: den meinigen nämlich.

Überdies wurde mir klar, daß mein – fast instinktiver – Versuch, eine Frage, die an die Person gerichtet war, zu den geschichtlichen Akten zu legen, unmittelbar bereits mit dieser persönlichen Konstellation zu tun hatte. »Da behielt ich den Kopf oben, und ich blieb ganz allgemein«, heißt es bei Brecht in der »Dreigroschenoper«. Wenn man sich jedoch kühl auf das Allgemeine zu beschränken sucht, opfert man mit Notwendigkeit den besonderen Fall: den konkreten Fall des konkreten Außenseiters. Kurzum: Es ging nicht an, nun meinerseits ins Allgemeine auszuweichen. Ich empfand mich nicht als Shylock, der auf dem Rialto verlacht, dann umschmeichelt, schließlich gebeutelt wird. Auch hatte ich nichts vom weisen Nathan an mir: jener Kunstfigur, die trotzdem am Schluß einer scheinbar harmonischen Verklärung ebenso draußen bleibt vor der Tür wie Shylock. Die doppelte Negation ergab keine Position. Auch hier durfte man »das Ganze« durchaus nicht als »das Wahre« benennen.

Man braucht nicht auf der Couch des Psychoanalytikers zu liegen, um verstanden zu haben, daß Erinnerungen, die sogleich auftauchen, wenn man einem Sachverhalt des eigenen Lebens nachsinnt, bei der Entschlüsselung weiterhelfen können. Sie sind im Wortsinne »aufschlußreich«. Plötzlich war da ein Abend in einem Kölner Wirtshaus zu Beginn des Jahres 1922. Ich hatte bisweilen in späteren Jahren daran zurückgedacht, doch stets nur im Zusammenhang mit historischen Konstellationen, kaum im Hinblick auf mich selbst.

Ich bin im März geboren: zwei Tage vor der Frühlingswende. Im Staate Preußen, wo ich, in der preußischen Rheinprovinz, zur Schule ging, wurde man zu Ostern in die höhere Klasse versetzt oder auch nicht versetzt. Übrigens bin ich niemals sitzengeblieben, kann auch nicht stolz, wie der große Ernst Bloch, mit schlechten Zeugnissen brillieren. Ich war versetzt worden, um die Zeit meines fünfzehnten Geburtstags, hatte also, wie man damals sagte, das »Einjährige« bestanden. Die frühere

Berechtigung des Gymnasiasten, folglich nur ein Jahr beim Militär dienen zu müssen, war hinfällig geworden durch den Versailler Vertrag. Wir dienten nicht mehr. Das mußten einige meiner Schulkameraden als Entbehrung empfunden haben, wie der Verlauf jenes Kneipenabends bewies. Man hatte Anlaß zum Feiern. Die Söhne eines wenig begüterten Kleinbürgertums, dessen Ersparnisse unter der rasend fortschreitenden Geldentwertung dahingeschwunden waren, empfanden sich an jenem Kneipenabend zum letzten Mal als elitäre Gymnasiasten. Nun mußten sie abgehen und Geld verdienen. Die Eltern konnten die drei Oberklassen und damit den Zugang zur Reifeprüfung nicht mehr bezahlen. So gab es insgeheim, was mir damals schon deutlich wurde, in der scheinbar so fröhlichen Gemeinsamkeit und Fidelitas eine wirkliche Klassenspaltung in der vorerst in die Osterferien entlassenen Schulklasse. Es war der Unterschied zwischen den Unbemittelten und nunmehr definitiv »Einjährigen« – und den Kindern aus einem nach wie vor begüterten Elternhaus, die weiter das Schiller-Gymnasium in Köln-Ehrenfeld besuchen und dort das Abitur nach weiteren drei Jahren machen könnten. Es waren die künftigen Ärzte und Anwälte. Diplomkaufleute oder Studienräte. Die anderen empfanden sich insgeheim als zurückgestoßen ins Kleinbürgertum.

Wir tranken viel von dem dünnen Bier aus den kleinen Gläsern, die man zur Hand nimmt, wenn man »Kölsch« trinkt. Wir gaben an, das versteht sich. Wir konnten nicht viel vertragen, auch das war evident. Einige von uns waren wohl auch nicht besonders gut genährt. Bis dahin war auf dem Klavier herumgehämmert worden: Lieder aus dem nahe zurückliegenden Karneval, modische Weisen aus der Tanzstunde. Nun spielte einer plötzlich eine Marschweise. Jäh rückten fast ein Dutzend Mitschüler zusammen, hockten plötzlich als Gruppe da, sangen im Chor:

Hakenkreuz am Stahlhelm,
Schwarzweißrot das Band,
Die Brigade Ehrhardt
Werden wir genannt.

Das Bekenntnis zu den Farben des Kaiserreichs war eine demonstrative Provokation gegen das Schwarzrotgold der Weimarer Republik. Das Hakenkreuz war seit langem als Symbol völkischer und sogenannt arischer Rassengesinnung bekannt geworden. Der Kapitänleutnant Ehrhardt hatte ein Freikorps gebildet aus jungen Offizieren und Studenten, die nun arbeitslos dastanden und den deutschen Alltag in der Niederlage und Wirtschaftsmisere haßten. Der politische Mord gehörte zum Programm der Leute um Ehrhardt, Roßbach und vieler anderer. Man muß sich die historische Konstellation an jenem Kneipenabend vorstellen. Im August 1921 hatten Offiziere vom Freikorps den katholischen Politiker Matthias Erzberger auf dem Kniebis im Schwarzwald ermordet, weil er den Waffenstillstand im November 1918 mit unterzeichnet hatte. Immer neue Attentate und Mordfälle wurden bekannt. Meine Schulkameraden, die sich plötzlich zum Freikorps bekannten, zum Hakenkreuz, zur Revanche für einen verlorenen Krieg, schienen das alles zu billigen.

Übrigens hätten sie damals auch – warum eigentlich nicht? – ein anderes Lied singen können, das ihnen sicher nicht weniger vertraut gewesen war:

Schlagt tot den Walther Rathenau,
Die gottverfluchte Judensau!

Vermutlich war es Nettigkeit der rheinischen Mitschüler gegen die drei jüdischen Gymnasiasten der Klasse, daß man auf das Lob der Brigade Ehrhardt nicht das Pereat für Rathenau folgen ließ.

Ich bin dann, unmittelbar nach Ende des Singsangs, einfach weggegangen. Nach Ostern ging der Schulunterricht weiter, wir waren nun in der Obersekunda. Die Geldentwertung fraß weiter die Reste eines einstigen Wohlstandes weg. Die Kriegs- und Nachkriegsgewinnler, die wir mit dem verächtlichen Namen »Herr und Frau Raffke« zu bezeichnen pflegten, demonstrierten sichtbar und geräuschvoll, daß es auch Sieger gab in der deutschen Niederlage. Seit dem 1. Februar 1922 war Dr. Walther Rathenau im Amt des Reichsaußenministers. Er war ein liberaler Bürger und Großindustrieller. Den Reichskanzler stellte die katholische Zentrumspartei. Rathenau hatte in Rapallo erste Verbindungen angeknüpft mit den Diplomaten aus Sowjetrußland, um sich vom Druck der westlichen Siegermächte etwas befreien zu können. Ziemlich genau drei Monate nach jener Einjährigen-Kneipe in Köln, am 24. Juni 1922, wurde Rathenau, die »gottverfluchte Judensau«, im offenen Auto im Grunewald über den Haufen geschossen, als er ins Auswärtige Amt fahren wollte.

Ich weiß noch heute, daß ich in jenen Junitagen, als die Nachricht vom Mord an Rathenau eintraf, immer wieder an jenen Abend und den Gesang vom »Hakenkreuz am Stahlhelm« zurückgedacht habe. Die Kern, Fischer und Techow, die Rathenau-Mörder, waren Offiziere vom Freikorps. Ein Junge aus der Kadettenanstalt, Ernst von Salomon, hatte ihnen das Auto besorgt. Damals sprach der Reichskanzler Dr. Joseph Wirth, ein Katholik aus dem Breisgau, bei der Totenrede für Rathenau den berühmten Satz: »Der Feind steht rechts.« Ich stimmte ihm zu. Der Mord an Rathenau hatte mich sehr getroffen, wenngleich ich nicht recht wußte, warum eigentlich. Es gab keine Diskriminierung in der Schule oder auf der Straße. Die habe ich, als Jude, niemals erfahren. Wir diskutierten über den Mord an Rathenau. Da die Schulkameraden im katholischen Köln weitgehend aus Familien stammten, die der Zentrumspartei nahestanden, fand sich kaum einer, der nicht den Mord mißbilligt und die Worte von Reichskanzler Wirth akzeptiert hätte.

Dennoch war für mich manches verändert seit jenem Kneipenabend und dann seit dem Mord an Walther Rathenau. Mit fünfzehn Jahren entdeckte ich, daß es an jenem Abend der Einjährigenfeier nicht bloß den wirtschaftlich-sozialen Unterschied der Wohlstandsbürger und der Habenichtse gegeben hatte, sondern auch die Divergenz zwischen den Einheimischen und den ewig Fremden, zwischen denen also, die sich zum Hakenkreuz bekennen durften, und jenen anderen, denen das, aus Gründen unreiner Herkunft, ausdrücklich verwehrt war.

Sicher ist, daß sich um jene Zeit meine Lektüre in kennzeichnender Weise veränderte. In diesem Jahr 1922 nämlich erschien zum ersten Mal im Insel-Verlag zu Leipzig, schön gebunden und auf Dünndruckpapier, die berühmte Gesamtausgabe der Werke und Briefe Georg Büchners. Auf Grund des handschriftlichen Nachlasses herausgegeben durch Fritz Bergemann. Ich bekam zu Weihnachten das Buch geschenkt, las es nach meiner Gewohnheit von Anfang bis Ende durch und erlitt einen Schlag der Erschütterung, der im mindesten nicht zu vergleichen war mit allen früheren Lektüren von »Klassikern«. Auch diese Begegnung eines Fünfzehnjährigen mit Georg Büchner gehörte in jenes Entscheidungsjahr 1922: zusammen mit dem Kneipenabend und dem emotionellen Schock bei der Nachricht vom Mord an Rathenau.

Wer die Dramen und Briefe Georg Büchners liest, dem wird sanfte Literatur der Beschwichtigung und Beschönigung jäh verleidet. Plötzlich war mir die tägliche Lektüre des »Berliner Tageblatts« von Grund auf zuwider. Zwar las ich noch eine Weile mit Freude und Gier die Theaterkritiken Alfred Kerrs, besonders seine Diatriben gegen einen jungen Autor namens Brecht; doch wurde es mir nahezu unerträglich, die feinsinnige Prosa in den politischen Leitartikeln des Chefredakteurs Theodor Wolff am Sonntagmorgen geziemend zu bewundern. Die Freunde meiner Eltern erstarben in Ehrfurcht vor so viel politischer Weisheit. Daß Theodor Wolff außerdem ein Jude war, daß man, wie meine Mitschüler bisweilen mürrisch erwähnten, im »Berliner Tageblatt«, auch in der »Frankfurter Zeitung«, bloße »Judenblätter« vor sich habe im Gegensatz natürlich zur gut christlich-deutschen »Kölnischen Zeitung«, das wurde andererseits von den jüdischen Bürgern, zu denen auch meine Eltern gehörten, als Sicherheitsgarantie empfunden.

Ich konnte ihnen nicht beistimmen. Damals las ich immer unwilliger die politischen Weisheiten jener Presse eines immer mehr zusammenschrumpfenden liberalen Juste-Milieus. Ich hatte mich langsam an schärfere Nahrung gewöhnt: an die roten Hefte der »Weltbühne«. Mein erstes literarisches Idol hieß damals und für geraume Zeit: Kurt Tucholsky. Mein Vater stimmte zu. Er hatte Umgang mit den expressionistischen Künstlern und hielt nicht viel von der Deutschen Demokratischen Partei. Ein paar Jahre später hat Tucholsky für eben diese Partei und für die Literatur vom »Berliner Tageblatt« den berühmten Einsilber erfunden: »Jein«.

Im Zuge einer solchen Totalrevision, die sicher auch mit der Pubertät zusammenhing, legte ich mich innerlich gleichzeitig an mit einer anderen Informationsquelle, die im Abonnement ins Haus geliefert wurde. Das war ein Wochenheftchen und wurde herausgegeben vom »Centralverein deutscher Staatsbürger jüdischen Glaubens«. Vielleicht war es sogar wirklich Tucholsky, der mich auf die rührende Hilflosigkeit des Blättchens und seiner Mäzene hinwies. Irgendwo hörte ich von einem jüdischen Freund, der es möglicherweise sogar bei Tucholsky gelesen hatte: man solle nicht von deutschen Staatsbürgern jüdischen Glaubens reden, sondern eher von »deutschen Staatsjuden bürgerlichen Glaubens«.

Kurt Tucholsky hätte niemals, so wie es Jacob Wassermann um jene Zeit versuchte, eine Autobiographie entworfen mit dem Titel »Mein Weg als Deutscher und Jude«. Auch in Tucholsky rumorte, wie bei den Zeitgenossen Karl Kraus oder Alfred Kerr oder Theodor Lessing, der »jüdische Selbsthaß«. Die von Tucholsky unter einem seiner Pseudonyme entworfene Figur des Herrn Wendriner, eines geschwätzigen, unmanierlichen, dummdreisten jüdischen Spießbürgers, der Theodor Wolffs Leitartikel für die politische Weisheit schlechthin hält, war Satire im klassischen Stil, das versteht sich. Nur gab es da, neben dem Haß des Schreibers auf sein dummes und freches Bürgergeschöpf, eine deutlich spürbare Mißbilligung der *Herkunft* dieser Kreatur, also nicht bloß ihrer Meinungen und Taten. Übrigens hatte Tucholskys böser Blick die Perspektiven schon Jahre vor dem Ende der Weimarer Republik richtig verstanden. Daß nämlich die Bekenner des »Centralvereins deutscher Staatsbürger jüdischen Glaubens« versuchen würden, aus gut bürgerlichem Klassenbewußtsein ein Arrangement mit den Nazis einzugehen: auf Kosten der Kommunisten, der Gewerkschaften und vor allem der verachteten »Ostjuden«. Tucholskys Text »Herr Wendriner steht unter der Diktatur« hat diese Möglichkeit festgehalten. Sie konnte nicht real werden, weil die andere Seite mit Wendriner keine Abkommen traf.

Ich bin aufgewachsen in einer jüdischen Bürgerwelt, die sich viel darauf zugute tat, ein ganzes und subtiles System der deutsch-jüdischen Querverbindungen zu praktizieren. Da gab es die geschäftlichen und gesellschaftlichen Beziehungen zwischen dem jüdischen und dem nichtjüdischen Bürgertum des Rheinlandes. Es gab die nicht besonders herzlichen, aber doch realen gesellschaftlichen Umgangsformen zwischen den jüdischen und nichtjüdischen Rechtsanwälten, Ärzten und Professoren. Nichts davon war selbstverständlich. Die Einladung in das nichtjüdische Haus wurde insgeheim immer noch vom jüdischen Bürger als kleines Ereignis zelebriert. Im Grunde hatte sich daran seit den Tagen Gustav Freytags und von »Soll und Haben« wenig geändert. In Köln kam hinzu, daß die eigentliche Oberschicht durch das katholische Bürgertum der Industriellen und Bankiers, häufig mit ererbtem Wohlstand, repräsentiert wurde. Ehrfürchtig bestaunte man im mittleren jüdischen Bürgertum den Fall eines Mannes namens Louis Levy, der so reich geworden war, daß er, unter dem Namen Louis Hagen, nun nahezu gleichberechtigt mitmachen durfte.

Wenn man sich nichts vormachte, so war zu erkennen, daß das jüdische Bürgertum doch miteinander allein im Spiel blieb. Dafür unterschied es messerscharf zwischen den sozialen Schichten der jüdischen Bevölkerung, wobei Vermögens- und

Einkommensverhältnisse zum Kriterium wurden: zwischen altem und neu erworbenem Wohlstand; schließlich traf man eine strenge Diskriminierung zwischen deutschen Juden und »Ostjuden«. Es ging so weit, daß man hier nahezu zwischen Freunden und Feinden unterschied. Freunde waren die deutschen Staatsbürger jüdischen Glaubens. Sie mißbilligten oder verspotteten den Zionismus. Die Ostjuden wurden schlechthin gleichgesetzt mit den Zionisten.

Daß solche Unterscheidungen nicht spezifisch mit der deutsch-jüdischen Tradition verwechselt werden können, sondern ein arrogantes Moment des Aristokratismus repräsentierten, kann man heute feststellen, da Thomas Manns Tagebücher vom Anbruch des Dritten Reiches eröffnet wurden. So wie jene Wendriners damals sagen mochten, bevor man gemeinsam den Weg nach Auschwitz anzutreten hatte, eine Repression der Ostjuden sei vielleicht keine schlechte Sache, so schrieb immerhin Thomas Mann in seinem vertraulichen Journal: die Entjudung der deutschen Justiz sei vielleicht keine schlechte Sache, und auch nicht, daß man den Kerr und Tucholsky das Schreiben verbiete. Aber doch nicht einem Thomas Mann . . .

Ich hatte damals im Zuge wechselnder Lektüre den Weg zur marxistischen Literatur gefunden: zu Marx und Engels und Lenin natürlich, dann zu dem marxistisch drapierten Hegelianismus von Georg Lukács in seinem Buch »Geschichte und Klassenbewußtsein«, das mich um das Jahr 1927, also mit zwanzig Jahren, nachhaltig beeinflußte. Ich fand den Weg zur Arbeiterbewegung, hielt aber in allen Schwankungen zwischen der SPD und den Splittergruppen, zwischen Sozialdemokraten und KPD erhebliche Distanz zum offiziellen Kommunismus. Vielleicht hing dies, jenseits rationaler Vorbehalte gegenüber der Strategie und Taktik der KPD, die eine Zeitlang eine Zusammenarbeit mit der Hitler-Partei praktizierte, bei der Goebbels und Ulbricht in einer gemeinsamen Veranstaltung als Redner und Gegenredner auftraten, mit meiner frühen Vorliebe für den Schriftsteller Leo Trotzki zusammen. Der S. Fischer Verlag hatte damals Trotzkis Bücher über die Russische Revolution und seine Autobiographie »Mein Leben« herausgebracht. Ich war keineswegs Trotzkist, doch von Anfang an fasziniert von dieser blendenden Mixtur aus Schriftstellerei und Revolution.

Im übrigen verstärkte die marxistische Lehre den früheren Widerwillen gegen die Wendriners und ihren Centralverein. Ähnlich wie Trotzki unterschied auch ich zwischen der sozialen

Position der Juden, zwischen jüdischen Kapitalisten, Kleinbürgern, Proletariern. Das hatte eine gute Folge: Man setzte sich mühelos über den bourgeoisen Hochmut gegenüber den jiddisch sprechenden kleinen Handwerkern und Arbeitern hinweg, die aus dem Osten nach Deutschland gewandert oder eigentlich (historisch gesehen) zurückgewandert waren. Nachteilig war, daß man, wie es auch Trotzki in seinen Schriften immer wieder zu halten liebte, das Problem der Fremdheit und des Fremden mit Hilfe soziologischer Kategorien zu eliminieren gedachte. Trotzki hat sein Judentum stets, und nicht ohne Akzente von Selbsthaß, als Zufall der Geburt abgetan. Sein Lebenslauf hat diese These widerlegt. Wie bekannt. Der Antisemitismus nicht allein Stalins ließ sich nicht wegdekretieren. Das freilich habe ich erst sehr spät erkannt nach zwei Weltkriegen und beim entsetzten Betrachten der antisemitischen Schauprozesse Stalins in Moskau und Prag, Sofia und Budapest.

Um das Jahr 1933 und auch während des Exils hingegen begegnete ich bei allen Kontakten mit Sozialisten und Arbeitern einem Konzept der Gemeinsamkeit, das Unterschiede zwischen Gleichdenkenden jüdischer und nichtjüdischer Herkunft als bourgeoises Vorurteil und auch als unwürdig abtat. Schließlich gab es in allen Bereichen der europäischen Arbeiterbewegung jüdische Genossen, die sich nach der Ideologie unterscheiden ließen: Trotzki oder Rudolf Hilferding, Rosa Luxemburg oder der Austromarxist Otto Bauer. Es gab Georg Lukács und Fritz Sternberg und Anna Seghers. Unter den Jungsozialisten meiner Generation hatte ich mit Richard Löwenthal zu tun, mit Ossip Flechtheim und vielen anderen.

Schon im April 1933 nahm die SA in Köln eine Haussuchung in unserer Wohnung vor. Ich war damals aber in Berlin, konnte also nicht verhaftet werden und lebte seitdem illegal, bis ich im Herbst dieses Jahres auf Schleichwegen und mit bereits ungültigem Paß die Grenze nach Belgien überschreiten und nunmehr als Emigrant debütieren mußte.

Die ersten Erfahrungen des Exils bestätigten alle früheren Erkenntnisse und auch Vorurteile in Sachen des Judentums. Die elsäßischen Juden, dann die jüdischen Kaufleute in Paris, erst recht später die schweizerischen Juden empfingen die jüdischen Immigranten, als handele es sich um Aussätzige, die plötzlich in einer gesunden Mitwelt auftauchen. Man wollte uns möglichst bald loswerden, ließ wohl auch, wie inzwischen dokumentarisch belegt wurde, die Polizeibehörde wissen, daß man sich mit jenen Immigranten nicht solidarisch fühle. Ein paar Besuche, die ich auf Wunsch von Freunden und Verwandten in Straßburg oder Paris oder Zürich in jüdischen Bürgerhäusern machte, erweckten in mir tiefen Widerwillen. Überall saßen sie, die Wendriners, die fließend Französisch sprachen oder Schweizerdeutsch. Merkwürdig, man behandelte uns jetzt in jenen Kreisen genauso, wie meine Verwandten und die Freunde meiner Familie in Deutschland einstmals »die Ostjuden« von sich ferngehalten hatten.

Die ganze Dauer des Exils hindurch habe ich an meiner These von der Lösbarkeit der Judenfrage in einer nicht mehr klassengespaltenen Gesellschaft festgehalten. Wenn die jüdische Emanzipation unter der bürgerlichen Gesellschaft offenkundig mißlungen war, wie die mörderische Praxis des Dritten Reiches bewies, so war damit, wie ich meinte, noch nichts ausgesagt gegen Lösungsmöglichkeiten jenseits der Bürgerwelt. Es kam hinzu, daß ich auch in den schwierigen Zeiten des Exils keine Erfahrungen zu machen hatte, die ein Bewußtsein meiner gleichsam existentiellen Fremdheit als Jude hervorgerufen hätten. Von den jüdischen Hilfsorganisationen konnte ich mich fernhalten, denn ich war Stipendiat internationaler Forschungsinstitute, konnte auch in der Schweiz, dank der Unterstützung durch Männer wie Carl J. Burckhardt oder Max Rychner, unter Pseudonym publizieren, was natürlich fremdenpolizeilich streng verboten war. Im Umgang unter politischen Emigranten gab es keinen Unterschied zwischen Juden und Nichtjuden. Die selbstverständliche Solidarität, die ich dort immer wieder antraf, kontrastierte nur allzu deutlich mit der Unsolidarität der jüdischen Spießbürger in unseren Exilländern. Daß Frankreich und die Schweiz dabei keinen Sonderstatus besaßen, haben mir später die anderen Emigranten erzählt, die es nach England oder Belgien oder Skandinavien verschlug.

Ein höchst persönliches Schlüsselerlebnis hat es dann nicht wieder gegeben: vergleichbar jener Gymnasiastenkneipe von 1922 und der Erfahrung mit den Wendriners in Deutschland und im Exil. Da ich niemals versucht habe oder auch versuchen konnte, mit einer Mimikry als Nichtjude zu arbeiten, da im Gegenteil seit meiner Rückkehr nach Deutschland im Zusammenhang mit meinen Arbeiten und meiner Biographie allgemein bekannt war, wie es mit mir stand, habe ich ausdrückliche Fälle der Diskriminierung als Jude nicht erlebt. Ich habe überleben können und kam zu einer Zeit nach Deutschland zurück, da ein großer Teil jener Menschen, die auch ihrerseits hier im Lande überlebt hatten, die Zusammenarbeit mit einem heimgekehrten Juden, der dazu noch das Fach der Germanistik im akademischen Leben repräsentierte, also der deutschen Sprache und Literatur, als symbolisch empfand und entsprechend honorierte. Dennoch war es eine traumhafte Situation, als ich am 2. Juni 1977 in Nürnberg in Anwesenheit des Bundespräsidenten und der bayerisch-fränkischen Honoratioren die Festrede zu halten hatte beim Jubiläum des Germanischen Nationalmuseums. Ich sprach immerhin in der Stadt Julius Streichers, der Nürnberger Gesetze und der Nürnberger Prozesse. Es wäre sinnlos gewesen, darüber zu schweigen und sich als Festredner der üblichen Art zu gerieren. Ich habe im Gegenteil diese Divergenz unterstrichen. Habe ich recht daran getan, jene Rede zu halten? Zumal wenn sie, durch den bloßen Vorgang selbst, jene Illusionen der deutschen klassischen Aufklärung von der deutsch-jüdischen Symbiose zu wiederholen schien, die ich in meinem Buch »Außenseiter« so heftig in Frage gestellt hatte?

Ein Schlüsselerlebnis, ohne welches die Thesen jenes Buches »Außenseiter« nicht denkbar gewesen wären, ist der Stalinismus für mich gewesen. Der jüdische Marxist Fritz Sternberg pflegte vor 1933 in seinen Vorträgen triumphierend den Satz zu verkünden: »Der Kapitalismus ist nicht mit der Demokratie verheiratet, sondern mit dem Profit!« Er wollte damit voraussagen, daß ein gegendemokratischer Kapitalismus ohne weiteres konzipiert werden könnte. Wie sich gezeigt hat. Seit Stalin kann die Parallelthese verkündet werden, daß der sowjetische Kommunismus nicht mit den Menschenrechten und der Aufklärung verheiratet ist, sondern mit den militärischen, territorialen und auch wirtschaftlichen Zielen einer Weltmacht. Es gibt kein Postulat der bürgerlichen Aufklärung, also der französischen Enzyklopädisten, der englischen und russischen Demokraten, des deutschen Idealismus, das nicht im Herrschaftsbereich der Sowjetunion aus strategischen und taktischen Erwägungen im Einzelfall preisgegeben wurde.

Wenn heutzutage die antisemitische Propaganda, denn darum handelt es sich doch wohl, ausdrücklich bestreitet, etwas gegen »die Juden« zu haben, aber schärfste Diskriminierung gegenüber dem Zionismus propagiert, so spielt man mit einem Euphemismus. Natürlich sind sic Antisemiten, die sogenannten Antizionisten der sowjetischen Observanz. Bei den Flugzeugentführungen, nicht allein in Entebbe, gab es abermals die Selektion nicht zwischen Bürgern des Staates Israel und allen übrigen, sondern zwischen Juden und Nichtjuden. Es hat keinen Sinn, nach siebzig Lebensjahren noch Illusionen zu haben.

Ich bin jüdischer Abkunft und lebe in einem der beiden deutschen Staaten, nachdem ich, durchaus ohne irgendeine Diskriminierung ob meiner Herkunft, in der DDR habe arbeiten können. Empfinde ich mich als Deutscher, nachdem so viel geschehen ist? Geblieben ist die Skepsis gegenüber allen Möglichkeiten der vollständigen Emanzipation von Juden auf deutschem Boden. Es gibt kaum mehr Juden in diesem Lande, und die Generation der glühenden Gefolgsleute ihres Führers stirbt demnächst aus. Dennoch gibt es abermals Nazis unter der jungen Generation. Man schmäht die jüdischen Toten; die deutschen Richter sind bemüht, der Partei neuer Nazis die Legalität zu bestätigen. Noch gibt es ein bißchen Wohlstand. Wie aber, wenn wirklich die Krise eintritt und eine neue Verblendung? Wie es dann zugehen könnte, dafür gibt es viele Beispiele in der jüdischen Geschichte und auch in der deutschen.

Wolfgang Hildesheimer

Schriftsteller, lebt in Poschiavo/Graubünden.
Geboren 1916 in Hamburg;
1933 Auswanderung nach Palästina.
Zahlreiche Veröffentlichungen, u. a.:
Lieblose Legenden; Masante; Mozart;
Marbot; Das Ende der Fiktionen.

Wenn ich mich frage, worin mein Judentum besteht, so finde ich keine wirklich befriedigende Antwort. Ich weiß nur, daß es besteht. Ich bin in ihm nicht verwurzelt, von ihm nicht beherrscht, aber ich fühle mich als Jude. Am ehesten noch würde ich es als Zugehörigkeit zu einer Schicksalsgemeinschaft definieren; aber auch diese Antwort wäre vage, denn diese Gemeinschaft berührt mein Bewußtsein wenig und manifestiert sich in meinem täglichen Leben kaum, mein Judesein wirft keine brennenden Fragen auf und stellt mich nicht vor Entscheide. Ich kenne nicht mehr Juden als ein Christ, und mit denen, die ich kenne, spreche ich niemals über Judentum, die Basis meiner Freundschaften und Bekanntschaften hat mit ihm nichts zu tun. Eher stoße ich im Negativen und aus Zufall auf mein Teilhaben an dieser Gemeinschaft, dann nämlich, wenn ich durch beunruhigende oder böse Nachrichten alarmiert werde; etwa wenn ich in der Zeitung lese, daß die Frankfurter Unterwelt zu einem unverhältnismäßig großen Prozentsatz aus Juden besteht. Dann aktiviert sich in meinem Bewußtsein eine Art Bangnis, eine Art Verzagen, das, müßte ich es in Worte fassen, lauten würde: Ja, wenn wir wirklich ein *Volk* sind, so sind wir nicht zuletzt auch ein mieses Volk. Natürlich rechne ich mich und meine jüdischen Freunde nicht zu den miesen, doch fühle ich mich auf eine gänzlich irrationale Weise für das Miese verantwortlich. Und nicht zuletzt erwacht in mir die Angst vor neuem Antisemitismus, wohl auch nicht ganz zu Unrecht. Ich wünsche mir – und welcher Jude täte das nicht! – diese Unterwelt hinweg: den Bordellbesitzer, den unlauteren Diamantenhändler, den betrügerischen Finanzmann – oder zumindest, ich wünsche mir, daß sie nicht das seien, was ich auch bin, nämlich Juden. Ich fühle mich machtlos, ich kann ja der Masse der differenzierungsunfähigen und differenzierungsunwilligen Zeitungsleser nicht Bloch oder Wittgenstein oder Freud oder Leo Baeck als Gegenbeispiele vorhalten. Ich weiß, daß von einer bestimmten Stufe im allgemeinen Bewußtsein abwärts Spinoza oder Bergson nicht gegen Schmul und Itzig aufkommen. Aber welche Konsequenzen soll ich daraus ziehen? Ich weiß schließlich aus Erfahrung, daß das Irrationale, der negative Affekt nicht überwindbar sind.

Die Konsequenz, die meine Eltern daraus zogen, war Zionismus: Auswandern in ein Territorium – an einen Staat dachten sie damals noch nicht –, in dem nur Juden seien, in dem ihre positiven und ihre negativen Eigenschaften einander auszugleichen hätten; wo man untereinander miteinander fertig würde. Rückzug aller in ein eigenes Gebiet, das nähme dem Antisemitismus den Wind aus den Segeln. Als Theorie hatte diese Konsequenz etwas Bestechendes: Hätte ich mich damals, in meiner Kindheit und Jugend, als Jude gefühlt, so wäre ich vielleicht selbst Zionist geworden, zumal da zu jener Zeit eben von einem Staat nicht die Rede war, sondern von einem Nationalheim, von Raum für viele in einer pluralistischen Gesellschaft. Aber für diesen aktiven Wunsch war es für mich zu früh, ich war auf der Odenwaldschule, dort beschränkte sich die Weltanschauung auf Willen und Mut zur Selbstverwirklichung, Zugehörigkeiten beschränkten sich auf die entsprechenden Interessengebiete. Zwar bin ich mit meinen Eltern 1933 nach Palästina ausgewandert – Israel existierte damals noch nicht einmal als Wunschtraum –, aber als der Staat gegründet wurde, war ich schon wieder in Europa, wohin ich gehörte und gehöre. Ich habe also gewissermaßen die Heimat verschmäht auf Kosten jener Heimatlosigkeit, die, von außen betrachtet, ein Merkmal des Juden ist und für mich, also von innen betrachtet, jene Heimatlosigkeit symbolisiert, in der wir – Jude oder nicht – alle heimisch sind. Sie ist die Quelle all meiner kreativen Aktivität. Ich will auf der Erde keine Heimat haben: Vielleicht offenbart sich nicht zuletzt in dieser Versagung mein Judentum. Ich will sie allerdings, im Gegensatz zu den frommen Juden, auch im Himmel nicht haben.

Mein Vater entstammte einer alten Rabbinerfamilie in Berlin. Sie war emanzipiert, geistig aufgeschlossen, weltzugewandt, aber seltsamerweise hatte sie, außerhalb des religiösen Lebens, mehr Sinn für Unernstes als für Ernstes, zog die Operette der Oper vor, das Kabarett dem Konzert. Mein Vater litt unter einem Milieu, das er als frivol bezeichnete und das – ein bekannter Vorgang –, je älter er wurde, in seiner Erinnerung an Frivolität zunahm. Religiosität und Leichtlebigkeit ist eine seltene und wohl auch unglückselige Verbindung. Sie hat dazu geführt, daß sich mein Vater beidem früh versagte, er wurde areligiöser Zionist und ging nur noch an höchsten Feiertagen zur Synagoge als eine Art Pflichtübung. Wenn meine Großmutter aus Berlin uns in Mannheim besuchte, sprach sie das lange Tischgebet für sich, wir anderen standen auf. Für sie also war mein Vater kaum noch ein Jude.

Die Familie meiner Mutter – mein Großvater und mein

Großonkel waren Buchhändler in Hamburg – fühlte sich zwar vage jüdisch, ging aber niemals zum Gottesdienst, das tradierte Kulturgut war deutsch, war Literatur, vor allem Schiller. Mein Großonkel war mit Dehmel und Liliencron befreundet, meine Tante wurde Anhängerin Stefan Georges, war mit einigen seiner Jünger befreundet, bis diese – im Gegensatz zu ihrem Meister – Nazis wurden.

Meine Eltern also fanden im Zionismus ihre geistige Heimat. Sie haben aber nie mit Nachdruck versucht, mich in ihrer Richtung zu beeinflussen. Wie gesagt, in der Odenwaldschule ging es, solange es überhaupt noch ging, vor 1933, um anderes, Traditionen und Idealismen anderer Art, jüdische Schüler traten als solche nicht in Erscheinung. Später kam ich auf eine englische public School, keine feudale, sondern eine fortschrittliche coeducational school. Es gab da ein paar jüdische Schüler und Schülerinnen, unter anderem den Enkelsohn des Oberrabbiners von England, aber auch hier fiel das Wort »Jude« nicht. Dafür fiel es zunehmend in den Ferien, es war der Anbruch der Nazizeit, und inzwischen ging es ernstlich darum, Entscheidungen zu treffen. Ich erinnere mich an einen Spaziergang mit meiner Mutter, während dessen sie den bekannten Satz von Moritz Goldstein zitierte: »Wir Juden verwalten das Kulturgut einer Nation, die uns nicht dazu aufgefordert hat.« Die Absicht meiner Mutter war mir nur allzu klar: Es ging ihr – und meinem Vater – darum, den jüdischen Intellektualismus abzustreifen, um sich – und mich – auf das veränderte Dasein des aufbaubewußten Einwohners eines Neulandes vorzubereiten. Die deutschen Einwanderer in Palästina – wohlgemerkt: die freiwilligen – betrieben denn auch den Anti-Intellektualismus mit System und nicht ohne Gewaltsamkeit. Im Sog dieser Tendenz wurde ich in Jerusalem zum Tischler, nicht lang, aber auch nicht ungern.

Aber der Satz von Goldstein ist mir geblieben. Er wirkt sich noch heute aus, ja seine Bedeutung hat sich sogar erweitert. Ich würde, vielleicht zu Unrecht, als Jude kein deutsches Kulturgut verwalten wollen, nicht zum Beispiel als leitender Redakteur etwa einen Dichter zurückweisen wollen, der vielleicht labil und anfällig für die Erfahrung jener Distinktionen ist, die jetzt nur schlummern, aber ewig latent bleiben. Und selbstverständlich würde ich mich auch heute niemals in deutsche Politik – oder auch in die Politik eines anderen Landes – einmischen. Noch heute, und vor allem nach dem, was geschehen ist, fühle ich, daß hier der Platz eines Juden nicht ist. Nicht daß er sich ewig des Geduldet-Seins bewußt zu sein hätte, aber er hat sich als Außenseiter zu betrachten: eine Rolle allerdings, die ihm in Künstler- oder Intellektuellenkreisen wohl selten zugeteilt wird, ich selbst habe die Rolle niemals spielen müssen, wäre auch nicht bereit dazu.

Meine enge Familie hat persönlichen Antisemitismus niemals zu spüren bekommen, wohl nicht zuletzt, weil sie Situationen gemieden hat, die zu Beleidigung oder Angriff hätten führen können. Mein Vater war als Chemiker technischer Direktor der Fabrik eines großen internationalen Nahrungsmittelkonzerns, der Aufsichtsrat, dem er unterstand, saß in Holland, was er als wohltuend empfand. Dennoch hatte er schon 1929 nach Palästina auswandern wollen, aber es kam erst 1933 dazu, nach der Machtübernahme der Nazis, dann allerdings sofort. Als sein Ausscheiden in seiner Fabrik bekannt wurde, schickte die nationalsozialistische Arbeitergruppe – damals übrigens noch in der Minderzahl – eine Delegation zu ihm, die ihm dies bedeuten sollte: *Sie* meinen wir nicht, Herr Dr. Hildesheimer! So einfach schien das damals. Aber mein Vater hatte eben schon lange gewußt, daß es nicht so einfach war, er hatte sein Leben auf dieser Tatsache aufgebaut.

Im internen Leben in Palästina dann verlor der Begriff des Juden an Bedeutung, im heutigen Israel ist er erloschen. Damals war man, so unwahrscheinlich es heute auch klingen mag, auch als Jude Palästinenser. Das bedeutete aber freilich auch: Bürger eines englischen Mandatsgebietes, also gewissermaßen Kolonialvolk eines Imperiums. Und so wurde man von vielen der Kolonialherren auch behandelt, sie waren die Herren. Mit den Juden hatten sie es schwerer als mit den Arabern, denn die jüdischen Einwanderer waren eine solche Behandlung nicht gewohnt. Nicht daß sie rebelliert hätten, aber sie sonderten sich ab, man traf sich nur notgedrungen bei offiziellen Anlässen, der Verkehrston war kühl. Doch gab es unter den Engländern viele Ausnahmen; jene nämlich, denen die Aufgabe des Kolonialherren unwillentlich zugewachsen war, Angehörige kultureller Berufe, Reserve-Offiziere oder temporäre Beamte, denen für die Dauer des Krieges eine kulturelle oder kulturpropagandistische Funktion zugeteilt worden war; Leute, die wußten, daß vor allem die westeuropäischen Einwanderer einiges Kulturgut zu vermitteln hatten. So entstand, während des Krieges, zumal in Jerusalem, cine Art exterritoriales Kulturzentrum, an dem Araber, Juden und Engländer teilhatten. In diesen Kreisen war denn auch weder von Judentum noch von Zionismus jemals die Rede, denn viele der Juden, die hier ihre geistige Heimat fanden, waren nicht freiwillig in Palästina, manche mußten erst lernen, sich überhaupt als Juden zu betrachten, und Zionismus war ihnen fremd. Das war den arabischen Mitgliedern dieser Kreise natürlich recht, es schloß das heikle Thema des Rechtes auf Heimat aus und förderte Freundschaften. Die englischen Teilnehmer waren ohnehin gegen den Zionismus, weil sie meinten, die Juden gehören nach Europa. Daß sie von dort vertrieben waren, nahm man ungern und seltsam schwerhörig zur Kenntnis. Der Chefzensor Palästinas, im Zivilberuf Universitätsprofessor, sagte einmal zu mir: »Ihr Juden seid doch komische Leute. Ihr könnt alles, habt Kultur, ihr seid das Salz der Erde, und was wollt ihr? Ein Stück Land von der Größe Yorkshires.« Er war nicht der einzige, der sich weigerte, die Situation zu erfassen.

Mit Judentum in seiner grausamsten Bedeutung, mit Rassenzugehörigkeit, Artfremdheit und all den Worten dieses Vokabulars, wurde ich erst konfrontiert, als ich Simultandolmetscher bei den Nürnberger Prozessen wurde; als sich hier, systematisch und schematisch, eine Geschichte aufrollte, die ich in den Jahren ihres Geschehens nur aus Berichten und Gerüchten gekannt hatte. Die Geschichte war entsetzlich, aber sie gehörte einer Vergangenheit an, deren Bewältigung schließlich nicht *meine* Aufgabe war. Die Frage der Schuld oder der Kollektivschuld überließ ich meinem Unbewußten und wartete auf den Entscheid von innen. Drei Jahre lebte ich als Angehöriger der Besatzungsmacht in einem großen Zimmer im Grand Hotel in Nürnberg, das ich mir als Atelier hergerichtet hatte, um mich beim Zeichnen und Malen von dem Schrecken dieser ausführlich rekapitulierten Vorgänge abzulenken, was mir gelang. Es gelang mir sogar mehr, nämlich beim ehemaligen Feind, den Deutschen, zwischen gut, halbgut und böse zu unterscheiden, was vielen anderen, vor allem den Emigranten unter den Besatzern, schwer gelang, ihr Affekt oder auch ihre Entwurzelungspsychose erlaubte ihnen den Entscheid zur Gerechtigkeit lange Zeit nicht, ihre Abneigung war schwerer überwindbar; vielleicht tat ich mir, als Psychoanalysierter, leichter.

Immerhin habe ich aus den Nürnberger Jahren viel gelernt. Ich glaube, daß mein Sensorium für die diversen Manifestationen des Antisemitismus in meinem jeweiligen Gegenüber so gut ausgebildet ist wie mein Differenzierungsvermögen zwischen Nichtjuden und Juden, auf das ich später zu sprechen komme. Es gibt verschiedene Grade, ja sogar Qualitäten des Antisemitismus. Vom offenen, unverhohlenen Haß will ich hier nicht sprechen, man braucht ihn nicht zu beschreiben. Mit ihm habe ich auch am wenigsten Erfahrung, denn ich spreche mit den Hassern so wenig wie sie mit mir sprechen würden – obgleich auf der Nürnberger Szene auch manch einer aus dieser Ebene zum devoten Einschmeichler geworden wäre, hätte man ihn gelassen. Diffiziler und ehrenhafter sind die Judenfeinde wider Willen, die mitunter ihre Abneigung sogar zu bekämpfen suchen, sie aber, aus einem inneren Hemmnis, für dessen Art es vielerlei Erklärungen geben mag, nicht bekämpfen können. Ich meide sie, manchmal respektvoll, selbst dann, wenn sie versuchen, sich anhand eines vielleicht hervorstechenden Vertreters der ungeliebten Rasse zu korrigieren oder zu heilen. Ich will schon deshalb nicht als passiver Bekehrer herhalten, weil ich nicht weiß, ob nun gerade ich das rechte Mittel zur Überwindung bin. Ich denke, ein jüdischer General oder ein jüdischer Philanthrop richten da mehr aus. Dann gibt es die – eher verächtlichen – Gewissensschmuggler, die Identitätskartenvorzeiger, jene, die sofort von ihren jüdischen Freunden sprechen, als hätte ich sie danach gefragt. Oder jene, die soeben gerade einen Brief von ihrem Jugendfreund Fritz Levi aus Tel Aviv erhalten haben, mit dem sie auch während der ganzen Nazizeit . . .etc. Dann gibt es jene mit dem leichten, doch unverkennbaren Stich, die Philosemiten verschiedener Art, jene, die noch den bewunderten Gundolf gehört haben oder mir ihre Verehrung Martin Bubers kundtun – womit ich keineswegs sagen will, daß alle Buberverehrer zu ihnen gehören, gerade Buberverehrung ist ja ein eminent deutsches Charakteristikum. Die primitivere Variante jener, die ausgerechnet mir gegenüber ihre Bewunderung der israelischen Armee ausdrücken, ist Gottseidank ausgestorben. Es gibt noch viel mehr Arten, vor allem aber wohl unzählige Varianten psychischer Verdrängungsmechanismen; aber ich wollte hier ja nicht über die Nuancen des Antisemitismus sprechen, sondern über den Gegenstand ihrer Projektion und ihrer Präokkupation: *den* Juden, von dem ich, wie gesagt, nicht wirklich weiß, wer er ist. Denn das Bild dieses »Andersartigen« – ob Freund oder Feind, Halbfreund oder Halbfeind – wird ja meist erst von der Einbildungskraft dessen entworfen, den sein Gegenstand immer wieder bewegt. Für manche wird es zum Bild, das Julius Streicher oder »Der Stürmer« gemalt hat, für andere stellt es Walther Rathenau dar oder Alfred Kerr, für wieder andere ist es Morgenthau oder Kissinger. Für nochmal andere, zu denen ich mich zum Teil zähle – denn ein wenig Antisemitismus ist dem Juden so erlaubt wie dem Katholiken Kritik an seiner Kirche – ist es der Börsenjude und der Finanzgroßmakler. Zu den Verächtern dieses letzteren Bildes gehörten auch T. S. Eliot und Ezra Pound, die allerdings den schwer verzeihlichen Fehler machten, das Bild verallgemeinernd zu verfälschen und im Juden den Wucherer schlechthin zu sehen. Das ist er nicht. Die meisten Antisemiten sind wohl A-priori-Antisemiten. Ein Mitschüler sagte mir einmal, er möge keine blonden Juden, auch das gibt es. Er trat später als Arzt der Wlassow-Armee bei, vielleicht hat er aus diesem Nicht-Mögen tätliche Konsequenzen gezogen.

Diese Überlegungen, diese Rückblenden und Erinnerungen gehören natürlich nicht zu meinem geistigen Alltagsinstrumentarium. Nur um dieser Ausführungen willen räume ich sie hervor, sonst ruhen sie im Unbewußten: aber immerhin, dort ruhen sie und sind jederzeit verfügbar, wie jetzt. Mitunter reagieren die entsprechenden Regungen aber auch gänzlich unerwartet, wenn auch tendenzlos. Wenn ich, bei einer Party etwa, einen Juden kennenlerne, so registriert sich das in mir: nicht etwa auf wertende Weise, sondern zunächst nur als Additionsfaktor, höchstens mit der spontanen inneren Frage nach Herkunft, Schicksal und Bewältigung. Immerhin ein Zeichen der Zugehörigkeit. Wenn es sich um jemanden handelt, der mich aus irgendeinem Grund interessiert, wird er natürlich durch sein Judentum nicht aufgewertet, wenn er mich nicht interessiert, nicht abgewertet, um Qualität geht es mir zunächst nicht. Allerdings, wenn er mich stark beeindruckt, so sage ich mir: Ein Guter mehr. Finde ich ihn abscheulich, so sage ich mir: Wozu muß der nun auch noch Jude sein! Juden, die ihr Judentum verleugnen, haben für mich etwas leicht Verächtliches, da müssen dann mildernde Qualitäten hinzukommen. Leute, denen es völlig egal ist, sind mir recht. Juden, die lieber Christen wären, bedauere ich, nicht wegen ihres Wollens, sondern wegen der Vergeblichkeit dieses Wollens, denn man kann zwar Christ werden, aber zum Nichtjuden muß man geboren sein. Ein Monsignore hat einmal gesagt: Wenn ein Jude zu unserem Glauben konvertiert, gibt es zwar einen Katholiken mehr, aber keinen Juden weniger. Die leicht antisemitische Tendenz dieses Diktums sei verziehen, weil es so wahr ist.

Bei Juden, die in Gesellschaft ihr Judentum sofort an den Mann bringen, frage ich mich zunächst: Wem gegenüber tun sie das? Wittern sie unter den Anwesenden Antisemiten, so mag es sich um die berechtigte Klarstellung handeln, daß hier nicht von allen die gleiche Sprache gesprochen wird, und der Versuch einer Übersetzung von der einen in die andere sei zu vermeiden. Diese Haltung ist verständlich, in meinen Kreisen kommt sie allerdings nicht vor. Stellen sich Leute *mir* gegenüber sofort als Juden dar, so wittere ich darin nicht selten eine falsche Vertraulichkeit, so als hätten wir die gleiche Urgroßmutter gehabt, was freilich auch sehr oft der Fall ist. Manchmal aber gilt ihr Ausweis nur der Betonung unserer Schicksalsgemeinschaft. Das akzeptiere ich, je nach Beschaffenheit und Qualität des Betonenden.

Ich sagte schon, daß in meinem Freundeskreis Juden selten sind. Noch seltener sind die Freunde, die daran interessiert sind, daß *ich* Jude bin. Jüdisches gehört nicht zu unseren Gesprächsthemen, nicht in unseren Gedankenaustausch, noch nicht einmal in unseren Gefühlsaustausch. Auch kenne ich keine Juden mehr, die sich untereinander durch ihr Judesein verbunden fühlen. Das LaSalle-Quartett zum Beispiel besteht zwar aus Juden, aber was die vier verbindet, ist Musikausübung, ein Gebiet allerdings, auf dem viele Juden sich treffen, meist ohne die Artsverwandtschaft als verbindendes Element zu empfinden. Ich sage: meist. Manchmal wird sie ihnen aufgezwungen. Der Geiger Walter Levin erzählte mir dies: Als er und sein LaSalle-Quartett in Moskau gastierten, kam der erste Geiger des berühmten Borodin-Quartetts zu ihm in die Garderobe. Während des Gesprächs fragte er plötzlich leise, ob sie – die Mitglieder des LaSalle-Quartetts – alle vier Juden seien. Ja, sagte Levin, etwas erstaunt. Bei ihnen, sagte der Borodin-Geiger, dürften nur zwei Mitglieder Juden sein. Ein weiterer Aspekt des Judentums.

Doch kommen wir anekdotisch dem Judentum nicht nah, obgleich es selbst einen Schatz von Anekdoten gezeitigt hat, der die jüdische Mentalität, seine Selbsteinschätzung und Selbstkritik ziemlich genau wiedergibt. Nochmals also: Was sind wir? Kein Volk. Auch keine Glaubensgemeinschaft. Mir – und darin bin ich nicht der Einzige – ist die jüdische Religion zutiefst fremd in ihrer biblischen Begründung, ihrer Geschichte, ihrer Ausübung und den zu ihr gehörenden Bräuchen, den Riten, die mir als obsolet, wenn nicht gar absurd erscheinen und derer sich offensichtlich keine Reformbewegung jemals angenommen hat. Was sind wir? Ich habe nun doch eine Antwort. Wenn ein Nichtjude sie gäbe, wäre ich argwöhnisch, denn ich könnte vielleicht den Grad der Wertung nicht messen. Wir Juden sind eine Rasse, gekennzeichnet durch innere und äußere Merkmale, Eigenschaften, die zwar keineswegs eindeutig distinkt sind – ich kenne viele Italiener, die viel jüdischer aussehen als Juden –, die aber doch als typisch gelten können, indem sie als Charakteristika bei Juden häufiger auftreten als bei anderen. Wenn ich sie nenne, so fordere ich vielleicht Widerstand heraus. Ich spreche also subjektiv, aus eigener Erfahrung und eigener – selbstverständlich wertfreier – Beobachtung, ich meine ja nicht zuletzt mich selbst. Mit den äußeren Merkmalen will ich mich nicht abgeben, denn dieses Gebiet ist allzu belastet, ja so tabu, daß kein Nichtjude sich hineinwagt, es sei denn in antisemitischer Absicht. Daß dieser Topos auch positiv sein kann, macht ihn nicht weniger suspekt. Paul Celan – übrigens vielleicht der einzige Mensch, der unser gemeinsames Judesein als etwas Verbindendes empfand – sagte, daß ihm der Begriff »die schöne Jüdin« widerlich sei. Mir ist er es auch.

Es sei hier ausgesprochen: Wir Juden sind anders. Wir sind in unserer Selbstbeobachtung – im positiven wie im negativen Sinn – sensibler, reagieren anders und empfindlicher auf Regungen unserer Seele und unseres Körpers, sind weniger robust, wehleidiger, unter anderem auch hypochondrischer; um unsere Gesundheit mehr besorgt, wir sprechen über sie, als interessiere sie den anderen, wir fühlen uns selbst den Puls. Wir sind weniger naiv, weniger leichtgläubig, aber auch weniger gelassen in kritischen Situationen. Wir sind unruhiger, reden mit mehr Emphase, sind lebhaftere, intensivere, aber auch anstrengendere, hartnäckigere Gesprächspartner. Wir sind depressiver, geben den Depressionen leichter nach, sind unkontrollierter, leider. Gute Ehemänner und Familienväter sind unter Juden häufer als unter anderen, Alkoholiker vereinzelt, Juden trinken Kaffee. Sie spielen lieber Schach als Hockey, Natur- und Tierfreunde sind unter ihnen seltener. Wir sind kritischer, vielleicht auch weniger schöpferisch, da wir keine imaginären Welten aufbauen. Ich sage: vielleicht – Gestalten wie Gustav Mahler, Schönberg oder Chagall sprechen dagegen. Ich weiß, all dies klingt summarisch und nach furchtbarer Vereinfachung. Es *ist* auch eine Vereinfachung, aber ist sie so furchtbar? Vor allem aber: Wir sind alle entwurzelt, außer natürlich den Israelis, die sich aber weniger als Juden betrachten, als eben als Israelis, und die uns Diaspora-Juden insgeheim verachten, nicht zuletzt deshalb, weil wir uns nicht die Bedingungen schaffen, um all diese Eigenschaften abzustreifen.

Wenn ich in manchen Punkten dieser Aufzählung, die ich wahrhaftig nicht Analyse nennen möchte, von einigen Rasse-Theoretikern unterstützt werde, so kann ich nur sagen, daß mir jede Einigkeit mit ihnen zutiefst unerwünscht und widerlich ist. Schließlich spreche ich als Jude, sozusagen als Insider, ich spreche von Erfahrung und Beobachtung und nicht von Attributen, auf Grund derer wir als minderwertig zu betrachten wären. Ich denke auch, daß diese Überlegungen und Feststellungen meinen nichtjüdischen Freunden zutiefst fremd sind. Wenn sie dies lesen oder hören, werden sie sagen: So kenne ich dich gar nicht. Ich werde sagen: Wie sollte ich auch in eurer Gegenwart jemals darauf kommen, in dieser Schicht von mir herumzustöbern? Denn auch die Sensibilität für das, was man hämisch Art- oder Rassenmerkmale nennt, ist eine jüdische Eigenschaft, die ja bekanntlich in extremen Fällen zu jenem Selbsthaß geführt hat, dessen seltsamste Blüte das Buch »Geschlecht und Charakter« von Otto Weininger war.

Natürlich verbinden uns alle diese Eigenschaften im Gesellschaftlichen nicht, sie machen keine Gemeinschaft aus uns, geschweige denn ein Volk. Was bedeutet mir also mein Judesein, sofern es mir überhaupt etwas bedeutet? Wahrscheinlich nicht mehr und nicht weniger, als die Konsequenz aus der Haltung der anderen zu uns zu ziehen und einer Veränderung dieser Haltung immer – ich sage: immer – gewärtig zu sein. Es bedeutet, Würde zu wahren und die mannigfachen negativen Konsequenzen warnend vor Augen zu haben, die im Lauf der Jahrhunderte von unserer Seite gezogen wurden. Wir kennen sie zur Genüge, diese kläglichen und nur selten erfolgreichen Versuche der Anpassung, die Selbstverleugnung, die zu neurotischer Verletzlichkeit, zu Servilität geführt hat oder auch zu mancherlei Kompensation, zu Überheblichkeit und zu Verachtung des »Goi« und nur in seltenen Fällen zu einer Souveränität des über der Situation Stehenden. Als im Lauf einer Debatte im englischen Parlament ein oppositioneller Abgeordneter dem Premierminister Disraeli Unverständnis des behandelten Themas vorwarf und ihm zurief, er sei ja Jude, antwortete Disraeli etwa – leider habe ich den genauen Wortlaut nicht mehr parat: – »Ja, Euer Ehren, ich bin Jude, und meine Vorfahren waren Priester im Tempel des Herrn, während die Ihren hier noch nackte Wilde waren.« Keine üble Antwort. Nur, denke ich, dürfte sie den Gegenstand, um den es ging, was immer er war, kaum getroffen haben. Denn eine solche Zurechtweisung an solchem Ort mag zwar Größe zeigen, mag den Gegner sogar zum Schweigen bringen, aber in solchem Schweigen sitzt der Wurm, der wächst und sich fortzeugt. Denn dem Geschoß: »Du bist ja Jude!« ist nichts entgegenzuhalten. Wer da mit der – übrigens typisch jüdischen – Gegenfrage antwortet: »Na und?«, der hat sein eigenes Judentum nicht erfaßt.

Robert Jungk

Professor, Publizist, lebt in Salzburg.
Geboren 1913 in Berlin; 1933–1957 im Exil.
Zahlreiche Veröffentlichungen, u. a.:
Die Zukunft hat schon begonnen;
Heller als tausend Sonnen; Der Atomstaat;
Menschenbeben; Und Wasser bricht den Stein.
Deutschland von außen; Die Zukunft ist noch nicht am Ende.

Wir trafen uns jeden Sonntag um acht Uhr morgens unter der großen Uhr am Berliner Bahnhof Zoo, um »auf Fahrt« zu gehen: zehn, zwölf, manchmal fünfzehn junge Deutsche jüdischer Herkunft, die dem Jugendbund »Kameraden« angehörten. Das war Mitte der zwanziger Jahre, in jenem kurzen Zeitraum, da die erste deutsche Republik endlich zu gedeihen schien. Die Inflation war überstanden, die rechten und linken Bürgerkriegsnachwehen des großen Massenmordens schienen überstanden. Verständigung mit dem alten »Erbfeind«, Verpönung des Krieges, Toleranz und Aufklärung bestimmten das geistige Klima der Reichshauptstadt. Antisemitismus? Das war ein Gespenst der Vergangenheit, das unsere Eltern und Großeltern gelegentlich beschworen, aber keine Realität für uns.

Ich habe mein Judentum zuerst in dieser Gruppe zukunftsfreudiger, von einem romantischen Sozialismus der Brüderlichkeit und Gerechtigkeit erfüllter Menschen erlebt, die viel diskutierten und noch mehr sangen . . . Am liebsten die Landsknechtslieder des »Zupfgeigenhansels«; die gleichen, wie sie die nichtjüdische bündische Jugend sang, die gleichen, wie wir später entsetzt erkennen sollten, die von Anhängern eines politischen Außenseiters namens Adolf Hitler gebrüllt wurden.

Gelegentlich stimmte der eine oder andere eine Schwermutsmelodie aus der ostjüdischen Diaspora an, oder wir stampften im Kreis die »Horra«, wie sie weit über'm Meer in Palästina von den zionistischen Pionieren getanzt wurde. All das in jenen Jahren der Illusion einer vermeintlich gelungenen jüdisch-deutschen Assimilation: Es war ein Stück nachgelebter Folklore – ohne besonderes Engagement – so wie die italienischen und französischen Kanons, die wir vielstimmig im spärlichen Schatten märkischer Kiefern summten.

Den geistigen Vater dieses Zweigs der jüdischen Jugendbewegung, Ludwig Tietz, habe ich, soweit ich mich erinnern kann, nur einmal gesehen. Man sprach von ihm mit hohem Respekt. Er galt als jemand, dem es gelungen war, »das Beste« bei Wirts- und Gastvolk zu erkennen und zusammenzubringen. Befruchtung und Vermischung zweier Völker, die einander oft so feindlich gegenübergestanden waren, erschien uns in seinem Sinne als glücklicher Fortschritt, ein aus der Enge nationaler Befangenheit hinausführender Schritt der Vereinigung des Getrennten in einer höheren, vollkommeneren Synthese.

Und so waren denn damals unsere geistigen Vorbilder vor

allem jene Juden, die, im deutschen Sprachraum lebend, Wesentliches zur Entwicklung des Denkens, der Forschung und der Kunst beigetragen hatten. An unseren einmal wöchentlich stattfindenden Heimatabenden diskutierten wir Bernstein, Simmel, Freud und Marx, lasen uns Werfels frühe Gedichte vor und versuchten zu verstehen, weshalb einer unserer Nachbarn in der Haberlandstraße unweit vom Bayrischen Platz, der Physiker Albert Einstein, weltberühmt geworden war.

Den stärksten Einfluß auf uns hatte Martin Buber. Seine chassidischen Geschichten von den Wunderrabbis eröffneten uns ein ganz anderes Judentum als das des ungeduldig ertragenen Religionsunterrichts und der als fremd empfundenen Traditions-Gottesdienste der hohen Feiertage; ein Judentum, voller Heiterkeit und messianischer Hoffnung.

Wenn ich mich recht erinnere, war es eine von Buber herausgegebene Sammlung der Äußerungen und Schriften »ekstatischer Denker«, der ich die erste Kenntnis der Schriften des Meister Ekkehard verdanke: Ein Vermittler jüdischer Tradition führte mich zu einem der tiefsten deutschen Mystiker, dem er sich und dem bald auch ich mich verwandt fühlte.

Damals – wie heute – wurde jüdisches Denken vorwiegend als rationales Denken begriffen, das die Heiligkeit der Vernunft repräsentiert in einer Epoche, da dunkle Träume und emotionales Handeln die mühsam errichteten Konstruktionen von Geist und Gesetz gefährden. Die andere, zugleich hoffnungsvolle wie gefahrvolle Strömung des Visionären lebt aber ebenfalls im Judentum und durch das Judentum mit einer Kraft, die selten anerkannt, oft gar verleugnet wird. Sie aber hat mich – zuerst durch Buber – zum Judentum zurückgeführt, das ich wie die Generation der Eltern und Großeltern bis dahin eher als Belastung empfunden hatte, nun jedoch als Chance schätzen lernte, als unverdiente Bevorzugung.

Blicke ich jetzt auf den bisher gelebten Teil meiner Existenz zurück, erkenne ich, daß diese schon in Jesus von Nazareth, dem jüdischen Begründer des Christentums, so starke und im Grunde »unvernünftige« weil unbeweisbare Hoffnung auf Erlösung, auf eine andere bessere Welt, mich stärker als jeder andere Einfluß bestimmt hat. Begegnet bin ich ihr zuallererst in Gesprächen mit Ernst Stillmann (er nannte sich später in Israel Joseph Shatil), der das »dreizehnte Fähnlein« der »Kameraden« leitete, sowie in Hermann Gerson, der als Begründer der »Werkleute« von den Assimilationstendenzen unseres Bundes abrückte und ein bewußtes Bekenntnis zum Judentum sagte, nicht nur unter dem Zwang der inzwischen so radikal sich verändernden deutschen Verhältnisse, sondern auch durch die Entdeckung von Werten und Haltungen, die wir jungen deutschen Juden unter dem Einfluß unserer Eltern so voreilig vergessen hatten.

Die »Werkleute« – sie gaben sich bald einen hebräischen Namen – sind damals zu Beginn des Dritten Reiches als Gruppe nach Israel ausgewandert und haben dort nicht weit von Haifa einen eigenen Kibbuz namens Hazorea gegründet; heute ein blühendes Gemeinwesen, in dem die Hoffnungen ihrer Jugend Gestalt gewonnen haben. Erst vierzig Jahre später habe ich die geistigen Führer und Freunde meiner Jugend dort besucht, nachdem ich die »Reise nach Jerusalem« oft geplant, jedoch immer wieder verschoben hatte, aus Furcht, vielleicht enttäuscht zu werden. Ich fand bei ihnen trotz der gefahrvollen Lage, in der sie leben müssen, Frieden und Gelassenheit wie selten sonst auf der Welt. Sie haben sich nicht nur eine erstaunlich stabile wirtschaftliche Grundlage für ihre Form des Sozialismus geschaffen, sondern zugleich auch echte demokratische Formen der Selbstverwaltung verwirklicht. Einen erheblichen Teil der von ihnen erwirtschafteten Überschüsse haben sie in ein eigenes Museum gesteckt, das seltenen und wertvollen Ausgrabungen, den Resten der alten Zivilisationen jener Region, in der sie nun leben, gewidmet ist. Ist das nicht vielleicht noch eine späte Folge ihres früheren Lebens im deutschen Bildungsbürgertum?

Doch stärker als alles, was ich dort an verwirklichtem Traum erlebt habe, ist mir von meinem Aufenthalt ganz besonders ein Gespräch im Gedächtnis geblieben, in dem von einer großen Sorge dieser Gemeinschaft die Rede war. Wir hatten die fruchtbaren Pflanzungen besucht, die kleine Möbelfabrik besichtigt und standen nun im von Kinderhand heiter ausgemalten Haus, wo der Nachwuchs des Kibbuz fern von elterlichem Druck aufwächst. Da sagte jemand bekümmert: »Und doch ziehen oft die besten von den Jungen weg von hier. Sie erklären uns: Ihr habt doch hier schon alles geschaffen. Was bleibt uns denn da noch zu tun? Nur das verwalten, was ihr uns weitergebt? Das genügt uns nicht. Wir wollen selbst etwas Neues machen.«

Kann es sein, daß das Glück, wenn es einmal gewonnen ist,

unerträglich wird wie das Unglück? Ist das bei allen Völkern so? Oder ist es jüdisches Erbe der Unrast, des Träumenwollens, der Sehnsucht nach einem gelobten Land, die nicht gestillt werden kann? Ich habe diese Frage damals im stillen an mich selbst gerichtet und mich geprüft, ob ich wohl, wie die Jugendfreunde mir das anboten, nun hier im Lande der Väter mit ihnen das letzte Drittel meines Lebens verbringen könnte, emotional geborgen und wirtschaftlich sicher, wie ich es noch nie gekannt hatte.

Mit der Antwort habe ich mich nicht lange quälen müssen. Es war mir sofort klar, daß ich diese Ruhe nicht mehr finden konnte. Eine solch glückhafte Existenz hätte ich als Rückzug und Verzicht empfunden, solange es auf dieser Welt noch so viel Gefahr, so viel Unrecht, so viel Elend gibt. Könnte das aber nicht eine Ausrede vor mir selbst sein? Ein Versuch, die eigene Ungeduld, die eigene Unruhe, den durch jahrelanges Umhergetriebensein anerzogenen Appetit auf das Unerwartete und Ungewöhnliche nun mit edlen Motiven zu bemänteln? Gewiß, das spielt eine Rolle, und es nicht zu erkennen wäre Selbsttäuschung. Mein Judentum – das wurde mir vor diesem Angebot der Erfüllung erst wirklich klar – ist kaum mehr veränderbar bestimmt durch das jüdische Schicksal der Heimatlosigkeit, das zwar Heimat anstrebt, aber doch schon zu einer Gewohnheit geworden ist, in der man sich eingerichtet hat, zu einem Stimulans, auf das man nicht mehr verzichten kann.

Den Verlust des Zuhause habe ich zuerst nur schwer ertragen können. Ich war zwar in einer Familie aufgewachsen, in der es gelegentlich turbulent zuging – meine beiden Eltern waren Schauspieler, und ich habe als Kind nur selten pünktlich zu Mittag oder zu Abend gegessen –, aber die heitere Vitalität meiner Mutter, die Herzlichkeit und der Humor meines Vaters hatten mir doch Schutz und Sicherheit gegeben, die mir nun im plötzlich erzwungenen Exil fehlten. Heute bin ich dankbar dafür, daß ich in der Emigration die Armut am eigenen Leibe erlebt habe und daß ich dank der »Freundlichkeit« der Schweizer Fremdenpolizei wegen »verbotener Erwerbstätigkeit« sogar monatelang in einem richtigen Zuchthaus als »Internierter« logieren durfte. Wer durch solche Erfahrungen nicht gebrochen wird, der wird durch sie bereichert. Ich verdanke einen nicht unwichtigen Teil der Erziehung, die mir die Lebensschule verpaßte, einem australischen Hoteldieb und »confidence man«, den die Schweizer, weil sie ihn im Krieg nach der Verbüßung seiner Strafe nicht ausweisen konnten, im Sankt-Jakob-Gefängnis zu Sankt Gallen »verwahrten«. »Niemals aufgeben!« hieß seine Devise, und ich habe am eigenen Leibe immer wieder erfahren, daß es kaum eine Situation gibt, sei sie auch noch so schwierig, aus der man nicht einen Ausweg findet.

Wir Juden haben ja nur deshalb überleben können, weil wir in der Diaspora gezwungen waren, Phantasie zu entwickeln, weil in jedem von uns, bei manchem kaum bewußt, bei manchen ganz klar als Teil einer ungeschriebenen Tradition, die innere Sicherheit lebt, daß wir trotz aller Pogrome und Massenmorde nicht umzubringen sind. Mir hat dieses Wissen in Stunden der Not eine Kraft gegeben, über die ich als einzelner gar nicht verfügt hätte. Es ist das keine Kraft physischer Natur, sondern ein Nichtaufgebenwollen und Nichtaufgebenkönnen, eine ganz unheroische Standfestigkeit, die sich mit großer Biegsamkeit und jener Schlauheit paart, die den Juden anderen oft unbeliebt, wenn nicht sogar unheimlich macht. Wir aus Deutschland stammenden Juden haben das zuerst widerstrebend von den verfolgungserfahrenen Ostjuden lernen müssen. »Ich denke nicht daran, mir ein falsches Papier zu verschaffen«, dieses stolze, aber angesichts der Lage bemerkenswert törichte Bekenntnis eines nach Frankreich emigrierten Berliner Anwalts, der sich im Ersten Weltkrieg das EK eins verdient hatte, klingt mir noch heute in den Ohren. Er hat diese den Umständen nicht mehr entsprechende Korrektheit, wie mancher andere gute Preuße jüdischer Herkunft, mit dem Tod in der Gaskammer bezahlen müssen.

Auch mir ist es anfangs schwergefallen, mich zu verstellen, mich zu verstecken, zum Beispiel nicht unter meinem Namen schreiben zu dürfen, sondern, wie es die fremdenfeindlichen Schweizer Flüchtlingsgesetze erzwangen, unter einem halben Dutzend von falschen Signaturen. Und erst allmählich habe ich dieser Situation auch ihre heiteren Seiten abgewinnen können, wenn ich etwa an einem Weihnachtsabend, begleitet von meinen Schatten-Ich, sechs Flaschen guten französichen Weins vor mir stehen hatte, die von der Redaktion der Zürcher »Weltwoche« ihren sechs geschätzten, persönlich unbekannten Autoren geschenkt worden waren, oder wenn eine junge Dame, die ich zum Essen eingeladen hatte, mich auf einen am Nebentisch sitzenden etwa zwanzig Jahre älteren Herrn aufmerksam machte, der »alle diese vieldiskutierten Artikel über die Zustände in Deutschland schreibt«.

Um so größer war dann die Befriedigung, als das Versteckspiel aufhören konnte und ich nach Kriegsende im gleichen Blatt endlich als »Robert Jungk» berichten durfte. Doch halt: Wirkt solches von den Umständen bewirkte Schwindeln nicht charakterdeformierend? Anpassung und sogar Betrug im Dienste des Überlebens – auch das muß leider gesagt werden – hat in einzelnen Fällen auch dazu geführt, daß Juden sogar Mitarbeiter ihrer Verfolger wurden. Ein schändliches und doch nicht unverständliches Verhalten, das nur die Verfolgten selber tadeln dürfen, nicht aber jene, die aktiv oder passiv auf der Seite der Verfolger standen.

Es ist – wenn ich es an dieser Stelle riskiere, die typisch jüdische Fähigkeit der Selbstkritik anzuwenden, die gelegentlich bis zum Selbsthaß führen kann – schon richtig, daß Juden gelegentlich Charakterzüge entwickeln, die »unschön« sind. So ist es zum Beispiel gerade bei erfolgreichen Juden oft zu beobachten, daß sie in dem Bemühen, ihrer neuen Heimat zu Diensten zu sein, sich »überanpassen« und dann nationalistischer und chauvinistischer werden als die ärgsten eingeborenen Scharfmacher. Tröstlich ist es für mich nur, daß ich zum Beispiel ein ähnliches Verhalten nicht nur bei Juden, sondern auch bei Flüchtlingen anderer Herkunft beobachtet habe: Bedrohung und der Versuch, mit ihr fertig zu werden, kann deformieren.

Auch der entgegengesetzte Vorwurf ist den Juden gemacht worden und wird ihnen immer noch gemacht: sie seien ewige Nörgler und Unzufriedene, auf die sich kein Gesellschaftssystem je ganz verlassen dürfte. Ich neige dazu, diese »typisch jüdische Eigenschaft« positiv zu bewerten. In der Tat: Jahrhundertelange Erfahrung mit Unterdrückung und Ungerechtigkeit macht Juden empfindlicher für diese Erbübel als Menschen, denen es gegeben war, ungestörter zu leben. Sieht man sich diese »Kritikaster« genauer an, so ähneln sie allerdings kaum je dem Bild, das staatserhaltende Schreiber von ihnen entwerfen. Es fehlt nämlich in den parteiischen Porträts ein ganz entscheidender Charakterzug, den ich bei jedem von ihnen beobachtet habe: menschliche Güte und Uneigennützigkeit, die sich hinter der Maske des harten Ideologen und des unbeugsamen, auf keine Kompromisse eingehenden »Feindes der öffentlichen Ordnung« verbergen können.

Ich möchte diese jüdischen »gadflies«, wie die Amerikaner die beunruhigten Beunruhiger nennen, nicht missen. Sie sind meist die ersten und oft sogar die einzigen, die es riskieren, dann den Mund aufzumachen, wenn alle noch schweigen, und sie ernten damit den Ärger, den Hohn, ja sogar den Haß der vielen, die ihre Gewissenszweifel verdrängen. Diesen »Stechfliegen« fühle ich mich so verbunden, daß ich es ihnen nachtue und gelegentlich selber gegen den Stachel löcke, obwohl ich, wie mir wohlmeinende Freunde versichern, »das doch gar nicht mehr nötig hätte«. Vielleicht hat es aber meine Umgebung nötig, vielleicht hat es die Gesellschaft nötig, vielleicht, ja sicherlich sogar habe ich es selber nötig, um mit mir leben zu können, mich nicht zu verleugnen, nicht an den kritischen Worten, die ich einfach sagen muß, zu ersticken. Also heraus damit! Auf die Gefahr hin, daß man all das an Schimpf erntet, das zu erwarten ist, wenn man die Frechheit – »Chuzpah« heißt es auf jüdisch – hat, die Ruhe der Wohlgesinnten zu stören.

Lassen sich solche Anfeindungen ertragen, ohne bitter zu werden, kann man Haß aushalten, ohne selber zu hassen? Alte Frage, die aber für den jüdischen Nonkonformisten stets seine besondere Aktualität behält. Wendet sich ein Jude gar gegen den jüdischen Staat und seine Übergriffe, wie auch ich es gelegentlich getan habe, dann hat er es besonders schwer. Ich berufe mich dann darauf, daß jüdisches Schicksal uns gezwungen hat, Internationalisten oder – wie die sowjetische Propaganda es spöttisch ausdrückt – »Kosmopoliten« zu werden. Wir sind als erstes Volk, ohne unsere Identität je ganz aufzugeben, gezwungen worden, in vielen Ländern zu leben, viele Sprachen zu sprechen, viele verschiedene Völker und Rassen genauer kennenzulernen, viel mehr Einfühlungsgabe als andere zu entwikkeln. Damit sind wir zu Pionieren einer brüderlichen solidarischen Welt geworden, in der nicht mehr eng und egoistisch gedacht und noch weniger gehandelt werden kann.

Mein Judentum hat also meinen Pazifismus mitbestimmt, mein Judentum ist aber auch die Wurzel einer Bemühung, die meine schriftstellerische Tätigkeit wie keine andere bestimmt: die Bemühung, das Getrennte zu einen, das Ganze durch den Überblick über die zahllosen Einzelheiten wieder zu erfassen. Ich bin »Generalist« geworden, weil ich als Jude aus dem »Nest« geworfen wurde, weil ich erlebt habe, wie jede Sparte, jedes Fach, jede Spezialisierung, so notwendig sie zeitweise sein mag, durch Verengung zu Fehlschlüssen führt.

Als eine solche Verengung habe ich mit zunehmenden Jahren die zu starke Abhängigkeit des Denkens und Handelns von der jeweiligen Gegenwart empfunden. Für den Juden ist die

Vorstellung künftigen Schicksals von frühester Jugend an selbstverständlich. Die Propheten waren mir, wie auch anderen jungen Juden, von Kindheit an vertraut. Sie waren keine fremden, seltsam übersteigerten Figuren, sondern so nah und so selbstverständlich wie einem katholischen Bauernbuben die Figuren der Heiligen. Daß diese Wortgewaltigen das Schlimmste vorhersahen, erschien mir fast so alltäglich wie die unaufhörlichen pessimistischen Spekulationen der »Mischpoche«, der belächelten alten Onkel und Tanten, die uns assimilierten Jungen weismachen wollten, daß uns als Juden bald wieder Haß und Verfolgung blühen werden. Sie behielten nur zu sehr recht, und von nun an nahmen wir nicht nur sie, sondern alle diejenigen, die Düsteres prophezeiten, besonders ernst. Wir waren blind gewesen, nun entwickelten wir verspätet den so typisch jüdischen Blick der Schwarzseher.

Doch komplementär dazu entstand in mir wie in den meisten meiner jüdischen Altersgenossen die Erwartung, daß nicht nur wir, sondern die ganze Menschheit irgendeinmal ins gelobte Land gelangen würden. Einmal wird das Leiden aufhören, einmal wird das Elend zu Ende sein, einmal kehren wir zurück nach Jerusalem, einmal öffnet sich uns sogar wieder der Garten Eden: Fürchtet euch! Freuet euch! – beide Stimmungen leben trotz ihrer Gegensätzlichkeit in vielen Juden dicht nebeneinander.

Warner zu sein und Verheißer, die Hölle auszumalen, aber auch das Kommen des Messias zu verkünden – das sind Botschaften, die ein Jude nicht nur als historische Bibeltexte empfindet, sondern als stets aktuelle Notwendigkeiten. Und ist es nicht wirklich die Rolle der Juden, diese zweifache Vision, diese übersteigerten Bilder von dunklen und hellen Endzuständen in einer Menschheit wachzuhalten, die über Einzelheiten das Ganze, über Teilerfolgen den Sinn, das Schicksal vergißt?

Welches Recht habe ich eigentlich, die Menschen bald zu schrecken, bald zu ermutigen? frage ich mich oft genug. Was maße ich mir da an? Und eine Stimme, jene Stimme, die so oft in der Geschichte der Juden sprach, sagt mir: Du mußt es tun. Sei weder zu stolz noch zu bescheiden. Sprich aus, was du spürst. Und überlasse das Urteil über dein Tun den anderen. Sie werden zuhören, wenn sie merken, daß es dir nicht um deine eigene Rolle geht, sondern um die Dringlichkeit dessen, was du mitteilen kannst.

Es wäre unbescheiden, so zu sprechen, wenn es nicht für einen Juden, jeden Juden, eine Legitimation besonderer Art gäbe: das Leiden, das jeden von uns betroffen hat, die Wunden der Erinnerung, die wir alle in uns tragen, und die daraus entspringende Verpflichtung, den Menschen die Furchtbarkeit menschlicher Handlungen ebenso vor Augen zu halten wie die aus diesem schrecklichen Dunkel entspringende Hoffnung auf Umkehr. Als überlebender Jude muß ich für alle diejenigen sprechen, die man stumm machte, als einer, der ausgespart blieb, habe ich mir dieses Überleben und Weiterleben täglich zu verdienen.

Und so sehe ich mich denn nicht nur als einen, der versucht zu sagen, was die Ermordeten des eigenen Volkes wohl sagen würden, wenn sie sprechen könnten, sondern fühle mich auch all denen nahe, deren Angehörige Opfer menschlicher Grausamkeit wurden. Deshalb wohl habe ich mich den Überlebenden von Hiroshima so verwandt gefühlt, deshalb sind die Opfer des Genozids in Vietnam, in Kambodscha, Indonesien mir schmerzlicher präsent als vielen anderen Zeitgenossen, die zwar mit dem Verstand, aber nur selten mit dem innersten Gefühl, ja der Erfahrung begreifen können, wie da gefrevelt wird.

Mein Judentum ist ein lauter Hilfeschrei, aber auch ein Hoffnungsruf, denn sogar Hiob konnte nicht ganz verzweifeln. Ich sagte das alles gerne viel leiser, viel zurückhaltender, viel nüchterner. Aber wer würde dann hinhören? Wer würde sich dann gerufen fühlen zu verhindern, was droht und wovor gerade wir Juden, die stets Bedrohten, besonders eindringlich warnen müssen? Wieder und immer wieder!

Hans Jürgen Schultz (Hrsg.)
Frauen
Porträts aus zwei Jahrhunderten
305 Seiten, kartoniert · ISBN 3-7831-0640-0

Schriftstellerinnen und Journalistinnen von heute befragen mit Sympathie und kritischem Abstand Ahninnen der Frauenemanzipation nach ihrem Lebensschicksal und ihrem mutigen Kampf. 20 Porträts – von Caroline Schlegel-Schelling bis Rosa Luxemburg – das sind 20 verschiedene Biographien und Charaktere.

Hans Jürgen Schultz (Hrsg.)
Liebespaare
288 Seiten, gebunden · ISBN 3-7831-0968-X

Was Liebe sei, ist schwer zu beantworten. Am meisten erfährt man über sie, wenn man fragt, was Liebende erleben, auch erleiden. Die Autorinnen und Autoren, die hier Liebesgeschichten erzählen, wollen nicht idealisieren, sondern Wirklichkeit beschreiben: schöne und traurige, komische und bewegende, menschliche.

Hans Jürgen Schultz (Hrsg.)
Letzte Tage
Sterbegeschichten aus zwei Jahrtausenden
252 Seiten, kartoniert · ISBN 3-7831-0695-8

Jeder stirbt so, wie er gelebt hat. Jeder stirbt seinen eigenen Tod. Sterbegeschichten lehren darum nicht die Kunst des Sterbens, sondern gewähren Einblicke in die Gedanken und das Verhalten von Menschen, die den Lebenden eine Erfahrung voraus haben.

Hans Jürgen Schultz (Hrsg.)
Trennung
255 Seiten, kartoniert · ISBN 3-7831-0732-6

Trennung ist eine Grunderfahrung des Menschen, sein Leben beginnt und endet mit einer Trennung. Sie ist zugleich ein Lebensgesetz, durch das wir uns entfalten und reifen. Die Trennung des Säuglings vom Mutterleib, der Kinder vom Elternhaus, die Trennung durch Scheidung und Tod sowie die Trennungen, die Flüchtlinge, Gastarbeiter und politisch Verfolgte auf sich nehmen müssen – alle diese Variationen des Themas werden in diesem Band dargestellt.

Hans Jürgen Schultz (Hrsg.)
Angst
320 Seiten, kartoniert · ISBN 3-7831-0873-X

»Der natürliche Zweck der Angst ist Rettung«, schreibt Hans Jürgen Schultz. Aber neben der natürlichen, unvermeidbaren und notwendigen Angst gibt es auch künstlich erzeugte Ängste, hervorgerufen durch Macht und Unterordnung. Individuelle und kollektive Ängste, ihre Deutung und der Umgang mit ihnen sind das Thema dieses besonders aktuellen Buches.

Hans Jürgen Schultz (Hrsg.)
Einsamkeit
239 Seiten, kartoniert · ISBN 3-7831-0599-4

Das Buch behandelt ein alle Menschen bewegendes Problem. Da es von Autoren wie Manès Sperber, Robert Jungk, Margarete Mitscherlich-Nielsen und Dorothee Sölle aufgegriffen und reflektiert wird, verdient der Band die Aufmerksamkeit jedes Menschen, der sich selbst und seine Zeit verstehen will.